本著作系国家社会科学基金重大项目
“循证社会科学的理论体系、国际经验与中国路径研究”（项目编号：19ZDA142）
的阶段性研究成果

循证经济学

魏丽莉　斯丽娟　著

Evidence-based
Economics

中国人民大学出版社
·北京·

内容简介

本书基于循证理念与方法，以证据为核心，以经济学全证据链为主线，分别从理论演化、基本原理、研究范式、实践框架、案例分析和应用前景等方面阐释，构建了循证经济学这一新兴交叉学科。全书共分为三篇，分别是循证经济学的理论基础篇、循证经济学的实践框架篇和循证经济学的应用前景篇。

理论基础篇（第一章至第三章）从循证医学到循证社会科学的演化路径分析中，梳理了循证经济学的产生、研究现状与发展前景，重点阐述了循证经济学的理论渊源和分析范式，包括经济学证据演化、基本概念与内涵、分析框架和全证据链的构建。

实践框架篇（第四章至第七章）分别从证据的来源、证据的生产、证据的评价和证据的实践四个环节重点刻画了循证经济学的全证据链，为循证经济学提供了切实可行的实践方案和应用方向。

应用前景篇（第八章和第九章）深入解读了三个循证经济学的应用案例，从循证经济学的科学性与实践性、循证经济学实践指南的构想以及循证经济学的未来三个方面勾勒了循证经济学的发展前景。

内容简介

前　言

近年来，循证医学以其先进的理念和科学严谨的方法，迅速渗透并被运用到其他社会科学领域。循证科学不仅推动了社会科学研究领域的进一步发展，而且引发了对社会科学研究的科学性、决策的有效性和成果应用的实践性等问题的广泛探讨。社会科学与循证理念的交叉融合，不仅推动了循证理论与方法在各分支学科中的研究，开辟了全新的前沿交叉学科领域，而且有助于社会科学进一步走向科学化之路。

所有的社会科学研究旨在通过解决各类社会问题来改善人类境遇和提升福利。经济学作为社会科学的主要学科，其科学化发展离不开经济决策、政策实施和政策评价的精准性及有效性。现代主流经济学主要致力于通过一系列严格的假设和高度抽象的数学模型证明自身的"科学性"，正是这种看似"严谨"的研究范式将现代经济学推向了离真实世界越来越遥远的尴尬境地。尤其是近些年，伴随着现代经济学在实践指导和经济预测等方面越来越多的失败案例，经济学本身的科学性、解释力和实用性面临着越来越多的质疑和争论。

多年主讲"经济思想史""经济学方法论"课程使我们对经济学有了更深刻的理解。追溯经济思想的演化和现代经济学的发展，所有的经济学理论和经济学思想都不是主观臆想和虚空判断，都源自经济学家对现实经济问题的关注。经典的经济学研究成果都是解决了现实经济问题，经过实践检验为社会和人类做出了重大贡献的成果。在经济思想发展的历程中，经济学无论如何跋涉和演化，都是为了同一个终极目标：关注人的快乐与痛苦，追求公平正义，实现大众的福利。

在长期进行课题研究、服务地方经济的过程中不难发现：同一时期、同一区域或相同产业的研究项目往往是由不同部门委托给不同的研究机构、团队、学者承担完成的，且研究者缺乏交流共享的意识，甚至有“刻意防范”的封闭心态，这些都导致研究成果的累积性和延续性难以体现；同一课题的研究方法和研究设计缺乏标准规范，各成一体，大量离散型、流量式的决策依据“各自为政”，且同一问题时常出现互相矛盾的研究结论，这些障碍使得决策者难以统一评价所有成果和研究结论的科学性；大量的研究成果仅仅是完成型而非应用型，且研究结果预测和政策实践效果之间的差距巨大，结论经常偏离真实世界，研究人员所做出的政策设计往往与实际不符；课题研究的知识成果转化方面的挑战更为严峻，现有研究成果的转化和运用效率都非常低，且大多停留在文件层面而非进入了实践推广阶段，决策者更多凭借个人经验、行政偏好和决策意图选择性地解释和使用证据。

换言之，作为知识的生产者，现代经济学更多地停留在现有学术研究范式阶段，如何生产出适用于决策者和实践者的更高质量的证据是未来经济学需要突破的方向。我们应清醒地认识到，即使是学术研究，也不应仅止步于在经济学定义的抽象世界中陶醉于其学术价值。学术研究的最终目标是将明智的理论付诸实践，以创造美好世界，而非华丽的辞藻与抽象的理论。

2016 年 6 月，在兰州大学循证医学中心杨克虎教授的邀请和建议下，我们团队开始接触循证理念和方法，并相继参加了多次国内外关于循证社会科学研究方法的培训和学术会议。这些培训和学习触动了我们，“基于最佳证据”正是我们追求的科学的经济学决策所需要的理念。与现代主流经济学相比，循证经济学主要在两方面进行了优化、扩展和融合：一方面，它更加强调研究成果的规范性和质量标准，致力于为决策机构提供质量级别更高的研究证据，辅助决策者做出最佳决策；另一方面，不同于传统经济学的“自说自话”，循证经济学更加关注实践对象的意愿和知识转化的效果，使研究证据、决策依据和实践应用有机统一，彻底走出“黑板经济学”。

在过去的几年中，团队一直在循证之路上坚持探索和研究，将推广循证理念和方法作为团队的奋斗目标和学术使命，以期能够促进循证理念在经济学土壤中开花结果，推动经济学研究领域的进一步科学化。过去几年间，我们参加了国内外相关机构和组织举办的 9 次循证方法培训，以及包括 2017 年南非开普敦坎贝尔（Campbell）年会和 2018 年澳大利亚墨尔本坎贝尔年会在内的 11 次国内外循证社会科学的学术会议，并做了会议报告和海报展示。2018 年，我们很荣幸地加入了由杨克虎教授倡导发起的中国第一家循证社会科学机构——兰州大学循证社会科学研究中心。2018 年，团队获得了兰州大学中央高校基本科研项目（“兰州大学循证经济与循证决策研究中心建设”）的专项资金资助，并完成了《循证

社会科学研究方法：系统评价与 Meta 分析》一书中循证经济学章节的撰写。2018 年是循证经济学团队成果颇丰的一年，团队的四篇会议投稿被全球证据和执行峰会（Global Evidence and Implementation Summit）国际会议录用，同时在中文社会科学引文索引（CSSCI）上发表了三篇与循证经济学相关的学术论文。2019 年 4 月，团队 7 篇论文摘要全部收到了 2019 年墨西哥城坎贝尔年会的录用通知。四年多的循证之路让我们更加坚信循证经济学大有可为，坚定了在经济学中推广循证理念和方法的决心和信心。

习近平总书记多次指出社会学科应聚焦党和国家战略需求，立足学术前沿，着眼创新发展，并且倡导要建立中国特色新型智库，为党和政府科学决策提供高质量智力支持。党和国家强调的社会科学实践化发展理念正是循证科学和循证决策关注的核心。2019 年 5 月 30 日，兰州大学循证社会科学研究中心主任杨克虎教授应邀参加香山科学会议——“循证科学的形成发展与学科交融”（S49 次学术讨论会）。2019 年 12 月 4 日，2019 年国家社科基金重大项目立项资助名单公布，中心主任杨克虎教授申报的“循证社会科学的理论体系、国际经验与中国路径研究”名列其中，这是我国首个以“循证社会科学”命名的国家社科资助项目（包括一般项目、青年项目、西部项目与重大项目），展示了兰州大学循证社会科学研究中心的实力与影响力。种种迹象表明，循证理念目前已经越来越广泛地被决策机构和组织所接纳和采用。

对循证经济学来说，这是最好的时代，也是最艰难的时代。作为经济学的研究者和探索者，我们深知循证理念和方法对经济学整体学科发展的重要作用，即使力量有限，本着交流共享的理念，我们还是有责任从理论基础、实践框架和应用前景等方面对循证经济学进行构建和阐述，以供更多研究者、决策者、实践者和管理者进行学习与探讨。

《循证经济学》是团队这几年艰辛探索和思考的成果。本书基于循证理念与方法，以证据为核心，以经济学全证据链为主线，分别从理论演化、基本原理、研究范式、实践框架、案例分析和应用前景等方面阐释，构建了循证经济学这一新兴交叉学科。本书共分为三篇（九章）：循证经济学的理论基础篇、循证经济学的实践框架篇和循证经济学的应用前景篇。《循证经济学》思维导图见图 1。

循证经济学的理论基础篇（第一章至第三章）是整本书的“地基”。第一章详细介绍了循证社会科学的产生与发展，展示了循证理念与社会科学融合的路径和实践效果。第二章从经济学学科特点入手探讨了循证理念与经济学融合的可能性，并对目前国内外已有的循证理念和方法运用于经济学研究的现状进行了分析和整合。第三章从经济学思想演化的维度寻找到将循证理念与方法运用于经济学的历史证据，从核心概念、理论基础、基本框架、运用方法等方面确立了循证经济学的研究范式。

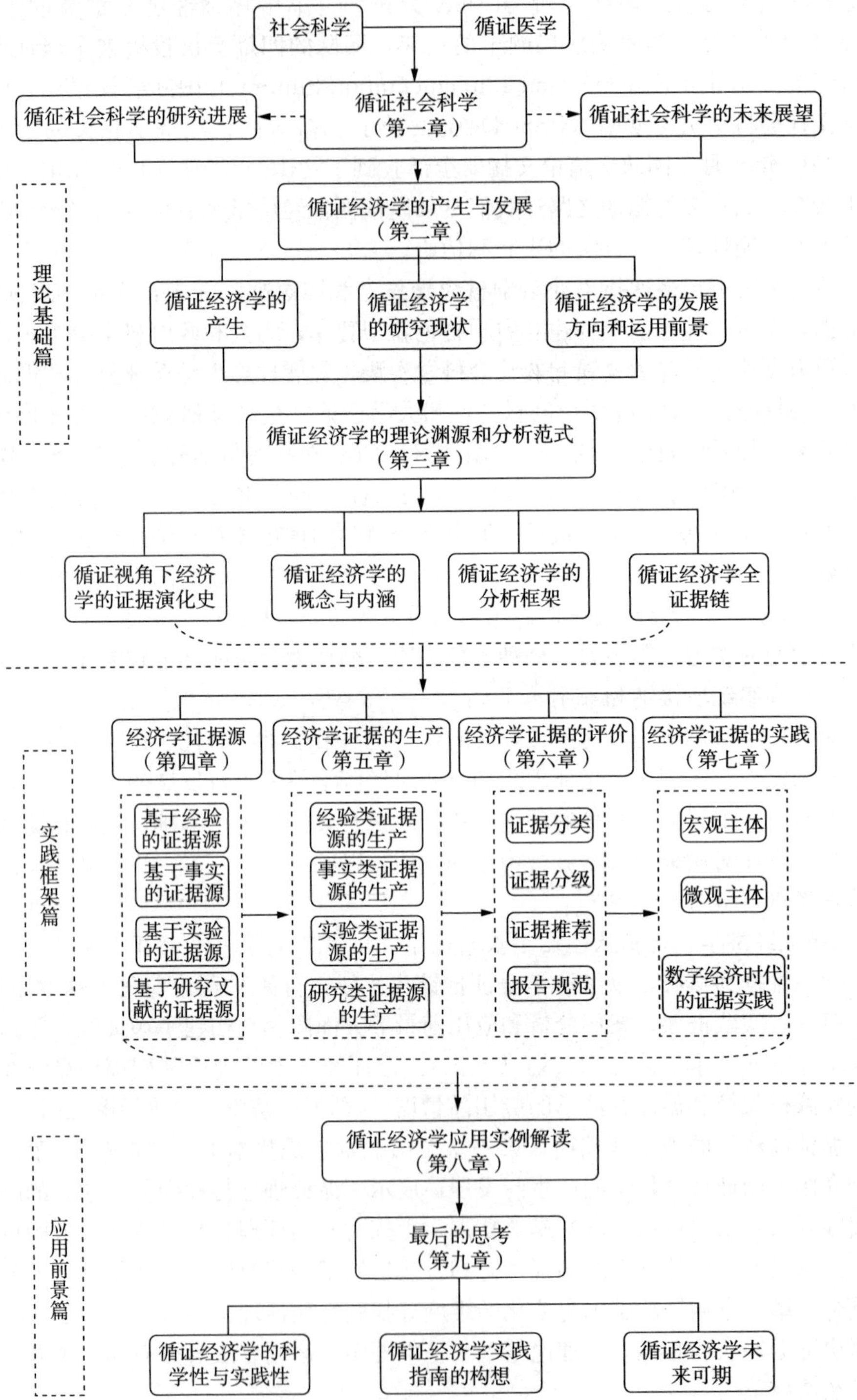

社会科学
循证医学
循证社会科学（第一章）
循征社会科学的研究进展
循证社会科学的未来展望

理论基础篇
循证经济学的产生与发展（第二章）
循证经济学的产生
循证经济学的研究现状
循证经济学的发展方向和运用前景
循证经济学的理论渊源和分析范式（第三章）
循证视角下经济学的证据演化史
循证经济学的概念与内涵
循证经济学的分析框架
循证经济学全证据链

实践框架篇
经济学证据源（第四章）
基于经验的证据源
基于事实的证据源
基于实验的证据源
基于研究文献的证据源
经济学证据的生产（第五章）
经验类证据源的生产
事实类证据源的生产
实验类证据源的生产
研究类证据源的生产
经济学证据的评价（第六章）
证据分类
证据分级
证据推荐
报告规范
经济学证据的实践（第七章）
宏观主体
微观主体
数字经济时代的证据实践

应用前景篇
循证经济学应用实例解读（第八章）
最后的思考（第九章）
循证经济学的科学性与实践性
循证经济学实践指南的构想
循证经济学未来可期

图 1 《循证经济学》思维导图

为了更加清楚地展示循证经济学的实践框架，第二篇（第四章至第七章）构建了从证据生产到循证实践指南的循证经济学全证据链，从证据链的各个环节刻画了如何遵循循证的理念，运用具体的方法进行循证研究和实践决策。

第三篇（第八章和第九章）为循证经济学的应用前景篇，选取了三个证据质量相对较高的循证经济学研究案例进行解读，并从循证经济学的研究流程和方法学的视角对这些案例进行分析评价，以期体现循证方法的科学性、系统性和独特性。

本书是循证经济学团队集体智慧的结晶，全书写作提纲、结构框架以及各章的基本思路由魏丽莉和斯丽娟设计、修改和完善，博士研究生张晶和杨颖全程参与了本书的设计讨论和统稿工作，具体各章的撰写主要由以下团队成员承担：任丽源（第一章）、陶杰（第二章）、侯宇琦（第三章和第八章）、胡佳欣（第四章和第五章）、尹苗（第六章和第九章）和王佳璐（第七章），张震霖、侯宇琦、陶杰、任丽源在校对和统稿工作中付出了大量的时间和精力，魏丽莉和斯丽娟负责全书的修改及定稿。在本书的编写过程中，特别感谢兰州大学循证社会科学研究中心的杨克虎、田金徽和陈耀龙三位老师以及《图书与情报》杂志魏志鹏副主编给予的精心指导和大力帮助。

任何学术成果都是在前人研究基础上的丰富和发展，本书也不例外，在编写过程中，我们参考了大量国内外的相关论文和专著，在此向各位作者和机构表达诚挚的谢意！没有你们的前期研究，就没有这本《循证经济学》的问世。

循证经济学目前仍然处于起步阶段，我们对循证经济学的认识和理解也是有限的，随着循证经济学的不断发展，我们相信会有更多学者提出更好的见解，期待学术界同人与我们共同探讨进步！

循证经济学研究团队一直得到兰州大学循证医学中心和兰州大学循证社会科学研究中心的大力帮助与支持，没有这个进取奋进的循证大家庭，我们就无法取得现有的研究成果，在此向杨克虎教授和中心的各位老师再次表达我们的感谢之情！让我们继续并肩作战，携手奋进，祝愿循证之树长青，未来可期！

魏丽莉　斯丽娟

2020 年 10 月

目　录

理论基础篇

实践框架篇

应用前景篇

理论基础篇

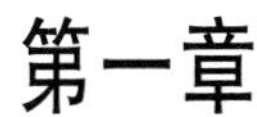

第一章 绪　论

社会科学是用科学的方法，研究人类社会现象的各学科的总体，从诞生以来，其演化进程从研究方法、研究技术到研究实践在不断地推进，但是相对于自然科学的“科学化”进程，社会科学的“科学化”则相对滞后，其解决社会问题的实用性、研究成果的非积累性受到了学界的质疑和挑战。近年来，随着循证医学的诞生和发展，一场循证实践的运动迅速在各个学科兴起，为推动社会科学领域的“科学化”进程提供了一个全新的方向和途径。循证的思想、理念和方法与社会科学的有机结合具有深刻的历史内涵。其从社会科学的发展史来看，是社会科学走向科学实践的必经之路；从思想史来看，是社会科学思想进一步完善，形成完整体系的科学方法；从方法学的演进来看，是突破目前社会科学的“科学化”瓶颈的有效手段。循证的思想、理念和方法与社会科学的深度融合，将成为一种势不可当的“科学化”力量。

本章将从社会科学的发展史出发，对其发展路径与历史进行总结，通过对社会科学的研究领域、研究步骤和研究方法的阐述，分析社会科学面临的挑战与机遇，对循证思想与社会科学结合的理论基础和循证社会科学的起源、发展历程进行整体描述，进而分析循证社会科学在国内外的发展程度和应用现状，对循证社会科学的发展前景与发展方向提出展望。

1.1　循证理念与社会科学的发展

人类社会发展过程中形成了自然科学、社会科学、人文学科

三大门类，三者相互关联、相互依存，共同形成了广义的科学研究系统。自然科学是对自然客体的研究；社会科学是对社会问题和社会现象的本质以及推动人类发展的社会、经济、政治、文化等领域的科学化研究；人文学科是对人的精神世界的研究。

纵观历史发展，对人类社会问题的研究与对天文、物理、生物等自然领域的探索同等重要。自然科学与社会科学是科学硬币的两面，它们相辅相成，都致力于整个人类的进步与发展。自然科学带领人类实现了技术进步和生产力的提高，但同时也带来了一些社会创伤和灾难。社会科学正是通过研究人类社会发展，对会伤害到人类的事件防患于未然，进一步提出有效的解决方案，引导自然科学发挥更积极的正向作用。二者共同进步才能实现人类社会的发展。

自然科学在理论层面和实践层面都取得了长足的进步，但是社会科学与自然科学相比缺乏“科学化”，所探究问题的因果关系的基本证据较为不足，研究结果缺少累积性和实用性，而基于“最佳证据”（optimal evidence）进行研究的循证理念和方法，正是对社会科学研究不足的重要补充，这种循证的研究思想与社会科学的结合，也给未来社会科学发展的道路指明了方向。

1.1.1 社会科学的“科学化”挑战

早期的社会科学一直与自然科学、人文学科相伴而行，尚未形成统一的社会科学理论，但其本身形成了一套基本规则体系，这种体系是社会科学内部各个部分的有机联系及相互作用的一般规则。直到欧洲启蒙运动，社会科学才真正形成了独立的科学门类，社会科学的发展已经经历了三次科学化的演进过程：在研究方法的科学化方面，19 世纪自然科学领域的实证研究方法已经非常成熟，随后社会科学加入了“科学化”的行列，强调运用量化的实证方法对社会问题进行探索；在研究技术的科学化方面，生物学、医学在其基础研究中通过实证方法的科学化实现了应用研究中的“技术化”，随着社会科学的研究成果的不断发展，开始出现政治技术、社会组织技术、社会心理技术等以实践为核心的社会技术；在研究实践的科学化方面，由于社会科学研究的对象更为复杂，研究规律更为特殊和具体，相比研究方法、研究技术的科学化发展，以循证为主要思想的研究实践的科学化进程稍显滞后，但是我们也可以看到，以循证管理学、循证经济学、循证心理学为代表的社会科学门类正在迅速地发展。三次“科学化”的发展浪潮极大地促进了社会科学的发展，使目前的社会科学成为一个研究方法丰富、研究思路多样、研究实践扎实推进的完备科学研究体系，社会科学的不断发展形成其独特的研究领域和特定的研究方法与步骤。

社会科学的研究领域包含人类文化相互关联、彼此依赖的各个方面，是有关

社会本质、发展、运转的知识体系。人类赖以生存的社会有其重要性和复杂性，所以社会科学的研究体系十分庞杂，其内部又分为多个学科：社会学、人类学、经济学、历史学、心理学、政治学、地理学。随着时代的变迁和知识的积累，人类了解和掌握的信息越来越多，知识信息量呈现指数型增长，研究问题的方法不再是通盘皆知，而是再一次细分走向专门化。同时学科内部专门化的发展在相互作用下催生出更多的交叉学科，如经济心理学、政治经济学、社会政治人类学等。

在社会科学的研究方法与步骤方面，社会科学可以利用历史方法、个案法、比较和跨文化比较方法来研究社会问题，但是人类社会的复杂和变化让人难以捉摸，社会科学不能够像自然科学那样人为地选择控制一个或几个变量，分别进行实验，从而找到影响实验结果的原因。社会科学不能够单独创造出一个满足所有变量的实验场景，大部分情况下，社会学家需要研究庞大的体系。如果采用自然科学的实验方法，那么社会科学研究无法反映现实整体的联系，不具有科学性和应用性。尽管如此，社会科学依然可以依靠以下步骤对社会问题进行合理研究（亨特等，2012）：

（1）观察；

（2）界定问题；

（3）文献回顾（熟悉其他人已经观察到的东西）；

（4）进一步观察；

（5）提出理论框架并构思假说；

（6）选择研究计划；

（7）收集必要的资料；

（8）分析结果；

（9）得出结论。

总体来说，社会科学的现有研究方法在考察社会问题方面具有局限性，研究特定问题的“科学性”不足。研究步骤虽然可以尽力做到客观、公正地研究社会问题，接近事实的本质，然而很难利用实验检验假说或结论。与自然科学相比，社会科学在研究方法上受到社会环境无处不在的限制，在实际问题的解释上也因为社会突飞猛进的变化而不够有效。这些问题给社会科学的发展带来了极大的挑战，主要表现在以下几个方面。

第一，社会科学如何有力地对真实的社会现象进行说明？社会科学的理论受到时间和空间的限制，在不同的时间阶段，某一理论的应用力和预测力就会不同，同时，由于人们的选择和期望会随着时间的变化而随时做出改变，社会科学家不可能清晰地考虑到未来事件的每种形式，因此也很难对时间序列上的每一种情况做解释说明。并且，每一种文化环境都具有其特定的含义，一些社会科学理论在一种文化背景下具有说服力，换到其他特定的文化环境中就不能够适用。

第二，社会科学如何实现理论基础科学化的延续性？社会科学理论的创造性研究离不开有精锐头脑的思想家（杜祖贻，2012），他们凭着自己对社会的观察和探究，形成理论。其他学者或是出于对该理论的深刻赞同而开展相关研究，用数据解释理论，或是反对者用其他学派的理论加以反驳，无论哪一种形式，后来者都无法撼动原有理论的根基与核心，更不用说对原有理论做出修改、证伪和检验。社会科学的基础理论探究活动缺乏一种有长久生命力的研究传统，缺乏一种知识积累的机制，不能依靠积累效应在原有理论的基础上建立更加强大的理论，这也许是社会科学最严重的局限性（杜祖贻，2012）。

第三，社会科学如何实现研究方法的不断革新和科学化？虽然社会科学不能够像自然科学那样做出严密、精确的预测，但是社会科学的研究方法尚缺乏统一的合理的规则，社会科学的研究离不开数据的收集和分析，其过程并不是一个单向的环节，而是复杂且循环的研究回路，包括对新数据的收集和对原有理论的研究、应用、改进和创新。在数据的收集过程中，社会科学学界内统一缺乏对重要参数和变量的界定，同时，数据收集多用随机抽样的方法，但事实上这种调查方法仅能代表一种亚群体的状况。在数据处理问题上，多数社会科学研究者以相关性为基础得出两者之间的因果关系，但是在现实中无法证实这种因果关系，社会科学数据分析的结果通常以有限的经验性证据为依据，对社会问题提早做出概念上的界定。若符合现实，则宣称是正确的理论；若与现实相违背，则可以重新修正，使原来的理论没有解释力。因此社会科学缺乏一种系统的分析体系。

与此同时，社会科学还存在学术语言界定不清晰、在理论的实践方面缺乏系统评估等缺陷和挑战，总而言之，社会科学的发展缺乏科学性与合理性，急需一种创新研究方法或借鉴自然科学的科学本质，让社会科学的发展造福全人类。

循证方法在思路上逻辑缜密，理论基础扎实并在不断地延伸扩展；在说明问题的角度上，通过对数据的收集、处理、更新做出更加科学的评定和校正，在获得最佳信息的基础上思考得出更加合理的结论；在研究结论的延续上，通过不断更新系统评价使研究成果的时效性得到保障。这些恰好是目前社会科学领域解决问题的新途径，社会科学与循证思路的有机结合正是社会科学未来发展的方向。

1.1.2　循证理念和方法在社会科学中的运用

循证的理念与方法最早产生于医学领域。医学是在人类长期与疾病做斗争的实践上发展而来的，它与自然科学和社会科学既有联系又有区别。自然科学的研究与实践是统一的，研究操作得到的结果可以直接应用于实践；而社会科学研究各种社会现象，具有研究对象的复杂性、研究过程的主观性和研究结论的难预测

性等特点，研究结论一般不具有普遍性，往往不能直接应用于实践。医学兼有自然科学研究操作可重复的特点与社会科学社会性的特点，它既是一门科学也是一门艺术，其研究结论比物理学、化学等自然科学学科的普遍性低，但比社会学、心理学、教育学等社会科学学科的普遍性要高（杨文登，2010）。因此，当人们希望其他学科也能像自然科学那样达到研究与实践的统一时，最具有条件的医学首先出现了“循证”这一方法。

传统医学临床实践和研究方法的缺陷是循证医学产生的内在驱动。传统医学发展至今有许多瓶颈和缺陷，传统医学认为动物实验、实验室研究、教科书的研究报告以及零散的临床经验就能够指导实践，并且传统医学的研究证据只是局限于小样本，以疾病和医生为中心，崇拜或重视高年资医生的经验，这导致临床实践的科学性不足。20 世纪 70 年代以来，英国流行病学家和内科医生阿奇·科克伦（Archie Cochrane）及其同事通过大量实践，发现在临床治疗措施中只有不到 20%的治疗结果是有效的，而大部分治疗措施在理论上推之有效，但在实践中被证明是无效甚至有害的，这使许多临床医生认识到，必须运用科学的证据对医学理论和临床经验进行科学的实践，才能有效提升临床治疗的效果。到 20 世纪后半叶，由于经济的迅速发展和现代医疗技术的显著提升，传染性疾病和营养缺乏性疾病在世界范围内得到了有效的控制，临床医学已经能够很好地把握对这类单因素疾病的治疗，然而心脑血管疾病、恶性肿瘤以及其他慢性疾病等多因素疾病开始成为人类健康的巨大杀手，这些多因素疾病比单因素疾病的治疗复杂得多，传统经验医学显然具有局限性，不能够有效地解决这个问题，因此亟须改变临床医学的研究方法。

信息技术的发展和循证方法学的优化为循证医学的诞生创造了条件。随着计算机技术和网络的迅猛发展，医学信息借助互联网平台实现互通共享和传播普及，全球各地的医生可以通过网络和数据库了解到最新的医学科研成果。与此同时，欧美国家的医生更加注重对临床方法学的研究，随机对照试验（randomized controlled trail，RCT）由于其可以防止选择性偏倚、显著性检验合理、统计方法简单、研究对象诊断明确等优点，得到了临床医生的广泛认可，大量的随机对照试验迅速展开。另外，一种新的统计方法——荟萃分析（又称 Meta 分析）被应用于临床医学，为 20 世纪 90 年代循证医学的发展奠定了良好的基础。

关注患者的价值和意愿是循证医学产生的直接原因。在 21 世纪普遍的人文主义关怀中，只注重疾病本身和医生临床实践的传统医学显然不能够适应人们的需求。传统医学“不作为”的态度让患者不能够很好地接受治疗，同时也给患者和家属带来了许多伤害。这要求医学临床实践更关注患者本身，结合患者的意愿和反馈制定合适的治疗方案。

循证医学正是在社会需求、学科发展、人文反思中催生出的一种注重最佳科学证据、遵循证据进行决策的方法，主张“慎重、准确、明智地应用当前所能获得的最佳研究证据，结合临床医生多年专业技能和临床经验，考虑患者的价值和愿望，将三者完美地结合，制定治疗措施”（Sackett，1996）。自20世纪70年代起，循证的方法和理念使得在医学领域形成了循证外科、循证内科、循证妇产科、循证儿科、循证护理、循证心理治疗等医学学科，并且迅速从医学领域渗入社会科学领域。循证的方法和实践不仅带来了医学领域的深刻变革，而且推动了社会科学走向“科学化”。

在“科学化”呼唤成为趋势并占据主流的今天，人们希望得到更加具体、精确的结果来指导实践。自然科学的实质就是在宇宙井然有序、由因果规律支配的情况下，只要给定相同的条件，重复操作同一个实验便会得到相同的结果（亨特等，2012）。而社会科学无法用普遍性的研究结论去指导特殊的实践，需要借鉴来源于医学的循证理念和方法，重视科学证据，在对社会现象做出合理的解释和判断的基础上遵循最佳证据来进行实践，弥补社会科学理论与实践割裂的缺陷。

循证理念是一个涉及研究者、实践者、实践对象与管理者的理论体系。依据现有研究的最佳证据，结合实践者的个人经验和对实践对象的基本判断，在消费者积极参与和反馈的基础上，实践者做出最佳决策并将其应用到具体情境中，最后在管理者的协调下，平衡研究者、实践者、实践对象的动态关系，同时管理者还负责调动资金、发表著作、进一步规范证据、制定相应的实践指南等活动，目的是协调研究者、实践者、实践对象、管理者四方的关系，节约资金与成本，提高循证决策的效率。20世纪90年代，已有社会工作、管理学、心理学领域的学者将循证的理念和方法融合到各自学科的发展中，给出了“循证＋学科”的概念，使得循证社会科学兴起。循证社会科学是指在社会科学领域应用循证的理念与方法，具体指发现社会科学中需要解决的问题，在现有研究的科学证据的基础上，充分考虑服务对象的偏好、环境、政策等信息，做出科学的决策，使决策实践的结果更加理想、服务效率更高。

循证本质上是医学及人文社会科学领域对自然科学实践形态的一种回应（杨文登，2010）。把产生于医学领域的循证理念、思想和方法应用到社会科学中，针对具体的实践问题，运用系统评价和Meta分析的方法推动生产更多高质量的社会科学证据，促使决策者由个人经验决策转变为基于证据的科学决策，能更加合理地解决实践对象面临的具体问题，使社会科学在研究和实践上进一步向科学靠拢，为教育、管理、经济、法律、社会发展等领域问题的决策提供科学依据。

1.2 循证社会科学的研究进展

循证社会科学是20世纪90年代末随着循证医学的发展而逐渐兴起的一门新

兴交叉学科，循证医学的理念、思想和方法正是循证社会科学发展的基础。从学理角度来看，循证社会科学借鉴世界医学领域发展最活跃、最前沿的循证医学这一新兴学科所具有的先进思想、理念和科学方法，针对社会、经济、教育、法律、管理等领域的问题开展基于高质量证据的学术研究，不仅可以为解决目前社会科学领域诸多问题的科学决策提供科学依据，而且可以极大地推动社会科学的发展。目前，循证社会科学在国外的教育、法学、管理学、社会学工作、公共卫生等领域得到了深入的学术研究，并形成了一些新兴的交叉学科，如循证管理学、循证教育学、法循证学、循证犯罪学、循证政治学、循证图书馆学、循证经济学、循证心理治疗、循证矫正、循证社会工作等。此外，循证实践也几乎应用到了科学决策、国家治理、智库研究等社会科学的各个领域，美国更是通过了成立循证决策委员会的法案，为联邦政府的资助政策及干预措施制定提供证据支撑。尽管循证医学自 1996 年引入中国以来已在国内得到了迅猛的发展，但国内学者对循证社会科学还缺乏客观、全面、足够的价值发现和自觉行动，相关研究和实践应用还停留在起步阶段，更缺乏对循证社会科学进行系统的理论体系构建、国际经验分析和中国路径探索。

为了更加清晰地了解循证社会科学目前的研究进展与发展状况，本节主要通过计算机系统检索社会科学引文索引（SSCI）与 CSSCI 相关文献，对其年份趋势、学科分类、国家分布、研究机构、作者等方面的研究进行分析，以期厘清循证社会科学目前的发展与研究现状，为循证经济学的学科定位和理论框架构建奠定基础。

1.2.1 循证社会科学在国际上的研究进展

对于循证社会科学在国际上的研究，本书主要对 SSCI 数据库中近十年的研究文献进行检索，检索策略为“systematic review OR meta-analyses OR meta analysis OR meta-analysis OR meta analyses OR meta-synthesis OR meta synthesis OR meta-syntheses OR meta syntheses OR meta-review OR meta review OR scoping review OR rapid review OR meta-analysis OR meta-analyses”，检索时间为 2009 年 1 月—2019 年 5 月。通过执行严格的纳入和排除标准，筛选后最终得到 20 402 篇文献，具体分析信息如下。

如图 1－1 所示，从年份趋势上来看，2009—2019 年，循证社会科学研究领域的文献呈现稳定上升的趋势。2014—2019 年，文献发表数量显著增加，平均每年持续增加 300 篇以上。2019 年预测文献发表量将超过 2018 年，可见循证社会科学领域的研究在国际上的热度持续上升。

如表 1－1 所示，从研究国家和地区来看，前五名分别是美国、英国、德国、

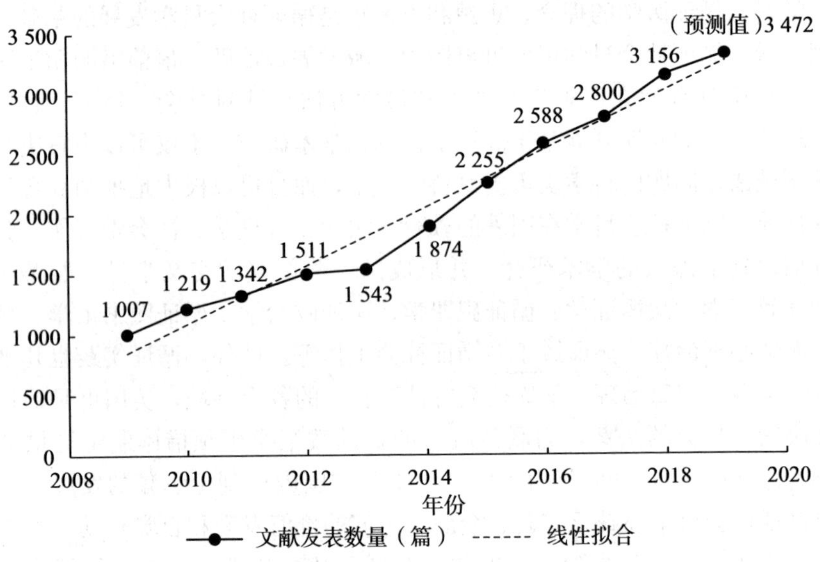

图 1-1　SSCI 数据库中系统评价文献的年份趋势

加拿大、荷兰这些发达国家。其中美国的文献数量为 8 963 篇，占比为 43.93%，几乎接近一半，可见西方发达国家对循证社会科学研究的重视。中国的研究文献数量为 861 篇，位列第七，反映出中国的循证社会科学领域的研究正处于日臻完善的阶段，不及西方发达国家发展成熟。在 10 个国家的分布中，6 个国家位于欧洲，2 个国家位于北美洲，1 个国家位于大洋洲，而亚洲只有中国入围前十名，可见亚洲国家对循证社会科学的研究较少，中国的循证社会科学相关研究目前处于亚洲的领先地位。

表 1-1　SSCI 数据库中系统评价文献的国家/地区分类

国家/地区	文献数量（篇）	占比	国家/地区	文献数量（篇）	占比
美国	8 963	43.93%	澳大利亚	1 445	7.08%
英国	2 238	10.97%	中国	861	4.22%
德国	1 906	9.34%	比利时	503	2.47%
加拿大	1 517	7.44%	西班牙	949	4.65%
荷兰	1 473	7.22%	意大利	491	2.41%

如表 1-2 所示，从研究的学科类别来看，心理学、教育学、管理学、社会学等依然是循证社会科学研究的热门领域。其中，心理学包括心理学应用、心理学综合学科、心理社会学、心理学发展；教育学包括教育研究、心理教育；社会学中还包括家庭研究和妇女研究等社会专题研究，可见国际上对社会学的具体专

项研究更加重视；犯罪学和语言学也是循证社会科学研究中的新兴领域，其数量虽不及心理学、教育学多，但总体排名靠前；经济学的文献发表数量共计1 076篇，占比为5.3%，在循证社会科学领域研究中成为一个热门的新兴交叉学科。

表1-2 SSCI数据库中系统评价文献的学科分类

研究方向	文献数量（篇）	占比	研究方向	文献数量（篇）	占比
心理学	5 472	26.8%	犯罪学	1 233	6.0%
教育学	4 701	23.0%	社会科学综合学科	1 203	5.9%
管理学	3 413	16.7%	经济学	1 076	5.3%
社会学	2 519	12.3%	语言学	428	2.1%

如表1-3所示，从研究文献的作者来看，文献发表数量位列前五的作者中，David P. Van Ijzendoorn的个人文献数量达到了51篇，领先于第二位作者7篇。他们的研究领域大都侧重心理学，同时，有两位作者的研究方向涉及家庭研究，第三位作者的犯罪学研究成为他的第二大研究领域，可见在循证社会科学研究领域中，心理学、犯罪学是国际学者研究的热门领域。

表1-3 SSCI数据库中系统评价文献的作者分类

作者	文献数量（篇）	研究领域
David P. Van Ijzendoorn	51	心理学，家庭研究
Greert Jan J. M. Stams	44	犯罪学，社会工作，心理发展
David P. Farrington	43	心理治疗，犯罪学，心理发展
Marian J. Bakermans-Kranenburg	40	心理学，精神病学，家庭研究
Filip Lievens	32	心理应用，管理学

如表1-4所示，从研究的机构分类来看，位列第一的阿姆斯特丹大学属于荷兰，文献发表数量达到303篇，可以看出目前循证社会科学在荷兰发展较为迅速；其余四大研究机构均属于美国，反映出循证社会科学在国际上主要以美国为研究中心，涉及的机构范围较广。

表1-4 SSCI数据库中系统评价文献的机构分类

机构名称	文献数量（篇）	所属国家
University of Amsterdam（阿姆斯特丹大学）	303	荷兰
University of Illinois（伊利诺伊大学）	278	美国
Michigan State University（密歇根州立大学）	264	美国
University of Minnesota System（明尼苏达大学）	236	美国
Florida State University（佛罗里达州立大学）	214	美国

如表1-5所示，从文献研究的来源出版物分析可知，排名前五的期刊中文献数量最多的是 *Frontiers of Psychology*，共有926篇。这些期刊的所属类别均是心理学研究，这与循证社会科学研究领域中心理学学科的文献数量最多相符；*Journal of Applied Psychology* 分别属于两个类别：一个是心理学应用，另一个是管理学。这两个学科领域是循证社会科学的热门研究方向。在排名前五的期刊中，*Psychological Bulletin* 的影响因子（影响因子选用五年平均）最高为21.986，而且不论哪一种期刊，它们在所属类别中的排序均位于前50%，这说明国际上循证社会科学研究的文献质量较高。

表1-5　SSCI数据库中系统评价文献的来源出版物分类

来源出版物	文献数量（篇）	影响因子	所属类别	所属类别中的排序
Frontiers of Psychology	926	2.749	心理学综合学科	39/135
Personality and Individual Differences	433	2.390	社会心理学	25/64
Psychological Bulletin	300	21.986	心理学 心理学综合学科	3/78 4/135
Annals of Behavioral Medicine	289	4.444	心理学综合学科	20/135
Journal of Applied Psychology	245	7.121	心理学应用 管理学	6/82 23/210

1.2.2　循证社会科学在国内的研究进展

在中国知网（CNKI）数据库中，以检索式“KY=‘系统评价’+‘循证分析’+‘荟萃分析’+‘元分析’+‘系统综述’+‘meta分析’+‘meta analysis’+‘meta-analysis’+‘meta analyses’+‘meta-analyses’+‘系统评价再评价’+‘数据整合’+‘整合分析’”进行检索。来源类别选择由南京大学研发、收录文献代表国内人文社会科学最高研究水平的中国社会科学引文索引（CSSCI）。在文献分类目录中，选择“哲学与人文科学、社会科学Ⅰ辑、社会科学Ⅱ辑、经济与管理科学”这四大类。同时再选择医药卫生科技大类中的“医药卫生方针政策与法律法规研究、医学教育与医学边缘学科”，其中剔除了与社会科学不相关的医学类文献。在信息科技大类中选择“新闻与传媒、出版、图书情报与数字图书馆、档案及博物馆”。发表时间选择2009—2019年，选择接近十年的研究范围能够更加客观地分析我国循证社会科学领域的研究发展。截至检索时间2019年5月30日，国内的循证社会科学领域研究的文献数量共计623篇。从年份趋势、学科分类、省份、层次、作者、高校分布、合作类型、基金分

类八个方面分析研究文献，能够更加清晰、客观地了解我国循证社会科学的发展现状，具体分析如下。

如图 1－2 所示，从各年份文献发表数量来看，可以将整体的趋势分为三个阶段：第一个阶段为 2009 年到 2012 年，这四年的文献发表数量持续递增，年平均发表数量为 40 篇。第二个阶段为 2013 年到 2016 年，年平均发表数量为 59 篇，这一阶段也是呈现上升的趋势。这一阶段的最低点 41 篇比第一阶段的平均值高，因此第二阶段的整体走向高于第一阶段。第三个阶段为 2017 年到 2019 年，总体上升，年平均发表数量为 104 篇，高于前一个阶段。从文献发表数量显著递增可知，我国近十年的循证社会科学领域研究发展态势良好。

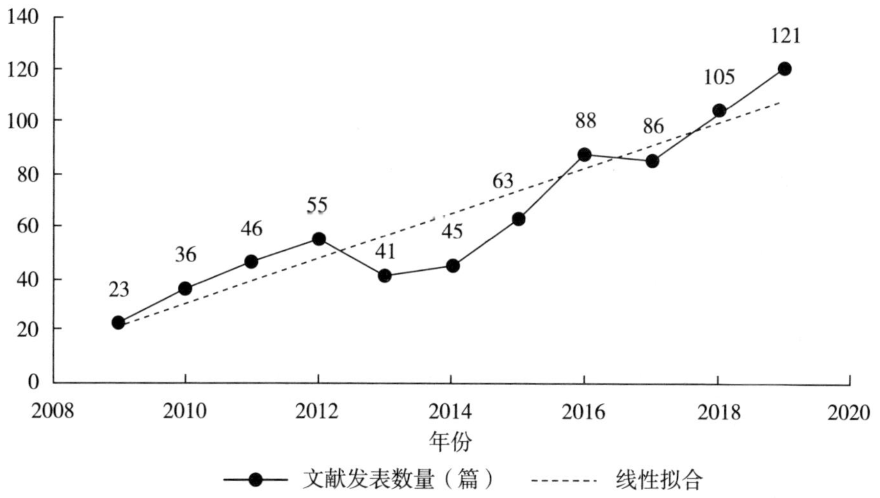

图 1－2　CSSCI 数据库中系统评价文献的年份趋势

如表 1－6 所示，从研究的学科分类来看，位列前四的分别是管理学、心理学、经济学、教育学，这四类研究的文献数量均超过总数的 15%，成为社会科学系统评价研究的重要领域。图书情报档案的这一类别文献数量也超过 10%。体育、社会学、语言、公共卫生、新闻传播的文献数量均超过 10 篇。循证社会科学研究的主题范围涵盖了社会科学的主要领域。其中，经济学的循证社会科学研究文献位列第三，经济学与循证方法、理念的融合将成为未来经济学发展的一个新方向和大趋势。

表 1－7 反映了 CSSCI 数据库中循证社会科学领域的文献数量位于前 20 的省份。从地区分布来看，前四名分别是华北地区的北京（156 篇，25.00%），华东地区的江苏（63 篇，10.10%）与上海（57 篇，9.13%），中部地区的湖北（46 篇，7.37%）。这四个省份累计占比为 51.60%，对循证研究的贡献显著，主要是由于这几个省份高校众多，经济比较发达，对循证这一新理念的认识和接受程

度比较高。陕西（25 篇，4.01%）、重庆（17 篇，2.72%）、四川（16 篇，2.56%）和甘肃（10 篇，1.60%）的文献发表量总计 68 篇，占比为 10.89%。这些地区之所以成为循证社会科学的主要研究阵地之一，原因是拥有专门的循证研究机构，如四川大学华西医院、兰州大学循证医学中心、兰州大学循证社会科学研究中心等。总体来说，这些省份的高校较多、研究实力较强，为循证方法和理念的应用提供了基础。

表 1-6　CSSCI 数据库中系统评价文献的学科分类

学科分类	文献数量（篇）	占比	学科分类	文献数量（篇）	占比
管理学	136	21.83%	语言	19	3.05%
心理学	121	19.42%	公共卫生	18	2.89%
经济学	118	18.94%	新闻传播	14	2.25%
教育学	104	16.69%	科学学与科技管理	9	1.44%
图书情报档案	65	10.43%	法学	3	0.48%
体育	50	8.03%	军事	3	0.48%
社会学	20	3.21%	哲学	2	0.32%

注：部分文献属于交叉学科，所以占比总和大于 100%。

表 1-7　CSSCI 数据库中系统评价文献的地域分布

省份	文献数量（篇）	占比	省份	文献数量（篇）	占比
北京	156	25.00%	四川	16	2.56%
江苏	63	10.10%	福建	16	2.56%
上海	57	9.13%	黑龙江	14	2.24%
湖北	46	7.37%	山东	13	2.08%
广东	40	6.41%	湖南	13	2.08%
浙江	34	5.45%	甘肃	10	1.60%
吉林	26	4.17%	天津	9	1.44%
陕西	25	4.01%	河北	9	1.44%
辽宁	24	3.85%	江西	8	1.28%
重庆	17	2.72%	安徽	6	0.96%

如表 1-8 所示，从研究层次分类来看，数量最多的是社会科学类别的基础研究，共有文献 504 篇，占研究总数的 80.90%；其次是政策研究；而行业指导和基础与应用基础研究分别仅有 22 篇（3.53%）、15 篇（2.41%）。可见推动社会科学系统评价研究的应用性力量不足，大部分研究只是停留在理论层面，因此

亟须加强循证社会科学领域的应用研究和实践探索。

表 1-8 CSSCI 数据库中系统评价文献的研究层次分类

研究层次类别	文献数量（篇）	占比
基础研究（社会科学）	504	80.90%
政策研究（社会科学）	43	6.90%
高等教育	23	3.69%
行业指导（社会科学）	22	3.53%
基础与应用基础研究（社会科学）	15	2.41%

如表 1-9 所示，从研究的作者分类来看，其中文献发表数量最多的学者是福州大学的任志洪，个人发表数量为 8 篇，其主要研究领域和方向是心理学、教育理论与教育管理、精神病学；同等数量的还有中央财经大学的辛自强，研究领域和方向主要是心理学、教育理论与教育管理、社会学及统计学；有 6 位学者的文献发表数量为 5 篇。总体来看，文献数量都不超过 10 篇，因此还须继续鼓励国内学者的研究热情。

表 1-9 CSSCI 数据库中系统评价文献的作者分类

作者	作者所在机构	发表文献数量（篇）
任志洪	福州大学	8
辛自强	中央财经大学	8
范会勇	渤海大学	6
郭力平	华东师范大学	5
辛素飞	鲁东大学	5
谢和平	华中师范大学	5
俞国良	中国人民大学	5
张向葵	东北师范大学	5
王福兴	华中师范大学	5
陈春花	华南理工大学	4

如表 1-10 所示，从研究的高校分类来看，综合类高校共有 11 所。其中分布在北京市的最多，北京大学有 22 篇，中国人民大学有 20 篇，中国科学院大学有 12 篇，共计 54 篇文献，这与北京市名优高校的集聚相关。江苏的南京大学有 15 篇。在这些综合类高校中，中部省份的高校只有武汉大学，为 13 篇。两个西部高校分别为西南大学和兰州大学，共计 25 篇文献，成为西部地区的主要研究阵地。其中，兰州大学成立了兰州大学循证社会科学研究中心，在西部地区的社会科学系统评价的研究中占据了一席之地。师范类高校文献发表数量共计 173

篇，东部高校文献发表数量远超中部和西部高校文献发表数量，因此国家还应进一步加强对中部、西部的科研支持力度。师范类高校共有 13 所，这与社会科学的系统评价研究的主要领域相关。理工类高校共计文献 68 篇。财经类高校共计文献 19 篇。值得注意的是，北京体育大学的文献数量达到了 17 篇，占体育类文献的 34%。

表 1-10　CSSCI 数据库中系统评价文献的高校分类

学校类别	序号	学校名称	所在省份	发表文献数量（篇）
综合类高校	1	北京大学	北京	22
	2	中国人民大学	北京	20
	3	南京大学	江苏	15
	4	西南大学	重庆	14
	5	武汉大学	湖北	13
	6	中国科学院大学	北京	12
	7	兰州大学	甘肃	11
	8	福州大学	福建	9
	9	吉林大学	吉林	7
	10	鲁东大学	山东	6
	11	厦门大学	福建	6
师范类高校	1	北京师范大学	北京	45
	2	华东师范大学	上海	23
	3	华中师范大学	湖北	17
	4	南京师范大学	江苏	14
	5	东北师范大学	吉林	14
	6	哈尔滨师范大学	黑龙江	11
	7	华南师范大学	广东	10
	8	福建师范大学	福建	8
	9	陕西师范大学	陕西	7
	10	四川师范大学	四川	6
	11	江西师范大学	江西	6
	12	上海师范大学	上海	6
	13	辽宁师范大学	辽宁	6

续表

学校类别	序号	学校名称	所在省份	发表文献数量（篇）
理工类高校	1	浙江工业大学	浙江	12
	2	上海交通大学	上海	11
	3	大连理工大学	辽宁	9
	4	华南理工大学	广东	9
	5	西安交通大学	陕西	8
	6	华中科技大学	湖北	8
	7	北京航空航天大学	北京	6
	8	南京理工大学	江苏	5
财经类高校	1	中央财经大学	北京	13
	2	东北财经大学	辽宁	6
其他	1	北京体育大学	北京	17
	2	中国科学院心理研究所	北京	6

如表 1－11 所示，从研究的合作类型来看，第一位是异地高校合作，可以看出国内学术团体的合作热情十分明显。第二位是高校与研究所合作，这类高校与研究所既包括同省份的类型，也包括不同省份的类型。第三位是同省份高校合作，同省份高校由于其地理位置相近，学术交往密切，从而合作较多。第四位是高校内部合作，既包括同一高校的不同学院合作，也包括学院与高校内部研究所的合作。第五位是国内外高校合作，包括不同省份高校与国外高校同时合作的情况，可见国内、国际学术交流越来越频繁。第六位是高校与企业合作，这类研究文献一般侧重于应用型研究。研究所与研究所的合作较少，共计 4 篇文献，可见国内的研究前沿阵地依旧是高校。

表 1－11　CSSCI 数据库中系统评价文献的合作类型分类

合作类型	文献数量（篇）	合作类型	文献数量（篇）
异地高校合作	87	国内外高校合作	23
高校与研究所合作	63	高校与企业合作	5
同省份高校合作	60	同省份研究所合作	2
高校内部合作	27	异地研究所合作	2

注：高校内部研究所归类于高校，医院和其他政府机构归类于研究所。

如表 1－12 所示，从研究文献的资金支持分类来看，国家专项基金共计文献

311篇，占总文献的50%。其中，属于国家自然科学基金的文献最多，共计151篇；其次是国家社会科学基金的文献，共计98篇。再从省份类别来看，北京基金数量最多，共计6项政府基金和高校基金。浙江和江苏各有3项、4项基金。辽宁和湖北各有2项基金支持。其他省份只有1项基金，文献发表数量也不多。总体来说，各省份的研究基金较少，有些省份甚至没有专项基金用于支持研究，高校内部的基金也很少，可见国内的高校、政府对社会科学系统评价的研究还不够重视，这类研究只是集中于高校内部或高校与其他组织的合作，因此，为了推动我国循证社会科学的发展，各省市政府和高校作为学术的资金支持者，更应该做出积极的贡献。

表1-12　CSSCI数据库中系统评价文献的资金支持分类

	基金名称	文献数量（篇）	合计（篇）
国家专项基金	国家自然科学基金	151	311
	国家社会科学基金	98	
	全国教育科学规划	24	
	中国博士后科学基金	8	
	跨世纪优秀人才培养计划	7	
	高等学校博士学科点专项科研基金	7	
	国家科技支撑计划	6	
	国家软科学研究计划	2	
	国家留学基金	5	
	国家重点研究基础发展计划	2	
	教育部留学回国人员科研启动基金	1	
北京	中国科学院“百人计划”基金	1	12
	北京市教委科技发展基金	5	
	北京市优秀人才基金	3	
	北京市自然科学基金	1	
	清华大学科研基金	1	
	北京师范大学青年科学基金	1	
浙江	浙江省自然科学基金	12	17
	浙江省软科学研究计划	3	
	浙江省教委科研基金	2	

续表

	基金名称	文献数量（篇）	合计（篇）
江苏	江苏省教育厅人文社会科学研究基金	8	13
	江苏省科委社会发展基金	2	
	江苏省青蓝工程基金	2	
	江苏省自然科学基金	1	
辽宁	辽宁省科委基金	1	2
	辽宁省普通高校学科带头人基金	1	
湖北	湖北省教委科研基金	1	2
	湖北省自然科学基金	1	
其他省份	吉林省科技发展计划基金	2	15
	上海科技发展基金	2	
	陕西省软科学研究计划	2	
	广东省自然科学基金	2	
	河北省自然科学基金	2	
	湖南省社会科学基金	1	
	重庆市教委科研基金	1	
	香港研究资助局资助项目	1	
	黑龙江省社会科学基金	1	
	贵州省科学技术基金	1	

1.2.3　循证社会科学在国内外的研究比较

从以上分析可以看出，国际上的研究领域内部更加细化和聚焦，包括一些专题研究，如家庭关系、妇女研究等，这更能够体现出系统评价在解决社会问题中发挥着越来越重要的作用。从国内的分析结果可以看出，近年来，我国对社会科学系统评价方面的研究热情度较高，对社会科学系统评价的理念和认知度越来越强，不论在研究领域还是研究地区，都进行了深入系统的研究。但是与国外比较，国内依旧有一些不足之处：一是我国研究层次较浅，没有系统的专题研究，也没有深入挖掘与国计民生相关的研究主题；二是我国学术氛围还不够浓厚，科研资金的投入还较少，不能够很好地支持相关领域的学者深入探究；三是我国学术团体的应用型研究较少，大部分依然停留在理论层面。因此，我国循证社会科学的发展还要进一步推进，任重而道远，需要越来越多的学者的热情和投入。

本章小结

科学的每一次升级都伴随着方法论的突破，新的研究方法和研究理念是推动学科发展的重要保障。研究方法的体系架构是评价各个学科发展现状的主要指标，一个全面科学的研究体系不仅能推动单个学科的发展，而且能通过学术成果传播等形式影响整个社会的认知思路。

随着社会的多元化发展，传统的社会科学研究方法已经无法与社会实际需要相匹配，循证理念的应运而生恰好弥补了传统研究范式在实践应用中的短板，是目前社会科学摆脱“伪科学”帽子的最佳路径。从循证社会科学的研究现状可以看出，借鉴循证医学的理念和研究方法，循证社会科学已经针对社会科学领域的各类问题开展了大量研究，为教育、管理、法律、经济、社会发展等领域提供了大量科学的决策证据。循证社会科学为社会科学带来了一种全新的理念，其遵循最佳研究证据的理念为社会科学实践提供了新思路。与传统社会科学实践不同，这一理念摒弃了传统规则的束缚，采取公平、公开、公正的评价体系，排除权威、教条的影响，是目前较为科学、客观的决策依据选取方式。

循证社会科学作为一个新兴的交叉学科，还有很大的发展前景和空间，其学科体系的建立、研究范式的探讨、实践应用的逻辑、高质量证据的推广等研究方向都仍然处于起步阶段，学科大厦搭建尚不完善。这些板块的完善不仅需要循证研究专家，而且需要社会科学内部各个分支学科领域的研究专家共同探讨，一同确立各分支学科的定位、完善学科发展理念、明晰学科核心概念、搭建学科方法学体系，以期填补社会科学各个分支领域的研究空白，推动其科学化发展，为实践提供更科学的指导。

被誉为“社会科学皇冠上的宝石”的经济学在其理论架构与学科范式中通过借鉴循证的方法、理念和思想，将会极大地提高经济决策、政策实施和实践研究的精准性，在以高质量证据为核心的循证实践中，循证经济学必将为经济学“大厦”的科学化构建做出更大的贡献。

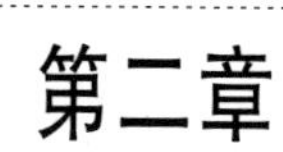

第二章 循证经济学的产生与发展

循证的理念、思想和方法在与社会科学结合的进程中，为其提供了更加科学的决策和实践，在国际上取得了快速的发展，不断推进着社会科学研究方法科学化的进程。社会科学的各个领域都与循证实践有着不同程度的结合，已经形成了一些新的学科分支，如循证管理学、循证教育学、法循证学、循证图书馆学等，这为循证理念引入经济学提供了借鉴意义。为详细剖析循证理念和经济学发展融合的可能性，本章主要从经济学的学科特点、经济学与循证理念和方法结合的必要性和可行性等方面来论证循证经济学范式的逻辑自洽性。本章对循证经济学研究现状进行了文献综述，呈现了知识图谱，并刻画了循证经济学的发展前景和面临的挑战。

2.1 循证经济学的产生

伟大的经济学家亚当·斯密构建了现代经济学的宏伟“大厦”，使得经济学研究方法第一次趋于统一、形成体系。伴随着宏观背景与世界经济的发展变化，经济学研究方法在更迭变化中发展、前进，逐步走向成熟。然而随着社会的发展，经济学家发现，主流经济学研究方法的缺陷开始不断暴露，经济学研究引以为傲的“理性人”假设并不能很好地解释现实经济现象、指导经济实践。在这一背景下，经济学家开始寻求更加科学、更具有现实意义的研究方法，以期解决经济现象背后的现实问题。因此，源于临床医学的循证理念进入研究者的视野，“基于当前可得的最佳证据”的循证理念以证据作为核心基础，为政策实践提供最优决策证据。本节主要从经济学学科的基本范式出发，阐述循证理念和方法应用于经济学的逻辑推演和研究现状。

2.1.1 现代经济学的基本范式及其局限性

经济学被誉为“社会科学皇冠上的宝石”，其辉煌程度与巨大的影响力很大程度上与学术底层逻辑的抽象思维密切相关。现代经济学的研究范式与自然科学中的牛顿力学和机械论相比有异曲同工之妙，其将市场经济体与牛顿理解下的物理世界类比，从而形成了宏观与微观经济学研究范式。即从研究至分析甚至表述方式都倾向于按照体现逻辑一致性的思维，形成抽象的概念体系和学术范式（金培，2019）。

有限的资源与无穷的人类欲望之间的矛盾，使得资源配置问题一直以来都备受关注。现代经济学正是基于个人主义行为，研究在资源有限的条件下人类如何更加高效地配置与利用资源，从而解释经济现象中的因果关系并指导实践。因此，为了方便研究现实市场中的各类经济现象，新古典经济学的研究者建立了抽象于现实世界的、极度简化的假设与充满公式的理论体系（艾克那，1990），假定经济活动中的个体为“微观主体”，通过完全脱离实际的抽象推理与演绎，求解假定其他条件不变下的最大化。即证明了在一定条件下，市场交易能够实现资源最优配置，使社会福利最大化。这一系列假设包括：市场中的每个人都理性且具有同质性；任何经济活动无外部性；规模报酬递减性；技术、资源、偏好已知；信息完全对称；竞争完全充分；所有的变化具有外生性（张维迎，2014）。微观主体通过自主决策和理性经济活动，在追求“最大化”目标的过程中使市场达到了局部均衡和总体均衡。市场中存在一只“看不见的手”，引导市场经济活动在不断调整中走向均衡状态。

按照这样的研究与思维方式，经济学似乎失去了其作为社会科学的社会性，经济学所假设的理性人是没有社会特性的（金培，2019）。这一认识在经济学研究中越来越强化，而且随着计量经济学等经济“数学化”的发展，越来越被高度理想化，经济学的世界变成了如物理世界一般可以量化、精确计算的完美世界。按照宏观研究范式来看，微观经济活动中的个体都是同质的“理性人”，因此其经济活动是可以加总的，从而定量了一些总量概念。然而在宏观经济学研究范式中，供给与需求是同时发生的，这就意味着供需总是相等的，如此来看，怎么会有失衡情况的发生呢？而需求往往是在经济活动发生前才有的，那么未发生的量如何估计呢？这似乎成为宏观经济范式的一大缺陷（金培，2019）。

新古典经济学家并未预测到1929年和2008年的经济危机，反而是奥地利学派的经济学家对经济危机有所察觉，这也说明现代经济学研究范式及假设并不足以解释现实经济现象，甚至正是由于这些不合实际的假设所做出的研究，才导致经济活动在遵循其研究结果的现状下出现了问题，其科学性与实践意义受到越来越多的质疑。在世界各国多元化的经济发展状态下，现代经济学研究范式的缺陷与不适应性表现得越来越突出（金培，2019）。我国著名经济学家张维迎也曾指出：新古典经济学并不是没有价值，其价格理论对我们理解供求如何影响价格、价格如何影响资源配置，以及对我们预测政府管制价格的后果（如短缺、排队、走后门、腐败）是有价值的，但它没有办法指导我们如何在计划经济和市场经济之间做出取舍（张维迎，2014）。主流经济学指导实践能力的不足促使经济学研究范式开始不断变革，越来越多的研究者开始探索更加科学、更加贴近现实、更能指导经济实践的研究方法。而发源于医学的循证理念，在此时进入了研究者的视野。

2.1.2　循证理念和方法应用于经济学的逻辑推演

经济学是一门研究选择的学科，选择是为了做出更好的决策，而科学决策需要最优证据。经济学研究本质上也是证据生产和证据传播的过程。传统的决策证据主要来源于权威意志、专家意见、个人经验、传统偏好等，随着经济学科学化进程的快速发展，高质量的证据对各类决策者的重要性与日俱增。在各类传统证据和浩瀚的研究证据中，如何选取、整合、评价、转化、应用、传播高质量的证据进行高效、精准、公平的决策更是政策制定者的现实需求和关键难题。如何获取、评价、转化、应用高质量的最佳证据进行科学决策成为经济学实践领域关注的重点和热点。

循证理念和方法的兴起也为这一巨大挑战提供了有效的解决途径，并为经济学开辟了一个全新的发展方向。循证理念在经济学领域的应用尚处于起步阶段，现有的研究存在证据不足、证据评价质量不高等问题，更未曾从概念界定、学科构建的角度进行深入研究。本书基于循证理念应用于经济学研究的逻辑基础，构建循证经济学的基本范式，探讨循证方法在微观经济领域和宏观经济领域的具体应用方向和发展前景。

近年来，循证医学以其先进的理念和科学的方法，迅速渗透和运用到其他学科领域。Sackett等（1996）提出循证医学的经典定义，即“医生严谨、清晰、明智地运用当前最佳的证据来为患者个体进行医疗决策”，其最大贡献是提出了一种确保医生能够遵循最佳证据、运用临床技能和经验，以及考虑患者意愿和价值观来制定个体疾病的诊治方案。伴随着循证医学的发展，一场轰轰烈烈的循证实践运动在各个学科领域逐渐兴起。

1. 经济学的学科特点决定了对循证理念较高的认可度

经济学虽然源于哲学，但是纵观经济思想的演化，几千年来它不断汲取着政治、管理、社会、文化、宗教、历史、制度、法律和数学的养分和元素，因此是一门多元化突出、交叉性较强的学科。经济学与医学更是具有较高的学科融合度，尤其是药物经济学、卫生经济学、健康经济学、卫生政策制定等都与经济学的相关性较强。

随着循证医学的发展，越来越多的学者意识到循证理念与方法对经济学研究的重要性。早在 1971 年，循证医学思想的开创者阿奇·科克伦在《效果及效率：卫生服务随想》一书中就强调健康政策中经济证据的重要性。科克伦（Cochrane）网 20 周年年会主题依旧反映出健康干预政策中效率的重要性（Ashcroft，2007）。伊恩·谢米尔特（Ian Shemilt）作为 Cochrane 网的姐妹组织 Campbell 协作网的主席之一，致力于研究健康经济、社会问题，指出面对资源的稀缺性，政策制定者不仅要考虑干预措施的作用，而且应该考虑该措施是否使得资源利用最大化。基于循证方法的决策如果只从效果的角度考虑可能会导致低效率及浪费，最好的决策应是同时考虑成本、收益与效果，并且提出不应将经济问题只看作循证研究的一个分析部分，而应将其作为循证实践的一个方面，如健康经济学等（Shemilt 等，2008；Sculpher 等，2004；Shemilt，2004）。

经济学与其他人文和社会科学也具有较强的交叉性，循证心理学、循证管理学、循证社会学、循证教育学等循证社会科学的发展为循证经济学的发展奠定了基础，提供了可借鉴的发展方向。这不仅意味着循证医学的理念和方法可以应用到经济学研究中，而且验证了循证经济学的可行性和巨大的发展空间。特别是 2000 年 Campbell 协作网的建立，旨在推进利用循证理念及方法在教育、司法、福利、国际发展等领域构建系统评价证据数据库（赵坤和郭君钰，2015），更是全面推动了循证实践在社会、教育、心理、法律、经济、管理等领域的应用和发展。

2. 经济学研究的科学化进程决定了对循证方法较强的适用性

相对于自然科学的“科学化”进程，社会科学领域的“科学化”进程相对滞后。现今社会科学的第三次“科学化”仍处于萌芽阶段（杨文登和叶浩生，2012），社会科学的科学化问题亟待解决，循证医学的科学理念与方法在社会科学领域中的应用为解决社会科学领域如何“科学化”的问题提供了一个全新的方向和途径。

社会科学领域的科学化进程，从最早的观察和理论思辨转变为以实证方法为主的研究，随着实证研究的深化和应用研究领域“技术”的迅速出现，进而提出了实践领域的科学化，即应用高质量的证据来指导实践。经济学研究中，实证研究以客观的数据方法来描述、解释、预测人的经济行为，但是由于数据来源不同、研究方法存在差异、研究者水平参差不齐，研究者对同一问题的研究结果并不一致，证据使用者对证据的质量难以甄别，将研究证据转化为实践方法会产生巨大的障碍。在

经济决策和政策选择中，证据的选择更多基于常识、经验、权威、个人意志等，这些缺乏监管且时常与科学理论脱节的实践决策方式成为主要的决策方式。

在各门学科基础与应用研究领域推进科学化的同时，社会科学正在进入一个实践领域“科学化”的新阶段。经济学研究方法从传统的理论分析，发展到经济学的量化分析，虽然计量方法在经济学中的应用极大地提高了经济学的科学性，但是实证研究中严格的假定限制和数学模型的大量应用也引发了学术界对经济学过度数学化以及研究结论适用性的争议。行为经济学和实验经济学就是在此起彼伏的争议和反思中兴起和发展起来的。实验经济学具有自然科学的实证主义特点，弥补了经济学实证方法的缺陷，但是实验室的研究结果与真实世界中的经济活动是存在一定偏差的，经济学的实践科学化进程亟须进一步发展。近年来，随着经济学基础研究的深化、研究技术和新方法的不断完善、大数据的兴起和运用，针对具体实践问题的研究证据越来越多地开始应用于经济决策和政策推行中。只有运用“科学研究”，促使决策领域和实践层面“科学化”，才能达到最佳的政策效果与治理状态。由循证医学发展而来的循证理念、思想和方法，为经济学领域的科学决策和实践应用提供了可行路径。

3. 经济学的研究对象和研究目的决定了循证决策的重要性

经济学研究的是供给和需求双方在有限的资源条件下如何高效地配置与利用资源的问题。资源的有效配置与利用需要获取高质量的证据，为各类经济政策的制定、实施、评估、调控提供科学准确的依据。经济学研究追求的不仅是更强的解释力，而且期待其研究结果能为政策制定、政府决策和公共政策推广提供最佳的证据支持（杨克虎等，2018）。但是，现有学者的研究大都未实现成果转化，研究结果的质量评判不一，成果闲置率较高，而政策制定者在做决策时没有足够可靠的证据，研究者与政策制定者之间无法实现有效对接。与此同时，经济学的科学化进程必然要求提高经济决策、政策实施、政策评价的精准性及有效性。当今，随着互联网的推广和信息技术的提高，大数据的可获得性得到极大提高，收集全世界的高质量证据成为可能。

循证理念的发展和循证方法在经济学中的运用能够极大地促进社会科学的科学化进程，充分考虑研究者、实践者（决策者、实施者）、实践对象、管理者的共同需求，为提高经济决策及政策实施的精准性和有效性提供最优和高质量的证据支持，形成四位一体、科学精准的政策协调治理机制，而不是以被动、应急式的政策来应对短期危机。

2.2　循证经济学的研究现状

循证经济学自产生以来，在国内外的发展速度十分迅速，体现出研究者对循证理念的研究热度不断增强。为了更加详细具体地了解循证经济学的研究进展与发展现状，本节对国内外研究循证经济学的文献进行系统检索，采用严格的纳入与筛选标准，通过可视化图表的分析方法，最终得出符合条件的研究文献。对所得文献进行图表分析，可以清晰地展示目前循证经济学在文献发表时间趋势、文献类型、文献国家分布、文献机构分布等方面的特征与现状，以期更加清楚地把握目前循证经济学的发展状态，从而更好地掌握未来的研究方向，为循证经济学的学科发展与进步奠定良好的基础。

为更全面、直观地了解循证经济学在国内外的研究现状，本书通过使用计算机系统，对国内外应用最广泛、纳入文献最全面的中国知网（CNKI）与 Web of Science 数据库进行了检索。中文数据库的检索关键词为“系统评价”、“Meta 分析”、“荟萃分析”、“元分析”、“循证”及“经济”；英文数据库的检索关键词为“evidence-based economic＊”、“systematic review”、“meta analysis”及“meta analyses”。检索时间段为数据库建库起至 2019 年 5 月 27 日。在检索所得文献的基础上进行文献筛选工作，由两名研究者进行背对背独立筛选，主要通过阅读文献题目、摘要等信息，根据纳入和排除标准初步筛选出相符的文献。具体的纳入和排除标准如下。

1. 纳入标准

（1）符合循证理念和方法的研究文献。

（2）应用在经济学领域中的研究文献。

2. 排除标准

（1）与经济学研究无关的文献。

（2）重复发表以及中英文翻译的文献。

（3）会议通知与专家意见等文献。

（4）传统的文献综述。

根据以上纳入和排除标准，可得如图 2-1 所示的文献筛选流程图。

在初次检索完成后，我们共得到了 3 272 篇相关研究文献。在纳入和排除标准下，通过一系列的文献筛选工作，去除了重复、非规范、非循证、非经济学研究等方面的文献，最终符合纳入要求的循证经济学文献共有 308 篇。

最后对筛选的文献进行信息提取工作。根据本节研究的需要，通过阅读全文由两名研究者分别独立对其题目、作者及国家、发表年份以及研究机构等信息进行了提取，在此期间产生的争论通过两人讨论或第三人得出结果，最终根据所得信息制作可视化图表。

2.2.1 循证经济学文献的时间趋势分析

分析时间趋势上的发文量，能够解释在特定时期相关主题的研究情况。本小节

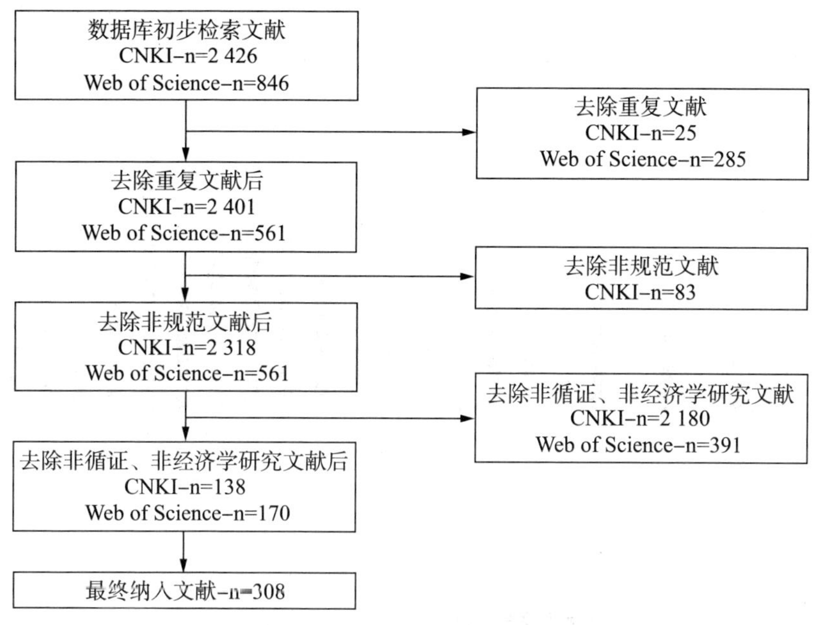

图 2－1　文献筛选流程图

主要从国内外两个方面对循证经济学文献的时间趋势进行图表分析，具体如下。

1. 国外循证经济学文献发表的时间趋势分析

由图 2－2 可以明显看出，国外研究循证经济学的相关文献始于 1997 年，此后一直处于波动上升的趋势。2002 年发表文献为 6 篇；2010 年开始文献量大幅增加，达到 12 篇；2011—2015 年处于起伏上升状态；2017 年发表文献达到最高 18 篇。从总体指数趋势来看，循证理念应用于经济学领域的文章逐年增多，平均每年发表约 8 篇。2019 年纳入的文献截止到 5 月，尚有在研究中未发表的循证经济学文献没有纳入本书的研究，因此数量较少。

通过分析可以看出，循证经济学在国外的研究趋势处于逐年递增的状态，其间偶有波动，但不影响循证理念在国际学术界的热度。随着循证理念在医学领域的广泛运用，其实践意义得到了各国政府的认可和重视，越来越多的国家开始将循证理念融入各领域的相关研究中，从而指导政府决策与实践，经济学也不例外。从趋势线的走向也可以看出，未来循证经济学的研究与发展将会延伸到更多的国家和地区，从而为指导各国经济活动与经济实践做出巨大贡献。

2. 国内循证经济学文献发表的时间趋势分析

图 2－3 反映的是国内循证经济学文献发表的时间趋势。2001 年，国内开始有循证经济学的相关文献发表，数量为 2 篇。2002—2011 年，发表数量一直不高，处于波动起伏状态，平均每年发表约 3 篇。2012 年开始，国内的相关发文

量开始增多。2012 年与 2013 年分别为 9 篇、10 篇。2018 年，循证经济学发表文献达到最高 30 篇。2019 年纳入文献仅截止到 5 月，因此数量较少。

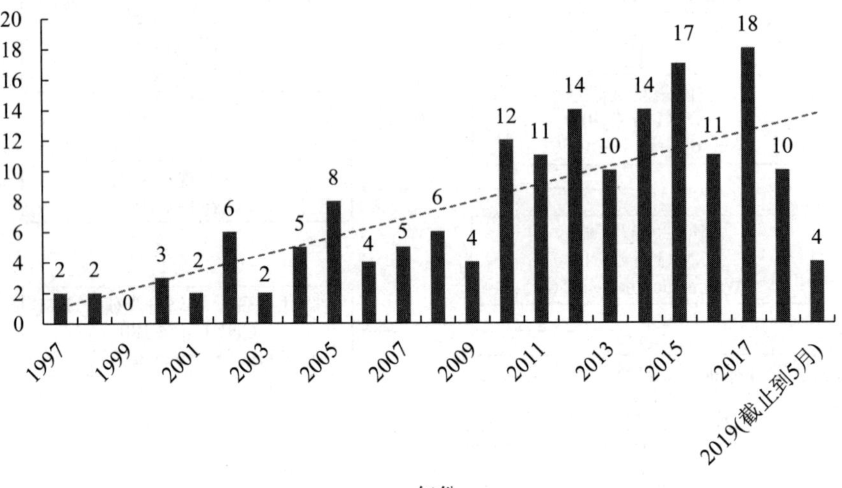

图 2-2　国外循证经济学文献发表的时间趋势

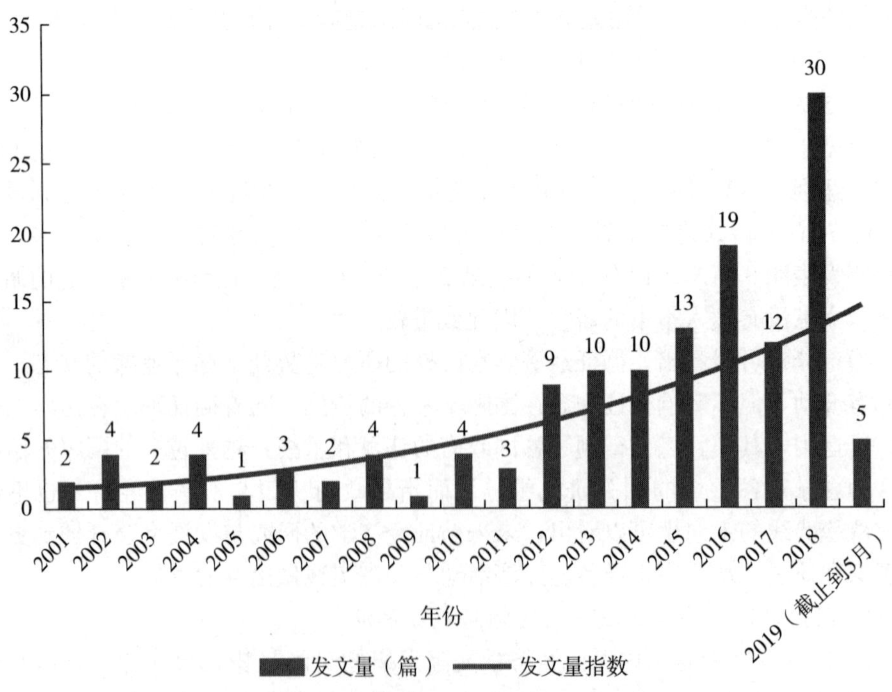

图 2-3　国内循证经济学文献发表的时间趋势

总体来看，循证经济学在国内的发展起步较晚，趋势线也反映出其发展速度比国际水平缓慢。2011 年以后，随着国内循证医学的快速发展，循证的理念进入更多经济学研究者的视野，将循证与经济学融合为一大趋势。2016 年以来，国内的循证研究进入火热趋势，2018 年达到研究年限内的发文高峰，超过国外循证经济学的发文量，这与不断增加的循证经济研究者以及循证专业研究机构有着密切联系，循证理念越来越为国内经济学研究者所关注。

2.2.2　循证经济学文献的国家分布分析

文献作者所在的国家分布现状反映出相关主题在不同经济、文化背景下的研究情况。本节对国外循证经济学研究文献作者（包括但不限于第一作者）所在的国家进行可视化分析，具体如下。

如图 2－4 所示，目前英国的发文量居于首位，达到 114 篇。美国的发文量位居第二，达到 33 篇。加拿大与荷兰的文献发表量也较高，总体来看排名靠前，分别达到 26 篇和 18 篇。其他国家如澳大利亚、德国、爱尔兰、比利时、意大利以及瑞典等国家文献发表数量处于居中水平，发展势头良好。保加利亚、巴林、克罗地亚以及哥伦比亚等国家的循证经济学研究基本处于初级阶段，仅有 1 篇。

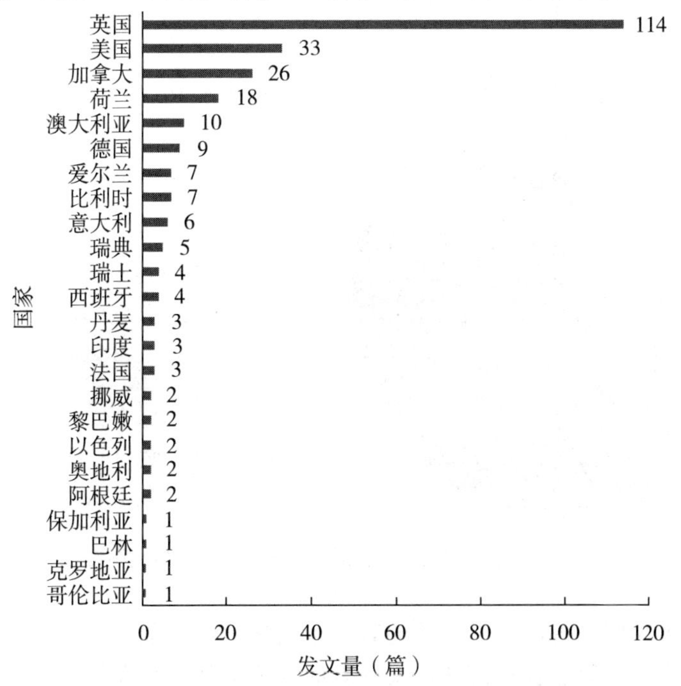

图 2－4　国外循证经济学纳入文献的国家分布

就文献发表的国家分布而言，欧美发达国家的循证经济学相关研究较多，尤其是英国和美国。循证理念和方法在这些国家有更高的接受度和认可度，国际循证经济学的快速发展为其在这些国家国内的发展提供了扎实的基础与良好的机遇。

中国的循证经济学研究虽然发展较晚，但发展速度较快。国外循证医学以及循证社会科学的发展经验为经济学引入循证理念奠定了重要基础。未来中国循证经济学的发展一定会更加专业化与规范化，在国际循证经济学研究中占有一席之地，在实践与决策指导中发挥着重要作用。

2.2.3 循证经济学文献的机构分析

机构的发文量一定程度上可以反映其在相关主题上的研究能力与研究产出。本节主要对国内外循证经济学纳入文献的研究机构进行可视化分析，具体如下。

1. 国外研究机构分析

图 2-5 反映的是国外循证经济学研究文献排名前十的机构分布。可以看出，英国约克大学相关文献发表最多，达到 18 篇。阿伯丁大学、伦敦大学、谢菲尔德大学、曼彻斯特大学、南安普敦大学等都属于英国，其发文量分别为 17 篇、15 篇、13 篇、11 篇和 9 篇。国外循证经济学的研究机构重点分布在英国，英国为其学术科研的发展提供了肥沃的土壤。

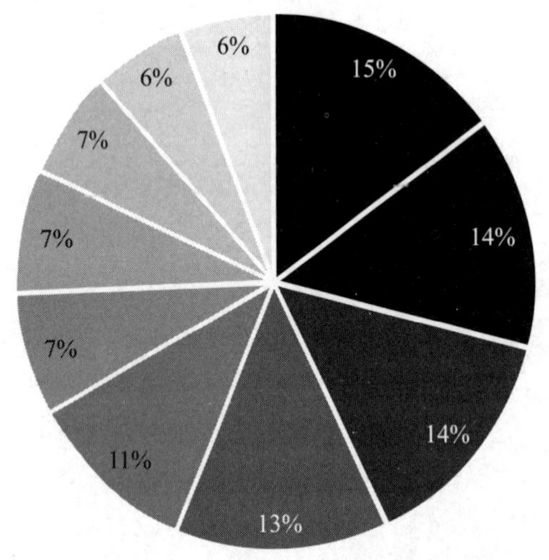

图 2-5 国外循证经济学研究排名前十的机构分布

对比近年来国内外经济学发展的背景，国际形势复杂多变，中国经济飞速发展，一跃成为世界第二大经济体，人民生活水平得到了很大提高。党的十九大报告指出，我国社会主要矛盾已经转化为人民日益增长的美好生活需要和不平衡不

充分的发展之间的矛盾。在国际经济形势多变以及中国快速发展的背景下，经济学研究自然不应故步自封，需要不断吸收国内外先进的研究思维和研究方法，从循证医学与循证社会科学的发展中汲取精华，将循证的思想引入经济学研究。

2. 国内研究机构分析

国内的循证经济学研究主要以各大高校及医学类机构为主（见图 2-6）。其中兰州大学成立了循证医学研究中心、循证社会科学研究中心，下设循证经济学、循证管理学、循证教育学、法循证学等研究团队，总发文量达到 17 篇，发展前景良好。安徽医科大学循证经济学发文量达到 10 篇，四川大学（包括华西医院）发文量总共达到 13 篇，这与其成熟的循证医学发展息息相关。此外，北京大学（包括第三医院）、复旦大学以及北京中医药大学发文量分别达到 12 篇、6 篇、4 篇，发展速度较快。还有一些机构并未详细列出，但可以明显看出以上几大研究机构占比达到 40%以上，为国内的循证经济学研究做出了巨大贡献。

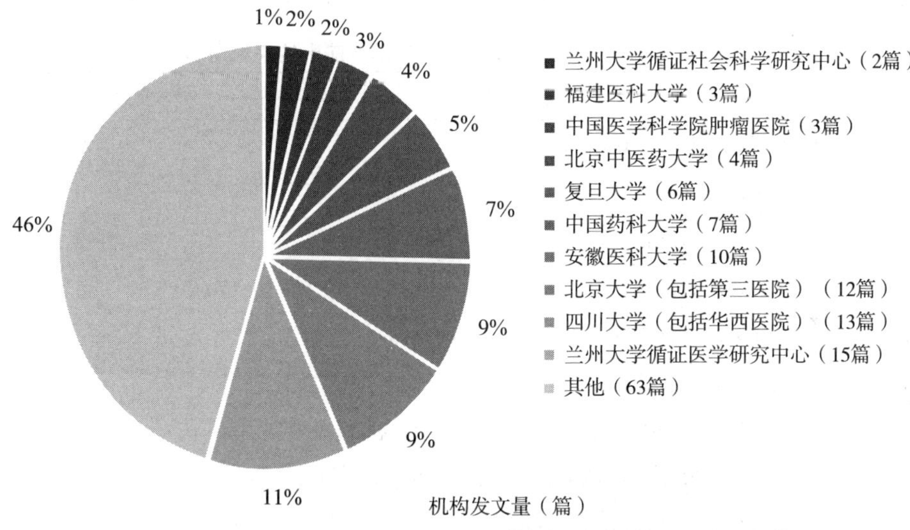

图 2-6　国内循证经济学纳入文献的研究机构分布

目前国内的循证经济学研究大部分存在于医学类研究机构中，但已经开始有专业的循证社会科学以及循证经济学研究机构成立，这意味着循证经济学在国内已经获得了一定的认可度。随着越来越多专业机构与研究人员的加入，循证经济学的研究将更加趋于科学与规范，从而推动循证经济学的快速发展。

2.2.4　循证经济学文献的期刊分析

期刊分析可以反映出相关主题被不同领域、类型的期刊接受的情况，体现出

相关主题在不同学科领域的认可与发展程度。本节对国内外循证经济学纳入文献排名前十的来源期刊进行可视化分析，具体如下。

1. 国外研究文献的期刊分析

表 2－1 选取了国外循证经济学研究文献排名前十的来源期刊。其中，*Health Technology Assessment* 这一期刊发表文献最多，达到 44 篇，这一期刊是创建于 1994 年的美国医学技术评估期刊。可以看出，目前循证经济学相关文献研究主要集中在医学领域，其主要原因在于，循证的理念源于医学，且目前循证医学的发展已经相当成熟，因此医学类期刊对循证类文献更加认可与接受，这从排名第 2～10 的期刊类型中也能够看出来。在研究内容方面，目前循证经济学研究也包含大量药物经济学领域的问题。

表 2－1 也体现出，*Applied Health Economics and Health Policy* 作为经济学类专业研究的期刊，发文量为 2 篇，反映了经济学类期刊开始逐渐接受循证的思想与理念，这是循证经济学为更多经济学专业期刊所接受的良好开端。

表 2－1　国外循证经济学研究文献排名前十的来源期刊

序号	来源期刊	文献数量（篇）
1	*Health Technology Assessment*	44
2	*Value in Health*	6
3	*American Journal of Preventive Medicine*	5
4	*International Journal of Technology Assessment in Health Care*	5
5	*Expert Review of Pharmacoeconomics Research*	4
6	*Pharmacoeconomics*	4
7	*Jama-Journal of the American Medical Association*	3
8	*Applied Health Economics and Health Policy*	2
9	*British Medical Council Psychiatry*	2
10	*British Medical Journal Open*	2

2. 国内研究文献的期刊分析

表 2－2 反映的是国内循证经济学研究文献排名前十的来源期刊。《中国药房》在所有期刊中发文量最高，达到 11 篇。《中国循证医学杂志》紧随其后，发文量为 6 篇。此外，《中国药物经济学》《药品评价》等均属于药物经济学的期刊，体现出国内循证经济学研究文献与国外发表期刊的特征类似，医学类期刊对循证理念的接受度最高。

在排名前十的期刊中，《图书与情报》是唯一非医学类期刊，其循证经济学文献数量达到 2 篇，相比其他期刊发文数量较少，但也反映出循证理念开始进入

经济学专业期刊的视野，逐渐得到非医学类期刊的认可，为未来循证经济学被经济学专业期刊接受提供了良好的开端，中国的循证经济学发展未来可期。

表 2-2　国内相关研究纳入文献的期刊情况

序号	来源期刊	文献数量（篇）
1	《中国药房》	11
2	《中国循证医学杂志》	6
3	《药物流行病学杂志》	5
4	《中国药物经济学》	4
5	《药品评价》	3
6	《图书与情报》	2
7	《临床药物治疗杂志》	2
8	《中国现代应用药学》	2
9	《中国医院用药评价与分析》	2
10	《中国药业》	2

国内外循证经济学文献的来源期刊分布特征十分相似，排名前十的国内外期刊中，医学类期刊均占据很大比重，但也开始有非医学类期刊逐渐接受循证经济学研究文献。综合来看，循证经济学在国内外的期刊中发展情况较好，结合图 2-2、图 2-3 的时间趋势可知，未来循证经济学文献发表数量将进一步提高，其在经济学专业期刊中的认可度有望得到提升。

2.2.5　循证经济学文献的类型分析

纳入文献的类型分析反映了相关主题的研究领域分布情况，能够清晰地反映出主题的重点研究领域。本节分别对国外循证经济学文献的文章类型与国内循证经济学文献的研究领域进行可视化分析，具体如下。

1. 国外循证经济学文献的文章类型分析

目前国外针对循证经济学领域的研究主要分为以下七个方面（见图 2-7）。其中占比最大的为系统评价类文献，达到 79 篇。标准研究类文献有 74 篇。会议类、新闻评论类等文献数量较少。

图 2-7 反映出目前国外循证经济学的研究以传统循证医学的研究方式为主，通过系统评价与 Meta 分析等综合研究相关经济问题。这也说明，目前循证经济学在国外研究中以系统评价和 Meta 分析最为成熟，我国的相关领域研究者可以充分借鉴其研究方法和成果，取长补短，从而促进国内循证经济学向更加科学、

规范的方向发展。

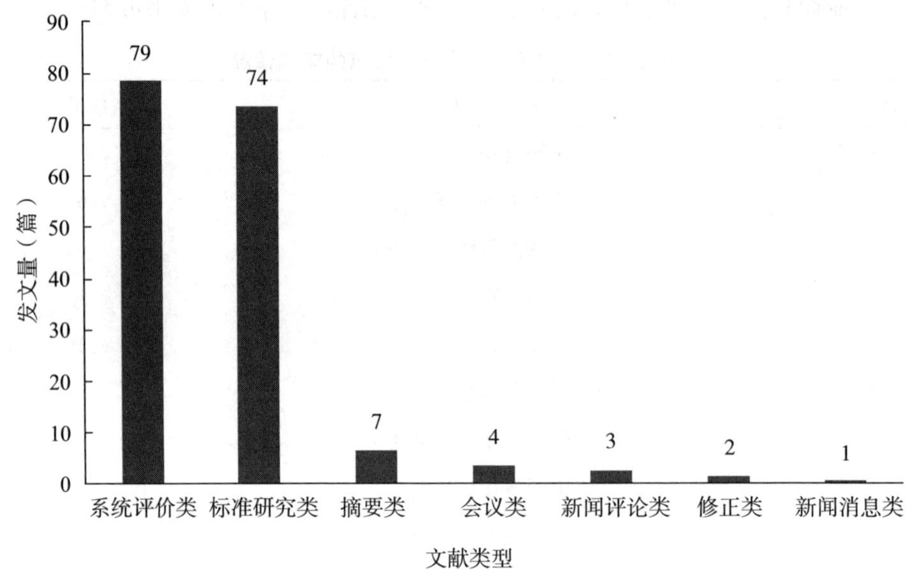

图 2-7　国外纳入研究文献类型

2. 国内循证经济学文献的研究领域分析

图 2-8 反映了国内循证经济学纳入的主要文献类型。循证经济学目前的研究仍然以药物经济为主，其发文量达到 93 篇。卫生经济研究与健康经济研究的发文量分别为 10 篇和 1 篇，研究领域以医学类文章为主，反映出循证理念源于医学，研究也多从医学类经济问题入手。循证实践与决策研究文献为 12 篇，可知目前循证经济学的研究正在逐步发挥其指导实践与决策的作用，充分体现了循证理念的本质意义。而方法学研究奠定了循证经济学的理论基础，其发文量为 9 篇。成本效益研究、宏观经济发展研究及区域经济发展研究则更加体现出经济学的研究特色，这几类文献的发文量分别为 6 篇、2 篇、2 篇，反映出经济学专业领域的问题逐步开始与循证理念结合，以期指导经济实践。

我们的研究团队在近几年循证方法与理念的探索中，也取得了良好的研究成果，目前已经在 CSSCI 期刊上发表了 3 篇与循证经济学学科体系构建相关的文章，为进一步编著本书以及探索循证经济学的学科建设、更好地解决经济问题、指导经济实践奠定了坚实的基础。

不可否认，当前国内循证经济学研究与国际相比才刚起步，还有待得到广大经济学者的认可与接受，但这并不妨碍它不断进步与发展的进程。我们希望通过本书的介绍，能够为循证经济学进入经济学研究做出小小的贡献，以期实现经济学研究方法的“科学化”发展，使得经济学的研究不再只是简化模型与抽象市场

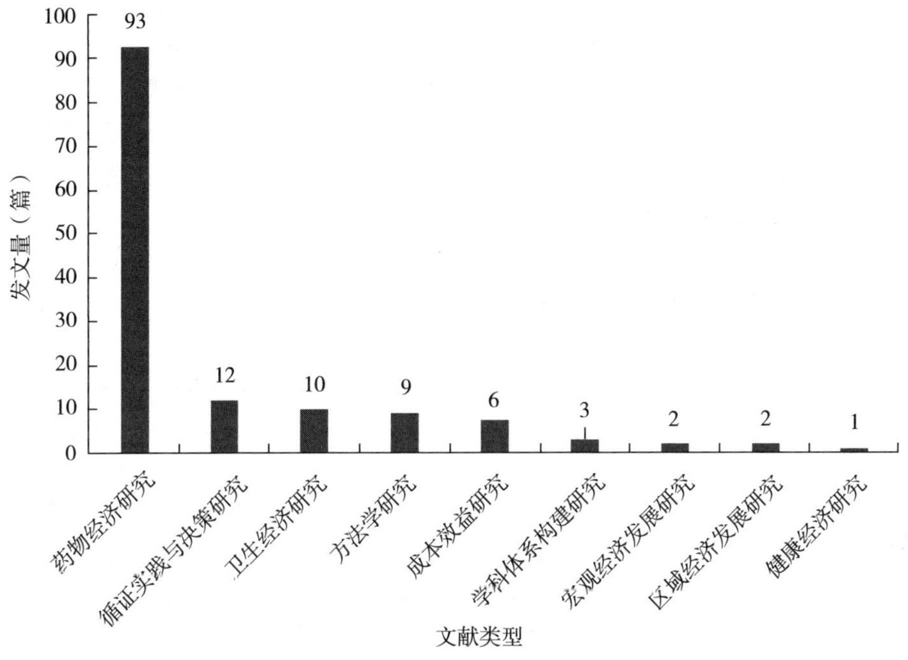

图 2-8 国内纳入研究文献类型

下的演绎，而是更加贴近现实经济现象，更好地解决与指导经济实践，促进社会经济实现更好的发展。

2.3 循证经济学的发展方向和运用前景

国外循证经济学的研究更多是对现有证据进行评价，找到高质量的决策依据，以便更好地分析经济决策的机制，并正确评估政策干预的成本和收益。2016 年，美国经济学会权威期刊《美国经济评论》上的论文《行为经济学：过去、现在和未来》（Thaler，2016）提道，“应该到了全面接受循证经济学的时刻”。作者在文中指出，顶级经济学期刊的“理论”论文比例从 1963 年的 50.7%下降到了 2011 年的 19.1%，经济学已无可辩驳地成为实证学科。循证理念的应用将实证经济学的发展推进了一大步。《经济学》（Acemoglu 等，2015）一书中提道，经济学的实践领域需要基于证据的研究来追寻人类社会的真实规律。2018 年，该书第二版再次强调了循证经济学中高质量证据在未来应用中的重要性。从 2015 年开始，德国慕尼黑大学每年都推出针对研究生的循证经济政策的探索项目。

近两年，循证思想和方法也开始运用于经济学的其他分支领域，包括公共经济学、劳动经济学和发展经济学等。德国社会政策协会分别在 2016 年 2 月 14 日和 2018 年 2 月 15 日召开了第一届、第二届循证经济学论坛，全球多个国家的研究者踊跃参加，为学者提供了一个交流循证经济研究的平台。随着循证理念和方法逐渐深入经济学领域，越来越多的经济学研究者加入其中，彼此协作，不断推进循证经济学理论和实践的发展进程。

2.3.1 循证经济学的发展前景

循证研究方法在医学领域取得的巨大成功，以及循证医学的理念和方法在管理学、教育学、法学、社会工作等学科领域的广泛应用进一步证明，该方法在经济学领域中的应用也具有广阔的前景。基于问题的研究、遵循证据的决策、关注实践的结果，以及后效评价止于至善的理念同样适用于经济学的研究。经济学有明确的研究对象，研究问题可以从宏观和微观两个层面切入，大到国际、国家，小到部门、企业、居民的各类决策都需要高质量的证据。循证方法主要在以下两个方面有较为广泛的应用前景。

1. 定性研究

政策的制定和施行基于政策作用的运行机制，从政策形成到政策推广的每个环节都需要高质量的证据支持，最佳证据组合构成的证据链反馈于研究者、实践者、实践对象和管理者，能使四者更好地组织、协调，保证政策合理、高效地运行。

在宏观经济领域，国家或政府有意识、有计划地运用政策工具，调控宏观经济的运行，以达到充分就业、经济增长、物价稳定和国际收支平衡等宏观经济目标。循证经济学规范性分析的重点在于：基于循证的理念和方法去充分掌握政府决策逻辑、宏观经济调控对象响应，用证据链的方式刻画实践者与实践对象之间的政策作用机理、政策反馈机理，通过最佳证据比较筛选出宏观经济调控过程中的关键因素、关键环节、关键主体等。

在微观经济领域，企业和消费者作为主体决策者，需要掌握瞬息万变的信息和证据并做出高效决策，实现企业利润最大化和消费者效用最大化。循证经济学在微观经济领域的运用将会极大地提高微观个体的决策效率和资源配置的有效性。企业可以根据各类最优证据，结合企业或组织的实际情况，对组织结构、资源分配、运作流程等做出决策，通过实践再验证和产生高质量的证据，不断提高企业的运行绩效。

在应用循证方法分析定性经济研究时，研究者可通过 Meta 或 Meta 民族志的方法来整合，整合的结果主要以描述的形式体现。在进行整合的过程中，研究

者应严格按照循证方法的研究步骤进行研究，在证据合成时选择合理的理论框架对相关数据进行提取。

2. 定量研究

在微观经济领域，随着实验经济学的兴起，越来越多的经济学家开始关注田野实验和微观经济研究。在田野实验获取经济研究数据的过程中，研究者往往会面临经济伦理问题而不能扩大研究样本。Meta 分析可以对针对同一个问题的不同研究进行证据合成，既能克服实验经济学的伦理问题，又能解决单一研究样本量不足的问题，以科学的合成方法得到研究证据，对经济现象和经济理论做出更具信服力的解释。

在宏观经济领域，循证研究方法主要适用于以下三个方面：首先是各类经济调控、政府干预、政策措施（产业政策、公共政策）的证据生成与证据评价；其次是社会福利、国际发展（贫困、健康、卫生、难民）、社会公平领域中与医疗、健康、卫生、福利相关的政策实施效果和影响评价；最后是准自然实验类的政策效果评估，如房地产调控和限购政策效果评价、二胎生育政策效果评估等。这几个领域的研究和循证医学相似，也涉及如何在研究者、政策制定者和推行者、政策的具体实施者和管理者，以及各类政策的实施对象和影响人群之间生成、评价、合成、转化、应用优质的证据，进行更科学、优化的决策和评估。

2.3.2　循证经济学发展面临的挑战

1. 政府、社会、学者对循证理念与循证决策的认识亟待提高

通过循证经济学研究的现状可以看出，1996 年循证理念提出时就有相关研究出现，但在之后的 3～4 年间，仅医学领域开始将其应用到和经济相关的研究中。相对于循证教育与循证社会工作，循证经济学的研究发展得相对缓慢。目前，循证理念与循证决策在国外已经被广泛应用于社会福利、农村发展、教育公平等方面，但是在国内，作为一个全新的理念与方法，循证实践在经济学等社会科学中的应用、研究、关注、宣传、培训等都远远不够。

2. 学科体系搭建和系统化发展有待完善与整合

目前国内外循证经济学的研究较为零散，尚未形成系统化的研究体系与框架。根据本书所纳入的相关文献情况，可以看出循证经济学的研究尚未达到专业、系统的程度，没有形成一套成熟的分析框架与体系。经济学证据的来源、产生、评价、实践等不够明确，证据链的构建依旧处于探索阶段，循证经济学的概念与内涵尚未明晰，导致其学科发展受到一定的限制，研究方法也不为人所熟知。随着越来越多的学者与机构加入循证经济学的研究行列，其学科属性的明确、研究框架的搭建以及系统化的发展越来越紧要，亟须对其进行整合与完善，

从而推动循证经济学这一经济学分支学科的“科学化”发展，为解决经济学问题提供更加规范、科学的研究方法。

3. 循证研究队伍尚未达到机构化、专业化和团队化

在所纳入的文献中，作者基本都为个体学者，不属于专业的循证研究中心或机构研究人员，尤其缺乏知名团队和学科带头人在循证领域的研究，这也是循证经济类研究较少的原因之一。但可喜的是，目前国际上有 Cochrane 网、Campbell 协作网；国内有中国人民大学循证治理与公共绩效研究中心、兰州大学循证社会科学研究中心和中国儿童与老年健康证据转化平台。这些专业研究机构与研究团队的成立会推动循证社会科学领域的快速发展，也会推动循证研究队伍的机构化、专业化和团队化发展。

4. 循证实践在经济决策中的推广难度较大

循证研究从证据的生成和保存到证据的传播和应用，都对研究者、实践者、推行者提出了较高的要求。他们不仅要具备丰厚的专业知识，而且需要丰富的循证研究经验。这样才能对证据做出评价，包括经评价所得到的证据在实践应用中存在的风险和效益，以及证据在应用过程中是否因对象不同而导致其有适应性差异的问题。对相关者的各项高要求使得在经济决策中有效推广循证实践的难度加大。

本章小结

在短短的二十多年间，循证经济学的理念与方法以势不可当的发展趋势进入国内外经济学者的视野，成功得到了各大研究机构与研究者的关注。目前，四川大学、中国人民大学以及兰州大学都已经成立了专门的循证研究中心，循证经济学专业研究人员逐渐增多，相关研究也正在如火如荼地进行，已经初步发表了一些循证经济学领域的研究文献，极大地提升了循证经济学的知名度与认可度，循证理念融入经济学发展的进程势如破竹，相信未来会有更多的研究者投入循证经济学的研究，为经济学研究方法走向“科学化”发展添砖加瓦，促进经济学研究更加贴近现实，更好地实现经济学研究指导社会实践的意义。

循证理念的方法优势已经在医学领域与社会科学其他领域得到了发展与验证，其在经济学中运用、发展以及指导实践的作用会更加明显。同时我们也要看到，一门新兴交叉学科的兴起不是一蹴而就的。循证经济学在将循证理念引入经济学研究的过程中，必定会经历质疑、反对、认识、认可、接受等一系列过程，但这并不影响循证经济学充分发挥其研究方法上的优势，广大研究者与实践者的反复质疑、推敲对其反而是一种动力，促使循证经济学研究不断地趋于规范、走

向科学。循证经济学研究对以往主流经济学研究的致命缺陷进行了最佳弥补，在循证理念下经济学的研究才能真正发挥其指导经济现实、优化经济决策的作用，推动经济学研究方法的“科学化”进程，从而促进经济个体的利益优化，提高整体经济社会的福利水平，推动市场经济实现更加稳定、长远的发展。

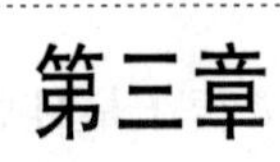

第三章 循证经济学的理论渊源和分析范式

本章将搭建循证经济学的学科架构和分析范式，通过循证理念与经济学的历史渊源寻求循证经济学的历史演化证据，基于循证经济学的核心理念和重要概念，提出循证经济学的研究范式与逻辑分析框架，并从研究者的视角出发，构建动态经济学证据链以完善传统经济学的研究范式，提出循证经济学的研究路径。

3.1 循证视角下经济学的证据演化史

我们所知晓、接受、学习的经济学原理与理论范式并非当下的发现，而是过去几千年中众多哲学家、思想家、经济学家的观察、发现、理解甚至误解的沉淀，每一支流派和每一位经济学家都是经济学理论“大陆”的尝试者、探险者和发现者，正是他们各自理论的挑战与融合、博弈与制衡，造就了当下经济学的“参天大树”。

为寻求循证理念与经济学融合的历史证据，我们从证据视角重新对经济思想史进行追溯与审视。新的视角往往能带给人以惊喜，我们发现经济思想与经济流派的演化更迭是一部鲜明的证据优化史，经济思想演变的本质正是证据级别不断升华的过程。正如著名的哲学家、经济学家边沁所说：证据领域不过是知识领域，证据既是人类在形成证明性推理的认识过程中所使用的材料，也是对客观世界的认识过程之一（Bentham 和 Hildreth，1965）。无论是前古典时期的思想萌芽还是现代经济学的百家争鸣，经济思想史的演化都与证据的发展密不可分。从循证的视角

重新审视和剖析经济学，我们发现经济学的本质就是从证据生产到证据实践的过程，经济思想和理论流派的传承纷争就是一部经济学证据的演化史（见图 3－1）。

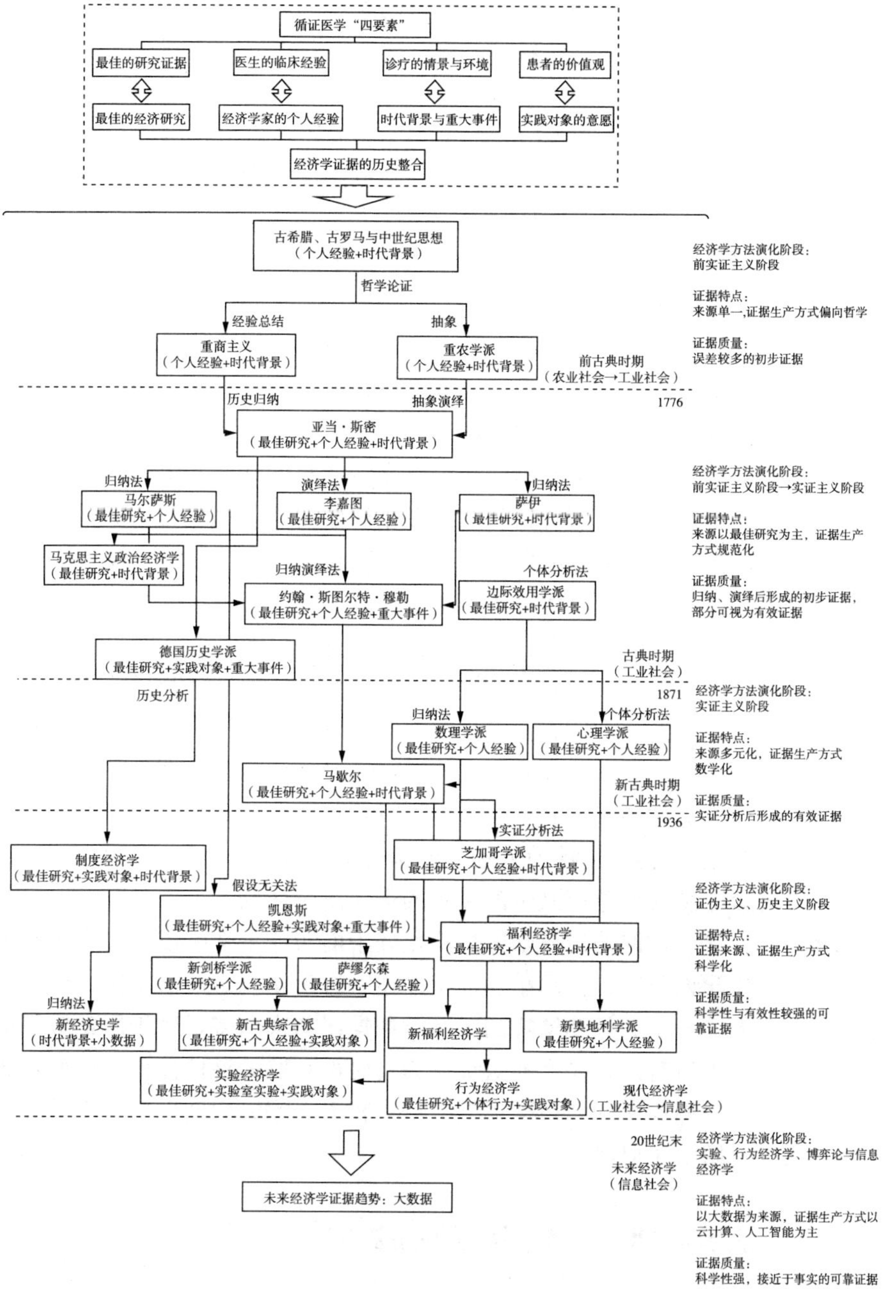

循证医学“四要素”

最佳的研究证据 ⇔ 最佳的经济研究
医生的临床经验 ⇔ 经济学家的个人经验
诊疗的情景与环境 ⇔ 时代背景与重大事件
患者的价值观 ⇔ 实践对象的意愿

经济学证据的历史整合

古希腊、古罗马与中世纪思想（个人经验+时代背景）
哲学论证
经验总结：重商主义（个人经验+时代背景）
抽象：重农学派（个人经验+时代背景）
前古典时期（农业社会→工业社会）

经济学方法演化阶段：前实证主义阶段
证据特点：来源单一，证据生产方式偏向哲学
证据质量：误差较多的初步证据

1776
历史归纳　抽象演绎
亚当·斯密（最佳研究+个人经验+时代背景）
归纳法：马尔萨斯（最佳研究+个人经验）
演绎法：李嘉图（最佳研究+个人经验）
归纳法：萨伊（最佳研究+时代背景）
马克思主义政治经济学（最佳研究+时代背景）
归纳演绎法：约翰·斯图尔特·穆勒（最佳研究+个人经验+重大事件）
个体分析法：边际效用学派（最佳研究+时代背景）
德国历史学派（最佳研究+实践对象+重大事件）
古典时期（工业社会）

经济学方法演化阶段：前实证主义阶段→实证主义阶段
证据特点：来源以最佳研究为主，证据生产方式规范化
证据质量：归纳、演绎后形成的初步证据，部分可视为有效证据

1871
历史分析
归纳法：数理学派（最佳研究+个人经验）
个体分析法：心理学派（最佳研究+个人经验）
马歇尔（最佳研究+个人经验+时代背景）
新古典时期（工业社会）

经济学方法演化阶段：实证主义阶段
证据特点：来源多元化，证据生产方式数学化
证据质量：实证分析后形成的有效证据

1936
实证分析法：芝加哥学派（最佳研究+个人经验+时代背景）
制度经济学（最佳研究+实践对象+时代背景）
假设无关法：凯恩斯（最佳研究+个人经验+实践对象+重大事件）
福利经济学（最佳研究+个人经验+时代背景）
新剑桥学派（最佳研究+个人经验）
萨缪尔森（最佳研究+个人经验）
归纳法：新经济史学（时代背景+小数据）
新古典综合派（最佳研究+个人经验+实践对象）
新福利经济学
新奥地利学派（最佳研究+个人经验）
实验经济学（最佳研究+实验室实验+实践对象）
行为经济学（最佳研究+个体行为+实践对象）
现代经济学（工业社会→信息社会）

经济学方法演化阶段：证伪主义、历史主义阶段
证据特点：证据来源、证据生产方式科学化
证据质量：科学性与有效性较强的可靠证据

20世纪末
未来经济学（信息社会）
未来经济学证据趋势：大数据

经济学方法演化阶段：实验、行为经济学、博弈论与信息经济学
证据特点：以大数据为来源，证据生产方式以云计算、人工智能为主
证据质量：科学性强，接近于事实的可靠证据

图 3－1　经济思想史角度的证据演化图

借鉴循证医学理念中的四大决策要素（最佳的研究证据、医生的临床经验、诊疗的情景与环境以及患者的价值观），我们从最佳的经济研究、经济学家的个人经验、时代背景与重大事件以及实践对象的意愿四个层面寻求和梳理经济学证据链的演化规律和基本方向。从经济学诞生之初的前古典时期到茁壮成长的古典时期、百家争鸣的新古典时期、活跃丰富的现代经济学，再到数字经济引领的未来经济学，循证视角下经济思想演化与证据的发展密不可分，可以说经济思想的演化史就是经济学证据的进化史，也是经济学方法论的变迁史。

3.1.1 前古典时期：经济学证据的萌芽期

前古典时期的经济思想是经济学的渊源和先声，古希腊的哲学家在其哲学著作中播下了经济思想的种子。古代的经济思想是零碎而模糊的。地理大发现促进了国际贸易的繁荣，从而产生了重商主义，货币使用范围扩大，人们开始追求当时的货币——贵金属。重农学派则是在对重商主义的反对下产生的，其坚持只有农业才能产生真正的财富。前古典时期是农业社会到工业社会的转型期，处于萌芽期的经济学证据来源（简称证据源）主要是宗教信仰、神学等，没有前人的研究可参照，经济证据多基于时代背景下学者（商人、农场主）的个人经验，证据来源较为单一，如瓦罗的《论农业》正是基于古罗马社会制度（时代背景）以及他管理庄园的经验（个人经验），完善详细地记载了古罗马奴隶制庄园经济的运行机制，成为后人经营与管理农业时必须参考的权威性著作，也是当时高质量的证据。有趣的是，重农学派的经济学家魁奈曾经是一位著名的医生，正是基于医生的职业经验（血液循环和人体运行机理）和所处的时代背景（法国当时“三农”问题的严重性），他在借鉴前人理论的基础上出版了著名的《经济表》，成为当时揭示经济运行和社会总产品生产过程的最佳研究证据。

总体来看，这一时期的经济学方法演化处于前实证主义阶段，证据生产方式单一，仅止于哲学论证、经验总结和抽象描述。哲学家就是经济学家，经济的思想主要来源于人的思辨。虽然这样的经济学证据误差来源多，属于质量较低的初级证据，但在前古典时期，这类初级证据为当时可获取的最佳证据。然而也正是由于这一时期的人们参考的“最佳证据”偏误较大，才为后期思想家完善和发展经济学“大厦”留下了可能。

3.1.2 古典时期：经济学证据的发展期

工业革命对古典学派思想产生了重要的影响。一方面，工业革命推动了自然科学的发展，使思想家看待问题、解决问题、验证问题的方式得到扩展。另一方

面，工业革命的爆发使生产力迅速提升，经济发展吸引了更多关注。亚当·斯密构建了完整的经济学“大厦”，也正式开启了古典经济学时代。伴随着古典经济学的形成、发展、分化和融合，古典学派也分别遭到德国历史学派、边际学派的质疑与挑战，此时市场经济逐渐形成，各种经济现象的出现极大丰富了经济学的证据来源，同时重商主义与重农学派的思想硕果为经济学家提供了可以借鉴的研究证据（魏丽莉，2018）。经济学证据来源的丰富性和多元化促进证据生产实现了从最佳经济研究、经济学家个人经验到实践对象意愿再到时代背景的全覆盖。古典时期经济学方法论处于前实证主义到实证主义的过渡阶段，证据生产方式逐渐脱离哲学研究范式，转向理论化的经济学研究范式。亚当·斯密将当时的前人研究、从教执政的个人经验与时代背景（工业革命）紧密结合，使用抽象演绎法和历史归纳法阐释了一国致富的原因和证据，集 12 年心力完成了经济学的“圣经”——《国民财富的性质和原因的研究》（简称《国富论》），这本书至今都拥有持续的影响力和强大的解释力。同一时期的德国历史学派则是在前人的最佳研究基础上，立足于本国现状，使用历史归纳法寻找适合当时德国发展的经济理论。德国历史学派从对具体事实的谨慎观察开始，以归纳方式逐渐推广，得出具有时间和空间效力的证据，这便是循证经济学的思想起源（Reiss，2016）。

这一时期的经济学证据生产方式逐渐规范，以历史归纳和抽象演绎为主，证据质量虽然依旧为误差源较多的初级证据，但部分生产方式较规范的证据可视为有效证据。古典经济学家对他们那个时代的经济世界做出了最好的分析，他们为经济学成为一门社会科学奠定了良好的基础，但不可否认的是，古典经济学家对一些领域的经济分析和预测也是不完善、不准确甚至错误的，他们基于个人经验和时代背景做出的预测不可避免地会掺杂个人主观判断。

3.1.3　新古典时期：经济学证据的成熟期

19 世纪 70 年代，杰文斯、门格尔、瓦尔拉斯几乎同时分别提出了边际理论，掀起了一场“边际革命”。在古典经济学的三方质疑与挑战者中，边际学派由于更加关注需求和消费，引入了全新而有力的研究方法和分析工具，从而为主流经济学所接纳，其主要理论与代表思想也成为后来微观经济学的一部分。以马歇尔为代表的新古典学派继承了边际分析的方法，明智地将强调生产成本（供给）的古典学派与注重消费者（需求）的边际学派完美地结合在一起，形成了新古典经济学。马歇尔在完成亚当·斯密理论模型化和数量化的同时，与他执着、勤勉的追随者一起构建了现代经济学中的微观经济学。

在新古典时期，第二次工业革命兴起，经济规模迅速增大，经济社会交往日益频繁，各种经济主体的利益、矛盾相互交织。随着人类对经济现象认识的逐步加深，实证方法特别是数理逻辑推演进入经济学领域，被认为是经济学“科学化”的重要量度，经济学方法论由此进入数学化程度较高的实证主义阶段。此时经济学的证据来源主要是经济现象以及经济决策的各类实践效果，经济学家在最佳经济学研究的基础上，综合时代背景与个人经验进行理论完善，马歇尔就是综合前人经济思想的“集大成者”。马歇尔在传统经济学备受批判的时期，继承古典经济学的理念和方法，综合当时边际学派对古典经济学的批判与他多年从事经济学研究的经验，完成了经济学的“大统一”，他的《经济学原理》构建了微观经济学的分析框架，成为高质量的证据。这一时期的经济学证据来源虽然没有太大的变化，但由于证据生产方式受自然科学影响较大，因此形成了许多质量较高的有效证据。

3.1.4 现代经济学：经济学证据的完善期

凯恩斯整合前人对总量经济和宏观经济的观点与看法，构建了宏观经济学研究范式，以他的理论为主体的凯恩斯经济学引发了经济学界的大革命。凯恩斯的继承者主要分化为以萨缪尔森为代表的新古典综合派和以罗宾逊为代表的后凯恩斯主义者。20 世纪 70 年代后期“滞胀”的出现标志着凯恩斯主义的失灵，随之产生了与凯恩斯主义相抗衡的各种新自由主义流派。

随着人类从工业社会迈向信息社会，两次世界大战改变了世界各国的经济秩序与政治格局，由于原有的证据来源已经不能满足研究与决策需要，经济学开始将实验结果、行为实验证据、田野调查等其他学科的研究证据纳入经济学的证据范围，提高了经济学证据的影响力与解释力。

这一时期经济学方法论进入证伪主义阶段和历史主义阶段，证据生产方式向自然科学靠近，逐渐趋于科学化。凯恩斯集经济证据的研究者、实践者、实践对象与管理者多重身份于一体，基于前人对总量经济的最佳研究，结合对 1929 年大萧条（重大事件）前后经济现象的观察、体会和从政多年的管理经验，于 1936 年出版了《就业、利息和货币通论》，构建了宏观经济学大厦，开创了现代经济学的理论体系与研究范式。凯恩斯的理论不仅在当时是最佳的研究证据，时至今日依然是指导经济决策和宏观管理的高质量证据。现代经济学时期，经济学证据丰富充实，证据生产方式科学性较强，证据质量较高，属于科学性与有效性兼具的可靠证据。

经济学自诞生之日起就在不断汲取和借鉴自然科学等其他学科的思维理念与研究方法，作为一门研究社会经济活动的学科，其涉及范围极为广阔。近几十年，实验经济学、行为经济学、博弈论、信息经济学等交叉学科如雨后春笋般“破土而出”，不断推动经济学方法论向多元化、计量化和规范化发展。伴随着互

联网时代的到来，数据大爆炸将会给未来的经济学研究带来全新的机遇和挑战。大数据具有数据体量巨大、类型繁多、处理速度快、流通灵活和准确性高等特点。在大数据背景下，经济学中的证据来源不再具有单一性和独立性。从前古典时期到未来，大数据可以高效地完成最佳研究证据的整合、筛选与完善，并通过云计算、人工智能等技术手段对置于不同时代背景和重大事件下的经济学研究证据、实践者和管理者的个人经验、实践对象的价值观与偏好进行深度数据挖掘和机器学习，最终得出高质量、精准并接近于事实的可靠证据。大数据时代的到来给传统经济学插上了腾飞的翅膀，有助于政策制定者做出完全信息下贴合实际的最优决策，达到理想的政策效果。

可以看出，循证医学的理念与方法一直浸润在经济学成长的基因中。经济学研究的本质就是不断生产和评估更优质的研究证据、实践证据和决策证据，并通过证据验证和证据运用进行循证决策和推广循证实践的过程。在经济学的历史长河中，经济思想的每一个时期都闪耀着证据的光芒，伴随着经济学方法从价值理性的哲学验证走向工具理性的实证分析再到数字经济时代的数据驱动，经济学证据由低质量证据向高质量证据迈进。

3.2 循证经济学的概念与内涵

经济学是一门研究选择的学科，其本质是研究供求双方如何实现资源的有效配置，因此需要较高的决策性，只有高质量的证据才有助于做出高效而公平的决策。正是从这个意义上，英国哲学家兼经济学家 Reiss（2008）给出了循证经济学的定义：在做出有关社会福利的决策时认真、明确和明智地使用可靠证据，循证经济学的实践意味着将个体的社会经济知识与系统研究的有效外部证据相结合。

随着国外众多学者不断的探索和研究，循证经济学的概念和学科定位也越来越清晰，基于证据的经济学成为经济学发展的新方向。这一部分将立足于循证经济学的证据和学科内在联系来分析循证经济学的深刻内涵。

3.2.1 循证经济学的基本理念

循证经济学（evidence-based economics，EBE）是一门将循证理念与方法应用于经济学领域以开展研究、科学决策和实践应用的新兴交叉学科，旨在运用高质量的证据做出更加高效、科学的决策，从而实现资源有效、均衡的配置。与前人的经济学发展相似，循证经济学的基本观点和理念也来自对现代经济学研究范式的挑战和发展。

从研究结果本身的科学性看，著名经济学家钱颖一将现代经济学的理论分析框架概括为视角（perspective）、参照系（reference）或基准点（benchmark）和分析工具（analytical tools），指出经济学分析就是从经济学三大假设的视角看问题，设立尽可能准确描述问题的参照系，运用图像模型或数学模型等强有力的分析工具解释问题（钱颖一，2002）。杨小凯认为经济是一个由行为人、社会制度结构和自然环境以及彼此之间的复杂关系所组成的大系统，我们不得不以某种方式将概念组织成由子系统构成的结构。我们把这种组织结构称为经济学的分析框架（王小卫，2006）。总的来看，经济理论可以理解为经济学家在特定的经济学假设下用来解释某一经济现象的逻辑体系。但正如我们所知道的，人与社会的关系就如同树叶与树林，每一片“树叶”对“树林”的认知都是有限且片面的，现代经济学的分析框架决定了其研究逻辑必然带有研究者的个人经验与主观判断，这样的研究结果必然是局部正确但整体有偏差的，而循证的理念正好可以对现代经济学研究框架进行修正，循证经济学强调研究的客观性，主张对经济学证据源进行分类分级后采纳高质量的证据源进行综合研究，以期提高研究本身的可靠度。正如伦敦金融风险顾问 Harkin（2010）所说：在模型的基础上加上证据，会使经济学的结果更具有科学性，通过密切关注现实世界的证据，可以消除或缩小不适合的理论，最终找到最能解释证据的理论。

从经济研究与经济实践的割裂角度看，循证经济学认为经济学是指导实践的学科，其本质是研究供求双方如何实现资源的有效配置，而现代经济学的研究成果并没有很好地得到有效转化。一方面，研究者认为决策者缺乏决策依据，往往根据自身经验进行决策。另一方面，政策设计者认为研究者在做研究时设立了太多与实际情况不符的研究假设，导致研究结果与实际脱节，不符合经济发展的需要。研究与实践的割裂限制了经济发展的速度，且二者之间缺乏有效的整合手段。循证经济学的出现不仅可以整合研究与实践，而且搭建了研究与实践之间的双向通道，使二者可以相辅相成。实践反馈提升了研究质量，研究产生的高质量证据反助实践者做出高效而公平的决策，实现螺旋式升级。

总体来说，循证经济学的核心理念可以从以下三个方面进行概括：（1）循证经济学是一种经济研究理念；（2）循证经济学是一种经济研究实践路径；（3）循证经济学是一种方法论层面的研究。

首先，循证经济学是对经济学的各种理念、研究方法、流派进行整合的一种研究理念，在循证经济学中我们接受所有学派的研究方法和理念。不管是实证分析还是理论探讨，只要能证明其思想的实践可行性，就是我们认为的“最佳证据”。循证经济学的理念可概括为博采众长，即从现有的研究中寻找“最佳证据”，并结合实际需求指导实践。

其次，循证经济学为经济研究成果的转化提供了一个切实可行的实践框架。循证经济学通过对现有研究成果的评级、分类等方式打造经济学研究成果的指南、标准，并通过证据推荐平台将其推荐给政策决策者、政策接收者和研究者。这一框架填补了目前经济学领域研究成果转化与应用的一大空白，循证经济学摒弃了传统产学研合作的单项方式，将各方主体放置在统一的平台上，使研究者、实践者、实践主体和管理者之间可以随时沟通交流，真正使政府决策变得有章可循、有制可依，使经济决策更加畅通、科学。

最后，循证经济学讲科学、重证据，强调实践决策过程的透明化和科学化以及实践过程中的及时反馈与调整，并且呼吁研究人员共同搭建信息共享平台。这种价值理念对传统的经济学决策无疑是一种冲击，循证经济学提出了透明、集体、协作、科学的新科研精神。

3.2.2　循证经济学的基本定义

对于循证经济研究的理论和实践，虽然有一些机构和学者如 Thaler（2016）提出全面接受循证经济学的时候已到，但当前仍然没有循证经济学的完整定义和研究内容。在经济活动中，决策的前提是获取、整合、分析、判断、评价各类证据，最终使用高质量的证据进行决策。目前，经济决策中所运用的证据多为专家评价、领导经验及初次研究，科学化程度有待提高。因此，将循证的理念与方法运用到经济学中，能够确保各类决策主体获取更为有效的高质量证据，以便在进行经济决策时做出更科学的抉择。这一方法就是对所有的研究证据进行分级，把当前所能得到的级别最高的证据当作决策的最佳证据。证据的级别由一级到三级，证据质量依次递减。最优的研究证据为随机对照试验和系统评价，其次为准实验研究等，最低为教科书建议、个人经验等。

在进行实践决策时，只有当缺乏高质量证据时，才可以使用级别较低的证据进行决策。这样一种基于最佳证据的决策理念，就是循证经济学，即基于证据决策和实践的经济学。

本书认为，循证经济学是一门将循证的理念与方法运用于各类经济活动进行选择与经济决策的学科，其致力于研究决策主体（个人、企业、组织、机构、部门、政府、国家）如何负责、清晰、明智地获取和应用最佳的证据，以期决策者做出更加高效、科学的决策，实现资源配置的有效性、均衡性和公平性。

3.2.3　循证经济学的核心内容

循证科学的核心是证据，“基于当前可得的最佳证据”做出循证决策是循证

社会科学遵循的基本理念和原则。随着经济学科学化进程的不断加快，高质量的证据对经济决策的重要性与日俱增。但是现有的经济决策，尤其是各类宏观经济决策的制定和执行，无论是理念还是方法，更多地取决于决策者的个人经验或执政偏好（经验证据），较少考虑政策实践者的实施环境和条件限制（情境证据），对于政策实践对象的意愿和政策实施效果的跟踪反馈（意愿证据）缺乏统筹、持续的数据收集和资料分析，对于研究者已形成的大量研究成果（研究证据）更是少有参考和借鉴。针对要解决的各类经济问题和重大决策，鲜有专门的机构、部门和组织运用科学、标准的循证方法对以上四类证据进行综合评价，根据证据评级结果，将评级较高的证据即“最佳证据”作为政策制定和执行的依据，因此，基于循证经济学的理论渊源，运用循证理念和方法，生产、评价、转化和运用“高质量的证据”是循证经济学的首要任务。

循证经济学基于证据的思想源头可以追溯至德国历史学派，List（1841）将动态演进的方法应用于社会与经济发展，主张通过梳理历史来处理某个时点的经济现象，从而形成一个适用于特定时期的有效的理论体系。其思想的继承者罗雪尔（Roscher）指出，应从对具体事实的谨慎观察开始，以综合、归纳的方式得出具有时间和空间效应的证据。

从经济学的证据演化历程角度来看，全证据链包括证据来源、证据生产、证据评价、证据实践以及循证实践指南五个环节。证据来源和证据生产是目前循证经济学研究的焦点。Joffe（2014）指出，随着不同类型的数据集的可用性不断增加，以及计量经济学和统计学方法的改进，生成了许多可以使用的证据，针对证据的研究也不断增加，越来越多的证据被用作政策建议的基础。他认为证据的范围不仅包括统计数据，而且包括逸事、经济史等。魏丽莉等（2018）认为证据的来源非常广泛，在社会发展的不同时期与经济学演变的不同阶段，证据的表现形式不同，如农业社会的宗教信仰、工业社会的企业和个人行为、信息社会的田野调查、自然实验和大数据等都可以作为证据源。

3.2.4 循证经济学的概念辨析

虽然循证理念、思想与方法在社会科学领域显现出了强大的生命力和适应能力，但无法回避的是循证经济学在研究对象与研究方法层面都与循证医学有着极大的差异。经济学以人类社会和人的选择为研究对象，以真实世界为研究空间，以抽象或演绎等方法为研究手段，引导社会的价值理性与工具理性，研究结果受个人因素的影响较大。但根据循证的理念，证据依然是循证经济学的核心。循证经济学的主要研究任务是从证据源出发，生产、评价、转化和实践高质量的研究证据和决策证据。循证经济学中的证据判定以及高质量证据的生产方式成为学者

争议的关键所在。

1. 证据来源：不止于研究证据

循证医学中的证据是指研究证据，是研究者根据实践中存在的具体问题，以科学的研究方法获得的、可供实践者直接使用的研究结论（杨文登，2014）。从循证视角审视经济学的研究范式可以发现，经济学的证据源缺乏针对具体问题的随机对照试验、临床试验等一次研究，经济学的研究主要关注人的行为以及由此产生的社会经济现象和经济个体选择机制，一次研究具有不可控性和复杂性，即使针对同一问题影响因素和因果机理的研究也往往呈现出多样性甚至自相矛盾的结果，因此循证医学与循证社会科学对证据的界定已不适合循证经济学。

我们认为在经济学范式下，证据不应仅涵盖研究证据，循证经济学的证据应更为多元。为避免与循证医学中证据的概念产生混淆，我们应对证据的含义进行生产前后的区分。循证经济学的证据分为证据源和证据。证据源是指来源类型不同的各种数据集合，正如 Joffe（2014）所指出的，随着不同类型的数据集的可用性不断增加，以及计量经济学和统计学方法的改进，越来越多的证据源成为政策建议的基础。证据源的范围不仅包括统计数据，而且包括逸事、经济史等。而证据是指将证据源运用各类合理的经济学研究方法进行处理后所得到的研究成果，具体的证据演变过程将在 3.4 节中进行说明。

2. 证据的生产方式：不止于系统评价

循证医学与循证社会科学的证据生产方式更多地用到系统评价和 Meta 分析，而经济学更多使用归纳总结、抽象演绎、田野调查和案例分析等研究方法，证据生产方式的科学性难以量化。基于证据源与证据生产的区别，社会科学的证据必然无法像循证医学的规范性证据一样，使用公认的、标准的质量评价工具进行评估。循证经济学的证据生产方式是否应使用系统评价以及是否仅限于系统评价成为研究界的争论点。

与传统经济学研究方法不同，系统评价旨在通过二次研究评价现有研究，并生产高质量证据。系统评价的迅猛发展起步于 20 世纪 80 年代，主要得益于研究人员、政策制定者及公众对实践和政策制定中高质量证据的认识不断提高（Soydan，2008），Cochrane 网和 Campbell 协作网更是推动了系统评价的传播和研究质量的提升。系统评价是从研究综合（research synthesis）发展而来的一种研究方法，具体是指通过对某一特定问题的所有初步研究进行系统识别、选择、评估和综合，对该问题做出高质量的描述。按照研究层次来看，系统评价属于二次研究（Glass，1976）。在具体实施层面，系统评价包括定性系统评价和定量系统评价。定性系统评价方法有主题综合法、Meta 民族志等。

定量系统评价在经济决策领域实施的主要方法是 Meta 分析（也称荟萃分析）。Meta 分析于 20 世纪 30 年代开始广泛应用于社会科学领域，Gurevitch

(2018) 对 Meta 分析的发展历程重新做了回顾，并思考其在证据综合领域的未来发展、作用与局限。Stanley (1989) 对 Meta 回归分析 (MRA) 做了系统性阐述，指明 Meta 回归分析是 Meta 分析的子集，可以提供客观和全面的经济学研究总结，同时可以解决发表偏倚，通过对已有回归分析的估计的回归分析，来解释其影响的广泛变化。

循证经济学的 Meta 分析为现代经济学提供了一个经验框架，通过该框架可以整合不同的经济研究结果，过滤单个研究成果可能存在的发表偏倚，并使用社会经济和计量经济学解释变量解释其广泛的变异。Meta 分析有助于建立循证实践，并解决看似矛盾的研究成果 (Gurevitch，2018)，在许多科学领域产生了革命性的影响。但任何事物都存在两面性，Meta 分析等方法虽然为经济学研究减小偏倚提供了很好的思路，但存在方法论上的问题与障碍。Rosenberger 和 Rost (2013) 认为，对现有关于某一问题的研究直接使用系统评价和 Meta 分析等方法实际存在的政策指导意义仍不明确。

当前，循证经济学主要的证据生产方法是系统评价，但我们认为循证经济学的证据生产方式不应仅限于系统评价，系统评价只是众多证据生产方式中的一种。这主要源于循证经济学与循证医学对证据源的概念界定不同。循证经济学中的证据源不仅限于研究证据，个人经验、田野调查、实验数据都是我们所认可的证据源。针对不同的证据源，证据的生产方式也不同，循证经济学将传统经济学研究方式与循证理念进行融合，是在传统经济学研究方式上的完善和补充，并不独立于传统经济学。

3.3 循证经济学的分析框架：四方主体动态模型

通过前期对循证经济学理念的辨析，我们清楚地知道循证经济学就是基于当前可得的最佳证据做决策的经济学。循证经济学的理念听上去清楚明白，但问题的关键在于：要解释某一经济现象，我们可以依赖哪些证据？它们从哪里来？这些证据之间有没有区别？它们中哪个（或哪些）的可信度较高？这些证据在实际情境下是否适用？为使这些问题得到清晰的梳理和较好的解决，我们通过检索、梳理、分析、归纳现有研究，并参考循证医学和循证实践的研究体系，构建研究者、管理者、实践者（决策者和实施者）、实践对象四位一体的循证经济学研究架构。

简单来说，循证经济学要求管理者对研究者所生产的现有研究证据进行整合与评估，使实践者可以在考虑到决策实施的时代背景、文化背景、人文环境和实践对象偏好等因素的基础上，结合管理者评估得到的高质量证据做出决策，而此

时的决策并不能理解为循证经济学所指的“最佳证据”，因为决策后实践对象的反馈对决策发挥的修补和完善作用的重要性也是不容忽视的。为了更加直观地展示四方主体之间的动态关系，我们设计了图3-2，并分别从四方主体的角度对模型运作方式进行解读。

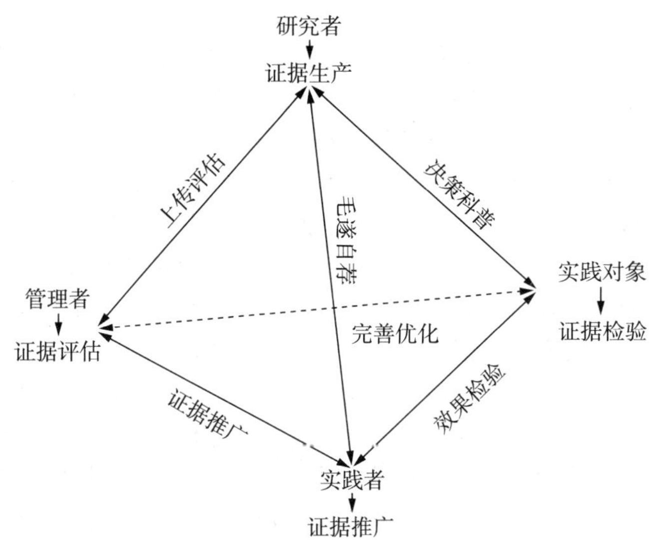

图3-2　循证经济学四方主体动态模型示意图

3.3.1　研究者与证据生产

经济学是一门做出选择的学科，同时也是一门指导实践的学科，研究者通过对社会和个体的观察发现问题，并运用经济学的研究范式解释和解决问题。所以研究者是循证经济学四方主体动态模型的核心，研究者不仅要考虑如何生产高质量的证据，而且要考虑研究成果的推广和实践。但是现有的经济学研究结果的质量参差不齐，研究者所做的前期研究并不能得到很好的知识转化。

在循证经济学四方主体动态模型中，研究者主要考虑如何解释循证理念和如何利用高质量证据提高研究的科学性，并用研究成果去指导、管理和实践。当前大数据、机器学习、自然语言处理等技术使得证据检索和总体分析不再受限制，研究者对多元化的证据源，如现代经济学中的实证研究、逻辑推演、单个案例甚至现象描述进行加工处理来得到证据，并且研究者可以通过对某一类证据的再加工得到更高质量的证据，这也是研究者在四方主体动态模型中的首要任务。在证据生产完成后，研究者可以将所得研究证据上传至管理平台进行评估和推广，也可以向实践机构毛遂自荐，为政府部门的实践者提供策略依据和证据支撑，帮助政府部门评估决策、管理风险并降低不确定性。从公共视角看，研究者所生产的

证据会通过媒体传播、知识科普等途径对实践对象产生影响，这些证据会对公众的价值观和认知进行修正和重构，从而推进实践对象观念的演进。

3.3.2 实践者与证据推广

现有的经济决策，尤其是各类宏观经济决策的制定和执行，无论是理念还是方法，更多地取决于决策者的个人经验或执政偏好（经验证据），较少考虑政策实践者的实施环境和条件限制（情境证据），对于政策实践对象的意愿和政策实施效果的跟踪反馈（意愿证据）缺乏统筹、持续的数据收集和资料分析，尤其对于研究者已形成的大量研究成果（研究证据）更是少有参考和借鉴。

在四方主体动态模型中，实践者指政策设计的决策者和政策推行者。① 其主要任务是根据研究者提供的高质量证据结合自身需求做出尽可能科学的决策。一方面，实践者结合管理者对证据的评价综合考量研究者的研究证据，并对最佳的证据进行推广和应用。另一方面，实践者通过建立研究者和实践对象之间的双向通道，完成信息传导以达到优化经济政策效果的目的。此外，对研究者来说，受到社会科学特征的限制，研究者研究问题的出发点并不一定总是和实践需求一致，研究者生产的证据并不总能完全适用于实际的经济决策。即使研究的过程相当科学、充分，由于研究者研究问题的出发点与实际需求不一致，科学研究的结果也不一定符合实际操作需要。因此，有时政府也会根据实践需要使用自行研究或者资助研究项目等方式引导研究者进行证据生产。

3.3.3 管理者与证据评估

在要解决的各类经济问题和重大决策中，经济学研究成果层出不穷，既有逻辑思辨式的理论研究，也有数据实验支撑的实证研究，研究成果的质量良莠不齐。鲜有组织、平台或智库对这些证据进行分类、分级和评价，那么实践者应如何在这些研究证据中寻找“最佳证据”？为解决这一障碍，我们在四方主体动态模型中引入“管理者”这一主体。在循证经济学中，管理者被定义为运用科学、标准的循证方法对证据进行综合评价，并根据评价结果将更优质、更高级别的证据推荐给实践者作为其政策制定的主要决策依据的专门机构、部门和组织，也是为经济实践提供平台证据的保障者和服务者。

管理者首先对研究者生产的各类证据进行分类，并建立一套批判性评价证据

① 不同于循证医学中实践者（医生）的单一性，在经济决策中往往存在层级问题，任何经济决策都不是一蹴而就的，而需要分级布置实践，我们认为实践者往往具有决策者和推行者的双重身份，当上级做出决策时，中层实践者往往要在决策者和推行者的角色之间进行切换。

好坏的标准对经济学领域的研究证据进行评价和分级。这样的评价体系构架有助于实践者摆脱纷繁芜杂的研究证据，略过检索与评估现有的研究证据等步骤，直接根据需要采纳合适级别的证据。对研究者来说，管理者所建立的证据评价体系为其提供了研究规范性的标准，有助于提高研究群体的研究质量。同时，管理者的出现为实践者和研究者提供了交流合作的平台，双方可以通过管理者这一中介相互了解对方的需求与供给，减少学术资源的闲置与浪费。

目前国际上已有一些成熟的组织为研究者和实践者提供证据平台（见背景链接 3－1），各个组织涉及的学科分布广泛，基本上涵盖了农业、教育、健康、政治、环境、经济、国际发展等领域，为全球证据研究者和使用者提供支持和服务，并对循证经济学的发展起到综合证据和评价证据的作用，但国内管理者领域的发展依然是一片空白。

背景链接 3－1　　**国际上的证据平台组织**

（1）证据综合平台：Campbell 协作网。

自 1994 年以来，Cochrane 网一直在医疗保健领域进行系统评价，其成员认为需要一个能够对社会干预有效性的研究证据进行系统评价的组织，由此产生了 Campbell 协作网。Campbell 协作网作为 Cochrane 的姐妹网站，成立于 1999 年，是首个为社会科学领域的系统评价提供平台的组织，其创办的使命是向美好世界提供更好的证据，具体来说是通过制作和使用系统评价和其他证据来促进基于证据的政策和实践，带动积极的社会和经济变革。截至 2019 年，Campbell 图书馆共有 372 篇系统评价，涉及最多的是犯罪和司法、教育、国际发展、社会福利四个主题，新增的商业管理、知识转化与实施，以及特有的方法学研究类别为循证经济学的研究者提供了学习平台。

（2）证据服务平台：国际影响评估倡议（International Initiative for Impact Evaluation，简称 3ie）。

3ie 成立于 2008 年，是资助、生产、保证质量和综合证据的全球领导者。该组织的主要目的是资助并回顾相关研究来发现中低收入国家成功的原因和所花费的成本，同时 3ie 也倡导在发展决策制定中产生和使用高质量证据。3ie 促进以证据为基础的公平、包容和可持续发展，支持生成和有效利用高质量证据，为低收入和中等收入国家的决策提供信息，改善贫困人口的生活。当前学界普遍认为，重复研究导致的研究资源浪费是一个较为严重的问题。2016 年，Lund 等（2016）指出所有新的研究都应以现有证据的系统评价/Meta 分析为前提，目的是减少浪费、提高价值，并且给出了循证研究的流程图。而 3ie 的证据差距地图、系统评价库、公共金融等板块可以作为循证经济学的研究成果，通过检索某一领域的相关研究，制成证据差距地图，直观展示该领域现有研究的不足与空白，为研究者提供方向。

(3) 证据评估平台：更好评估 (Better Evaluation) 网站。

Better Evaluation 网站成立于 2012 年，是一个重要的证据评价研究平台。该网站是共享和生成有关方法或过程的信息来改进评估实践及理论的国际合作组织，它支持三个相互关联的活动领域，分别是评估实践、评估能力加强和评估研发。Better Evaluation 网站能够有效提高证据评价的质量和效率，它的优势在于为研究者提供了一个彩虹框架 (rainbow framework)，用来提示研究者在考虑一系列关键问题后再制订完整的评估计划。

(4) 证据存储平台：社会系统证据 (Social System Evidence)。

麦克马斯特大学于 2017 年成立的社会系统证据同样是一个不断更新的综合证据存储库，用于集合各种政府部门和领域（例如社区和社会服务、文化和性别、经济发展和增长、教育以及运输）的计划、服务和产品，并且提供相关的实施策略，以确保这些计划、服务和产品能够满足有需要的人。该网站的计划和服务领域涵盖了除健康、能源、气候、水资源、土地以外的联合国提出的可持续发展目标，其中经济学相关主题的领域收集了大部分经济政策制定方面的证据，能够有效促使研究者减少重复研究，减缓资源浪费这一问题。

3.3.4 实践对象与证据检验

经济学决策的最终目标是服务于实践对象，在四方主体动态模型中实践对象是接受政策的主体，不管是研究者生产的证据，还是实践者做出的决策，其最终目的均是要解决实践对象的实际问题。经济学的特征决定了我们要考虑主体之间的巨大差异性，实践对象的独特性会很大程度地对经济循证实践效果产生影响。实践对象的个人特征如年龄、性别、宗教信仰、社会阶层、家庭背景、经济情况以及实践的社会文化背景等影响因素都会使实践效果产生偏差。此外，实践对象本身的价值观不同，他们对不同的实践方式必然有不同的偏好。因此证据不可能是普适的，脱离实践对象价值观探讨决策的“有效性”是没有意义的。在实践过程中，必须要具体问题具体分析，根据实践对象的利益、选择、反馈，检验研究者和实践者的政策效果，进而优化政策制定。

背景链接 3-2　　国际上的证据管理平台

目前最具代表的以实践对象为重点的证据管理平台有国际农业发展基金 (IFAD) 和 Campbell 协作网。其中，IFAD 是联合国为应对 20 世纪 70 年代早期的粮食危机而建立的，目前仍是一个努力为贫困农村人口服务的国际组织。为了在农村地区的包容性和可持续转型中发挥关键作用，该组织做了许多田野实验，并

根据系统评价的结果提出经济决策。《高效的农村发展：基于IFAD在成果管理方法方面的证据》（Effective Rural Development：IFAD's Evidence-based Approach to Managing for Results）是研究成果之一，其中的一项研究是关于国际研究咨询小组（CGIAR）对改善贫困的影响的系统评价（Garbero，2019）。该研究的实践对象是中低收入国家种植粮食作物的小农，他们平均拥有不到2公顷的土地，以农业为主要收入来源，通过对照实验发现接受"改良品种"帮助的家庭的收入和支出分别增加了35%和14%，说明当农民采用改良品种时，可以通过直接和间接机制减少贫困。这项实践的积极影响证实了扶贫措施的有效性，并指导政策制定者基于研究结果的异质性对政策进行针对性的优化。

Campbell协作网中的研究关注了特定干预措施对实践对象的影响，如普惠金融的推广和实施对中低收入国家贫困人民的生活水平的影响。Duvendack（2019）通过对系统评价进行再评价，认为普惠金融作为干预措施对贫困人民生活水平的影响很小且多变。虽然普惠金融的个别服务对某些人有一定的积极影响，但总体来说普惠金融的效果可能反而比不上其他干预措施。这项研究否定了普惠金融对贫困人口的作用，指导政策制定者从新的角度去制定相关扶贫政策。

循证经济学四方主体动态模型从四方主体的角度出发，分别对经济学研究和实践提供了优化路径。遵循最佳证据进行研究这一理念推动了经济研究者研究的科学化。管理者提出的证据评级标准使实践者可以公开透明地做出更科学的决策，同时提高了研究者研究的规范性和科学性，并为二者之间的转化搭建桥梁。强调实践对象的反馈提升了实践对象对政策的参与度和主动性。这一模型将研究者、实践者、管理者和实践对象纳入同一框架体系中，运用动态的视角寻求四者之间的平衡，使最终的循证决策尽可能有效。

目前，在我国的循证决策和经济学实践中，几乎没有出现寻求四方主体平衡的综合决策：一方面，多数机构（实践者）在做决策时仅根据个人经验和偏好，不重视研究者的现有研究成果，忽略实践对象的意愿，导致决策缺乏科学性；另一方面，研究者本身的证据生产不够及时和科学，研究成果分散，累积性差，导致其无法及时完成知识转化，大多止步于论文发表和课题结项。此外，由于缺乏管理平台的综合评价，研究成果质量参差不齐，进一步加大了研究成果的实践难度。

当前正是我国经济由高速发展转向高质量发展的关键节点，经济学在构建现代化发展体系中的地位日益凸显，但经济学发展所面临的巨大挑战也是不容忽视的，如科学研究的不规范性、研究内容与实际发展的脱节、机制体制和政策制度的不完善、研究成果无法得到有效转化等，如何增加政府和民众对经济学研究的信任度和接受度是研究团体面临的重要挑战。

循证经济学的理念分析框架是新时代经济学实践科学化的最佳路径，通过最直观的评级与证据展示向政府和公众证实经济学的科学性。基于循证经济学的理

论渊源，运用循证理念和方法，构建如何生产、评价、转化和推广高质量的经济决策证据就是循证经济学的重要任务，也是经济学研究者的首要任务。因此，下一节中我们提出完整、有机、动态的循证经济学全证据链，从生产、评价、转化和推广实践等环节搭建循证经济学研究范式，为经济学研究者提供从证据生产到知识转化的全方位指南。

3.4 循证经济学全证据链

现代经济学方法学家呼吁“恢复实践”，即对经济理论进行更实证、更少先验、更规范的评价，因此循证经济学的发展得到支持。现有实证研究中存在这样一个问题：为什么多数发表的研究结果是错的？科学家应该尝试从大型研究和低偏倚的荟萃分析中获得更好的证据（Ioannidis，2005）。

根据经济学的学科特性，我们认为循证经济学绝不是简单地对循证医学和循证社会科学理念、研究方法或学科范式的完全移植或继承，循证经济学的发展最终必然在探索和创新中推进。为了清晰地勾画出循证理念与循证方法应用于经济学研究的路径，我们在循证医学与循证社会科学的前期基础上，结合经济学的自身特点，围绕证据来源、证据生产、证据评价和证据实践等方面构建了动态的经济学全证据链，为循证经济学研究刻画了科学的方位图谱。

3.4.1 经济学全证据链的构建逻辑

循证理念、思想与方法虽然在社会科学领域显现出强大的生命力和适应能力，但无法回避的是循证社会科学在研究对象与研究方法层面都与循证医学有着极大的差异。

社会科学以人和人类社会为研究对象，以真实世界为研究空间，以抽象或演绎等方法为研究手段，引导社会的价值理性与工具理性，研究结果受个人因素的影响较大。从循证视角审视社会科学的研究范式可以发现，社会科学的证据源缺乏针对具体问题的随机对照试验、临床试验等一次研究，社会科学的研究具有不可控性和复杂性，针对同一问题的影响因素和因果机理的研究也往往呈现出多样性甚至自相矛盾的结果，因此证据源更为多元。证据生产方式较少用到系统评价和 Meta 分析，更多使用归纳总结、抽象演绎、田野调查和案例分析等研究方法，证据生产方式的科学性难以量化。

基于证据源与证据生产的区别，社会科学的证据必然无法像循证医学的规范性证据一样，使用公认的、标准的质量评价工具进行评估。由于在证据链中知识转化

过程出现断裂，社会科学的政策制定者多通过个人经验或局部单一的研究结果等传统主观的方式做出实践决策，社会科学领域中的循证实践指南依然任重道远。

经济学是研究选择的学科，其本质是研究经济主体如何基于最佳证据做出最优选择。虽然已有学者从概念界定、研究内容和实践框架等方面（Reiss，2004；魏丽莉等，2018）构建了循证经济学的基本范式和发展前景，但本书认为循证经济学不适宜完全移植和继承循证医学与循证社会科学的研究方法和学科范式，应在探索和创新中不断发展。

经济学研究供需双方如何在资源有限的前提下实现资源的高效和优化配置。一切有助于供需双方完成资源高效配置的信息和数据都是经济学的证据来源。相较于循证医学和循证社会科学，经济学的证据来源和证据类型更加宽泛和多元，经济证据生产、评价、实践和循证（基于证据的）决策等方面的需求显得更为重要和迫切（见表3-1）。现代主流经济学大多应用归纳演绎与逻辑推演方法，其研究结果往往难以有效解释和指导真实世界，无法给各类经济主体提供客观全面的决策证据。进入信息社会后，互联网的应用和扩张开始改变人类的经济选择行为，进而引发了资源配置方式的重大变化（何大安，2018）。大数据扩展了传统经济学研究的小数据样本，挑战了经济学中包括不完全信息在内的各种前提假设，为经济学的证据产生和评价提供了强大的技术保障和算法支撑，前所未有地提升了资源配置效率，为各类经济主体提供了高质量的决策依据。

表3-1 循证医学、循证社会科学与循证经济学证据对比

	循证医学	循证社会科学	循证经济学
证据来源	单一、规范（随机对照试验）	多元、规范性低（人类行为、社会现象）	多元，规范性较低（人与选择）
证据生产	系统评价、Meta分析	定性与定量研究相结合	以实证研究为主
证据评价	严格、规范的质量评价工具	难以量化，传统且主观的评价	有待量化，主观评价为主
证据实践	基于最佳研究证据，综合多方证据治疗	以个人经验为主，较少参考研究证据	个人经验、习惯和传统，部分参考研究证据
循证实践指南	严格、规范，经常更新	几乎没有	无

在图3-3中，动态的经济学全证据链清晰且直观地展现了收集、生产、整合、评价、转化、应用高质量证据的全过程，能够满足各类经济主体和政策制定者高效、精准、公平的决策需求。证据来源要尽可能覆盖当前所有的原始证据；证据生产的方式取决于方法论基础之上的经济学研究方法和技术应用；证据评价分为证据分类与证据分级两大环节，综合评估证据的解释力、科学性和推荐级别

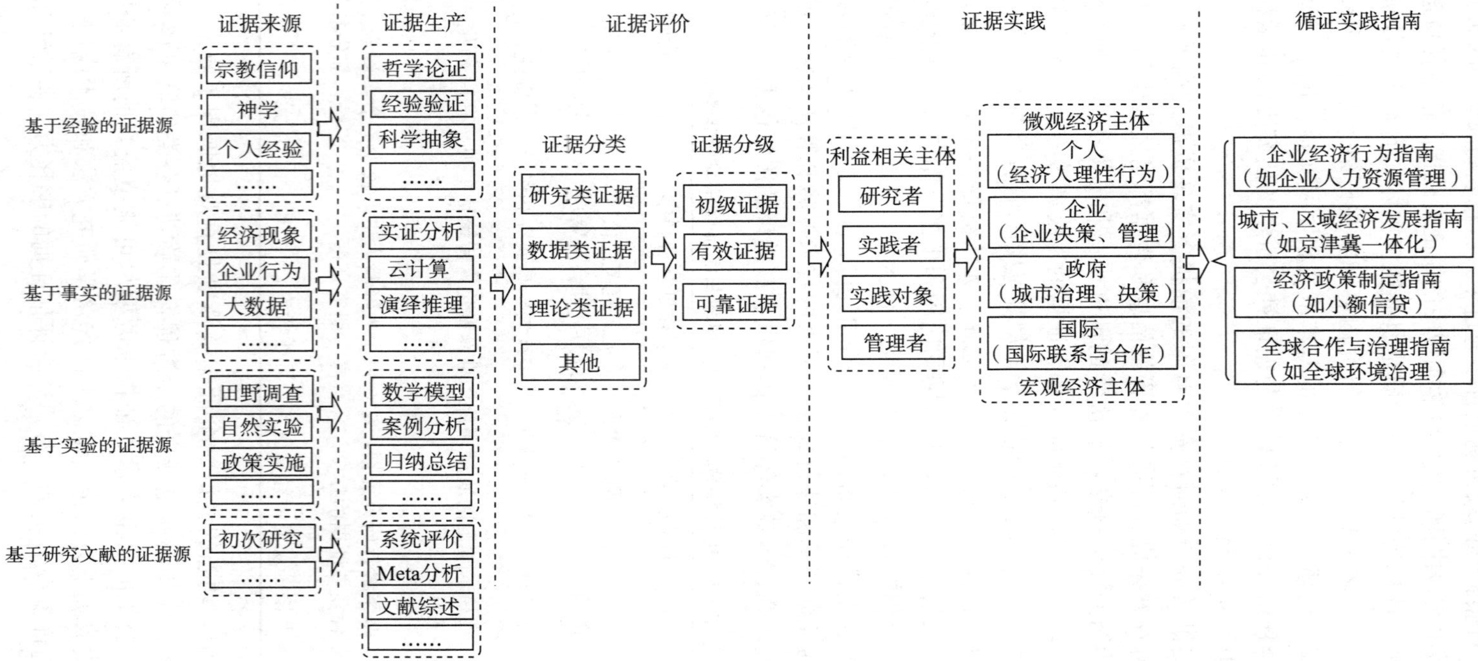

证据来源
证据生产
证据评价
证据实践
循证实践指南

基于经验的证据源
宗教信仰
神学
个人经验
……
哲学论证
经验验证
科学抽象
……

基于事实的证据源
经济现象
企业行为
大数据
……
实证分析
云计算
演绎推理
……

基于实验的证据源
田野调查
自然实验
政策实施
……
数学模型
案例分析
归纳总结
……

基于研究文献的证据源
初次研究
……
系统评价
Meta分析
文献综述
……

证据分类
研究类证据
数据类证据
理论类证据
其他

证据分级
初级证据
有效证据
可靠证据

利益相关主体
研究者
实践者
实践对象
管理者

微观经济主体
个人（经济人理性行为）
企业（企业决策、管理）
政府（城市治理、决策）
国际（国际联系与合作）
宏观经济主体

企业经济行为指南（如企业人力资源管理）
城市、区域经济发展指南（如京津冀一体化）
经济政策制定指南（如小额信贷）
全球合作与治理指南（如全球环境治理）

图 3-3　研究者视角的经济学全证据链

等；证据实践是知识转化与运用的关键，经济主体综合考虑各类最佳证据做出决策；循证实践指南代表高质量转化证据，为经济决策与政策制定提供推荐意见。全证据链的五个部分层次鲜明、环环相扣、逻辑清晰，且每部分不是独立和割裂的。通过各环节互相影响，全证据链成为高质量证据生成与转化的有机整体。

3.4.2 证据来源

在社会发展的不同时期与经济学演变的不同阶段，各类证据表现为不同的形式，证据源也不断增加和拓展。在农业社会时期，诞生于哲学土壤的经济学不断汲取着宗教、政治、管理、法律、历史和数学等学科的养分和元素逐渐成长（魏丽莉等，2018），影响人们选择决策的主要证据来源于宗教、神学、长老智慧、迷信和王权意志等。进入工业社会，人类从生存约束走向对财富的大胆追求，经济思想从道德规范延伸到追逐财富的实践中，经济学形成了独立的研究范式和价值概念，经济学方法论进入实证主义阶段，大量的经济现象、市场主体决策行为和各国经济政策实践为经济学证据增加了全新的来源。在信息社会时期，人类进入了一个以知识经济、网络化社会、数字化生活为引领的全新时代，如何实现经济的可持续增长和国民福利的全面提升成为经济学关注的主题。在经济学方法论进入基于检验假定的证伪主义与基于历史归纳的历史主义阶段后，经济学已经具有完整的理论框架和成熟的方法体系，但经济学的过度数学化以及研究结论的低适用性引起了学术界的广泛争议，具有自然科学实证主义特点的实验经济学与行为经济学逐渐兴起，经济学的证据来源不断扩大。随着互联网技术的推广与信息技术的广泛应用，大数据也成为未来经济学研究和经济主体做出最优选择的证据来源之一。

证据来源是经济学全证据链的开端，是经济学证据生产的基础，是研究者生产高质量证据的“原料”。不同类型的证据源在方法学上有不同的加工和处理方式，根据证据源的产生方式，在证据链中将其划分为基于经验的证据源（又称经验类证据源）、基于事实的证据源（又称事实类证据源）、基于实验的证据源（又称实验类证据源）和基于研究文献的证据源（又称研究类证据源）。基于经验的证据源主要是指将宗教、社会背景和个人经验等作为研究依据；基于事实的证据源主要是指经济现象、企业行为、大数据统计等将社会经济事实作为研究依据；而基于实验的证据源是指通过田野调查、自然实验等方法获得的研究依据；最后一种是基于研究文献的证据源，即将前人的研究成果作为研究依据。随着研究技术和资源可得性的提高，经济学研究的证据源已经越来越丰富，证据源越多意味着经济研究将越具有贴近现象本质的资本，研究者就越有可能摒弃主观臆断，做出理性客观的研究，为证据生产环节打下坚实基础。

3.4.3 证据生产

证据生产是对收集到的所有原始证据进行分析和整合，为供给和需求双方有效配置资源提供证据支持。基于经验的证据源的生产方式以基于道德规范的哲学论证和基于管理人员的经验论证为主，研究者通过主观归纳和观察提炼等方法对经济现象进行总结和归纳，并提出决策方案；针对基于事实的证据源，证据生产方式以客观统计和实证分析方法为主，研究者通过云计算、实证模型等方式期望对经济事实进行客观描述，并将描述结果作为决策证据；高科技的快速发展对主流经济学的挑战为经济学提供了新的证据来源，基于实验的证据源是对传统意义上“经济学无实验”这一观点的重大冲击，研究者通过对目标群体进行模拟对照检验，并运用数学模型和案例分析等研究方法，从少量群体的运作模式研判宏观经济运行；针对基于研究文献的证据源，传统经济学家主要采取文献综述等方式进行处理和整合，借鉴循证医学后我们认为，系统评价、Meta 分析等方法也同样适用于对经济学文献进行分析和整合。证据生产方式的创新为研究者完善证据类别，提高证据质量做出了巨大的贡献，为高质量经济学证据的生产提供了技术保障和方法创新。

证据生产方式的规范为证据评价环节奠定了基础，针对不同的证据生产方式，循证经济学主要持包容的态度，我们认为不同的生产方式只体现在研究范式的不同上，各类研究范式均具有自己的评价体系，不同范式之间不应有优劣比较，但各类证据内部具有规范性、可信度等区别。

3.4.4 证据评价

在经济学证据的生产过程中，研究者的主观判断或数据误差都会影响证据的信度和效度，导致证据质量不一，因此必须进行证据的科学评价。证据评价是高质量证据生产的关键环节，也是经济主体做出最优选择的基本前提。

循证医学研究中往往使用“报告规范”、“方法学质量”与“严格评价”等评价量表对证据质量进行评价，如研究报告质量评价工具通常称为报告规范（标准或声明），是针对某种类型的研究或文件进行清晰、明确、系统报告的标准化格式，报告质量和方法学质量共同构成研究质量。经济学证据大多不是随机对照试验或临床试验，难以通过循证医学证据质量评价工具衡量其规范性和方法的科学性。我们必须结合经济学自身的特性与研究范式构建属于经济学的证据评价体系。

为了有效促进证据链的下一个环节——证据实践，实现证据转化与循证实

践，我们先对上一个环节生产出来的证据进行分类，根据其研究范式分为理论类证据、研究类证据和数据类证据，再对证据进行主观度、数据误差、研究规范程度等方面的评价，将证据分为初级证据、有效证据和可靠证据三个等级。

其中，初级证据是误差源最多的证据，误差源的大量存在使初级证据只能体现相关性，不具有因果性；有效证据是在初级证据的基础上，控制已知的误差来源的证据，但由于仍有潜在误差来源存在，在体现相关性的基础上只能呈现部分因果性；可靠证据则是在有效证据的基础上，控制所有误差来源，完全体现因果性的证据。三种证据层层递进，证据质量逐步提高，初级证据质量最低，可靠证据质量最高。为了更加清楚地展示具体的分级标准，本书将在第六章详细展示各类证据的评价量表，以及各级证据的要求与标准。随着经济学研究方法的不断完善以及大数据的广泛应用，经济学证据的评价方法也会不断突破，高质量经济学证据的分级和推荐会极大地促进经济决策和循证实践的科学化。

3.4.5　证据实践

证据评价后产生的高质量证据，被决策者或实践者采纳后在证据实践环节完成证据转化。证据实践是经济主体做出最优选择的过程，也是供需双方在有限资源条件下实现高效资源配置的过程。经济学中的证据实践主体包括四大利益相关主体和两大经济主体。利益相关主体是循证视角下经济学证据的研究者、管理者、实践者和实践对象，高质量证据必须通过这四个主体完成生产、评价、转化和应用。经济主体是经济学视角下证据的生产者与转化者，经济学证据最终要通过宏观与微观经济主体的决策行为付诸实践。

在四大利益相关主体中，研究者提供多种来源的高质量证据，如政策文本、研究报告、经典案例、大数据分析结果等；实践者需要考虑宏观背景与证据实践的局部情境，基于专业素养实现知识转化；实践对象是证据实践的主要目标与作用对象，其个体偏好、价值观、基本素养等都会影响证据转化效果与治理状态；管理者通过与实践者和实践对象沟通了解实践效果，借助自身的专业素养与个人经验综合评价各类证据，做出相关决策，优化实践效果。本书的第七章将会给出一些世界范围内的循证实践案例，结合案例具体展现如何进行有效的证据实践。

3.4.6　循证实践指南

循证实践指南是经济学全证据链的最终环节，也是循证经济学发展的趋势与方向。循证医学中将循证实践指南定义为在系统评价的证据和平衡了不同干预措

施的利弊的基础上形成的能够为患者提供最佳医疗服务的推荐意见（陈耀龙等，2016）。在经济学中，循证实践指南是指在最佳证据及综合比较各类经济决策的成本和收益并充分权衡各种政策干预利弊的基础上，最终为决策主体提供的解决某一问题的推荐意见。虽然循证社会科学和循证经济学尚未发展到循证实践指南阶段，但鉴于循证实践指南在循证医学中的重要地位，基于循证实践的经验和发展前景，为保证证据链的完整性，本书将在第九章参考循证医学证据链，从企业经济行为、区域发展决策、经济政策制定和全球治理等领域尝试构建经济学的循证实践指南。

本章小结

本章从循证理念与经济学理念的理论渊源入手，围绕循证经济学的理念、定义、核心内容展开，搭建了循证经济学的四方主体动态模型分析框架，并为经济学研究人员提供了经济学全证据链这一从证据来源到循证实践指南的全方位研究范式。为了更加清楚地展示循证理念和方法在经济学研究中的应用，本书第四章至第七章将围绕经济学全证据链中的证据来源、证据生产、证据评价和证据实践等环节进行详细的介绍和方法论讲解。

经济学的全证据链不是单向和线性的，而更像是一个有机的闭环，证据来源、证据生产、证据评价、证据实践与循证实践指南之间环环紧扣，相互促进。证据实践的成效和循证实践指南的实施效果也会影响经济学证据来源、生产与评价过程，实现证据源的再开发、证据生产方式的再创新和证据评价模式的再升级成为证据链优化提升的新动能（见图 3－4）。

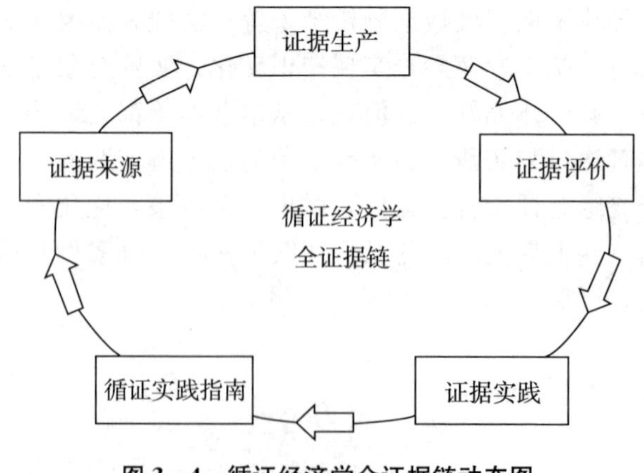

图 3－4　循证经济学全证据链动态图

经济学家不仅是提供最佳证据的研究者，而且是经济政策的实践者与管理者。他们肩负着经济政策设计、政策效果预测等多重任务，同时经济学家本身也是经济政策的实践对象。这就要求经济学家本身必须成为有效证据的供给者和评价者，并根据证据需求向实践者推荐最适当的证据，以及完成后期实践过程中的证据升级与完善。要遵循证据链的发展规律和决策方向，推动宏、微观主体在全面收集和充分评估所有证据的基础上做出相关决策，真正体现基于当前可得的最佳证据的决策原则，经济学家任重而道远。

实践框架篇

第四章 经济学证据源

帕斯卡尔说过，人是一根能思想的苇草。从经济思想初见端倪到 1776 年盛装登场，经济学家一直在收集“原料”，利用科学研究“工具”，修筑经济学的思想大厦。在循证经济学中，我们把这些原料称为证据源，而把这些工具称为证据源的加工方法。证据源是循证经济学全证据链的开端，在社会发展的不同时期与经济学演变的不同阶段，证据源也不断增加和扩展。前古典经济学时期神学、宗教、个人崇拜、经验主义的出现，是人们追求真理的体现，这些基于经验而产生的思想，往往是一个学科诞生的前兆。亚当·斯密等重要历史人物的登场，赋予了学科鲜明的特征，经济学成为一门研究如何利用有限的资源满足人们最大化需求的专门学科。

为了使学科发挥对现实的指导作用和价值，人们的研究开始依托于证据源：通过观察特定的经济现象来揭示经济社会内部的发展规律；通过研究生产单位的行为为企业实现利润最大化提供科学依据；通过应用部门统计数据、区域统计数据及大数据，使得经济结论更合理和具有参考意义。为了获得更多的证据源，经济学家参照自然科学的研究方法，另辟蹊径，创造出实验经济学、行为经济学等学科分支。这些学科通过模拟实验环境产生实验组与对照组并得到数据结果，以检验已有的经济理论或者发现新的经济理论，为决策提供理论依据，主要包括田野调查、自然实验等方式。这些经济学研究方法的出现拓展了传统经济的解释方法，突破了传统经济学无法逾越的理论界限，是对传统经济学的一次范式革命。上述证据源转化成的研究成果往往以论文的形式体现，我们把这类证据源叫作基于研究文献的证据源。通常认为，科学研究与学术论文是一一对应的，科学研究是学术论文的核心，学术论文是科学研究的表现（何永江，2011）。

为了生产出更高质量的证据，我们需要对繁杂的证据源进行分类。通过纵向梳理证据源的发展过程可以发现，从证据源的产生方式上看，证据源可以分为基于经验的证据源、基于事实的证据源、基于实验的证据源和基于研究文献的证据源四大类，各大类又包括不同的表现形式。

4.1 基于经验的证据源

在近代科学体系形成之前，经济思想从宗教信仰、哲学和个人经验中汲取养分，由哲学著作的道德规范延伸至追求财富梦想的实践，西方古代和中世纪的经济思想成为西方经济学的渊源和先声。

4.1.1 神学与宗教

在生产力水平低下的奴隶社会和封建社会，拥有有限经验知识的人们远不能对变化万千的自然做出合理的解释。在浩渺的自然力量下，人们显得非常弱小和无助，只能做出直接的观察和主观的猜测，于是产生了自然崇拜、祖先崇拜等思想。在各种意识形态中，神话和宗教算是最早的意识形态之一。神话和宗教一方面给当时的人们带来了对神灵的敬畏与屈从；另一方面反映了人们对自然奥秘的探索愿望，并借此满足人们对战胜自然、摆脱束缚而走向自由的精神寄托（许志峰等，1989）。

在这一时期，在古希腊的哲学著作、古罗马的农业实践和欧洲中世纪的经院哲学中，哲学家和神学家提出了"经济"一词，开始谈论财富与分工，触及价格与货币，探讨农业生产和庄园管理。经济学学科尚未诞生，西方经济学思想已经在神学和宗教的"子宫"中孕育（魏丽莉，2018）。

将神学和宗教作为证据源的研究中，最具代表性的是托马斯·阿奎那的研究。他成功地将神学思想和亚里士多德的哲学融合在一起。例如，他认为"从宗教伦理的角度，强调在买卖中支付的价格必须是公平的，无论是把一件物品卖得贵于它的价格，还是隐瞒所出售的物品的缺点，都属于欺骗行为""'自然法'是……的不变规律，人类的行为和社会都要服从它"（魏丽莉，2018）。他的思想涉及公平价格、货币、利息和私有财产等内容，虽然对后面的古典经济学的发展产生的影响较小，但是从长远来看，对社会公平问题、生态环境问题的研究具有

重要的启发意义。

4.1.2 个人经验

个人经验主要是指一个人对某种现象基于经验或直觉的判断而得到的结论。从一般意义上讲，个人经验就是经济活动的现实体验，它不仅指社会个体经济活动的现实体验，而且包括社会群体共同经济活动的现实体验。在不同社会的发展时期及不同的社会背景下，人们会产生不同的社会经验。而在同一时期，由于人们所经历的经济活动是有阶级差异的，不同的阶级所从事的经济活动的现实经验为各自提供的认识论和方法论也有差异。在社会发展的过程中，决策者的个人经验往往被认为是有用的，被实践者推广，即被当时的人们认为是具有较高质量的证据而参考和沿用下去。

例如，在中国西周时期，随着生产活动和生产关系的稳定发展，在农民的头脑中，形成了简朴的经济观念——“慎之劳，劳则富”，即辛勤的劳作会使人富裕。与此相对应，经济思想中也有“劳动是财富之父”之说，而这些简单的思想完全来自人们的耕作和生活经验。统治阶级的个人经验则影响更盛，西周时盛行“井田制”，设置各级官吏管理和发展农业。为了发展工商业，西周设官分职对市场进行管理，遇到灾荒时，政府常放宽政策鼓励经商。这些税收、转移支付等经济政策工具的利用完全来自高度集权的中央一级以及统治阶级的个人经验，但是对当时的社会经济发展产生了重要的影响。

在西方的经济思想中同样有个人经验作为证据源的依据。古典经济学的研究主要以经验观察为基础，古典经济学家利用归纳法等科学方法论，开始把资源配置作为经济学的研究主题。例如，斯密在创立自己的经济理论体系时，便以自己的观察、游历、学习经验为基础，通过总结前人的成就，包括他的老师哈奇森、重农学派的魁奈和杜尔哥等、重商主义的配第以及古典先驱休谟，最后综合成一部适应时代发展要求的经验著作，也就是《国富论》。这些个人经验成为古典经济学发展的源泉，为经济学大楼的建立提供了基石，使经济学作为一门学科变成可能。

4.2 基于事实的证据源

1776 年，亚当·斯密出版《国富论》。1867—1894 年，卡尔·马克思出版《资本论》。1936 年，约翰·梅纳德·凯恩斯出版《就业、利息和货币通论》。这三部经济学著作构建了经济学大厦的主架构，这些理论主要是从对企业行为、经

济现象的观察中获得的，它们为人们的生活和生产以及统治阶级的政策制定提供了指导，成为当时重要和有效的参考证据。伴随着互联网时代的到来以及信息的爆炸式增长，大数据无疑将成为未来经济学研究和经济主体做出最优选择的证据来源之一。

4.2.1 企业行为

企业行为是在外部环境和内部结构的交互制约下，为实现一定的生产经营目标而做出的现实反应。其中，外部环境包括政策、法律、竞争者、社会文化等因素，内部结构主要包括资产结构、管理结构和决策结构。企业作为经济中的基本单位，是个人利益和社会利益的中介。企业行为既是微观经济组织结构的产物，又是政府宏观经济调节的结果。

与人的行为活动一样，企业行为也具有选择性。不同的行为选择往往会给企业带来不同的利益后果，因此，以利润最大化为目标的企业往往基于成本和效益的对比及已有的生产经验，以期通过科学的决策做出最优的行为选择。在企业优化决策的过程中，不同的行为选择及其利益后果成为研究者的证据源，通过科学的研究方法，这些证据源被进一步转化得到的证据成为企业的行为依据。我们可以发现，企业的选择行为与证据之间的作用是双向的，即企业行为作为证据源能为证据的生产提供原料，有效的证据也能对企业行为产生指导作用，二者相辅相成，不断优化企业决策行为。

经济学中对企业行为的研究有很多。有的经济学家研究了企业内部的分配行为，例如，马克思通过研究企业内部的价值分配，发现了“剩余价值”的来源，提出了剥削理论。有的经济学家研究了企业内部的生产行为，例如马歇尔通过研究代表性企业，发现了不同企业的生产费用与边际产量的关系，主要包括报酬递增、报酬递减、报酬不变三种类型。有的经济学家研究了企业之间的竞争行为，例如博弈论中包括古诺双寡头垄断模型和斯塔克尔伯格模型中的产量竞争，还有伯特兰模型中的价格竞争。还有的经济学家进行了开创性的研究，例如，萨伊在修订《政治经济学概论》时第一次将企业家列入经济发展的要素中，并把企业家才能作为除土地、劳动力、资本之外的第四种生产要素。总之，企业行为是经济学研究的重要对象之一，是不可或缺的证据源。

4.2.2 经济现象

经济现象是指现实中发生的一切可观察到的经济事实。经济现象时刻发生在我们周围，它包含人类的生产、储蓄、交换、分配等各项活动。经济现象是由客

观现实、物质间相互作用的普遍规律决定的，与人的意志无关。

经济现象主要分为两部分，即微观经济现象和宏观经济现象。微观经济现象主要是针对单个经济单位的，如家庭、厂商等，包括消费、生产等现象；而宏观经济现象是针对整个经济体系的，如国家调控等，包括经济增长与波动性、失业、通货膨胀等现象。

古语有云："格物致知。"所谓"格物"就是指研究已经客观存在的事物。经济现象作为客观存在的事物，经济学家对其的研究不胜枚举。其中，具有划时代意义的研究者是梅纳德·凯恩斯。1929—1933 年，经济大萧条席卷了整个资本主义世界，已经建立的经济理论大厦出现了裂缝，传统经济学奉行的"供给决定需求"的理论无法对每日上演的银行挤兑、工人失业等经济现象做出解释，大量倾倒的牛奶和路边饥饿的人们形成了鲜明的对比，现有的经济理论既不能对这些现象做出解释，也无法为摆脱大萧条提供"有效的"对策。凯恩斯的《就业、利息和货币通论》横空出世，掀起了凯恩斯革命，主张政府干预经济，开创了宏观经济学体系，扩建了经济学理论大厦。

4.2.3　大数据

随着互联网的普及，信息以空前的速度爆炸式增长，人类社会进入了信息时代，即大数据时代。从社会科学研究的角度来看，大数据是指巨大而多样化的数据集，是对全世界每一位互联网使用者所做的每一件事的即时记录。大数据在网络时代成为可能，人们生活中的每一个空间正在越来越多地成为网络空间，例如购物、订餐、工作、娱乐、社交、支付等行为都是通过网络来实现的，而这些行为将会产生大量的数据信息。众多用户的所作所为通过图像、文字、视频、音频的形式被记录并汇总，必然会产生由量变到质变的过程，于是产生了所谓的"大数据"。

阿尔文·托夫勒在《第三次浪潮》中将大数据热情地比拟为"第三次浪潮的华彩乐章"。随着第三次科技革命的到来，数据信息爆炸式增长，大数据已慢慢渗透到各个领域，逐渐演变成现代生活中不可或缺的生产要素。大数据时代的到来为经济学的发展带来了新的机遇和变革。

经济学的研究离不开数据的收集与处理。随着大数据技术的发展，人们的研究方式也发生了变化。以大数据为证据源的优势主要表现在以下几个方面。

首先，在研究对象上，人们通过浏览网页、信息选择等网络行为，把最真实的选择与偏好展示出来，大数据的海量数据为我们提供了偏倚性最低、最真实的研究样本，同时也帮助我们摆脱了传统经济学中人力、物力等对数据收集的限制，使研究者不再拘泥于样本量较少的抽样调查，而是追求纳入所有的数据，提高研究结果的准确性。

其次，在研究方法上，传统经济学常采用波普尔的“证伪主义”，大数据使得经济学不再依赖假说验证，通过轻易地提供海量证据，可以深入挖掘数据之间存在的联系，得出存在的各种可能性。

再次，在统计方法上，大数据通过网页浏览频率和次数便可轻易推算出结果。在现实应用中，最明显的例子就是浏览器的发展变化，从百度的“人找信息”，到门户网站对信息的集合、分类，最后到推送的出现，即通过大数据，针对用户的信息需求检索到符合用户要求的文献信息，实现了“信息找人”的过渡，大数据带给我们无限的可能性。

最后，在研究结果上，传统经济学研究探求的是单一的因果关系，但基于现实研究对象的多样性和繁杂性，大数据更能探寻复杂事物之间的潜在联系，提供更可靠的解释。

4.3 基于实验的证据源

实验方法并不是哪一门科学所特有的方法，也不是哪一门科学一开始就有的方法。当一门学科发展到一定程度，原有的理论已无法说明实际存在的事实时，实验方法的引入就成为必然。1948 年，爱德华·张伯伦在哈佛大学课堂上进行的有关供给和需求的实验正式揭开了实验经济学的序幕。经济学结合自己的特征演化出了符合自己学科特色的实验方法，田野调查和自然实验成为新的证据源。

4.3.1 田野调查

田野调查又称田野工作（field work），是指经过专门训练的研究者亲自进入某一研究地区，然后随机招募被试人群进入控制组和其他任务组，通过参与观察、深度访谈、住居体验等方式与研究对象经过一段时间的了解，运用科学的实验方法检查自然环境发生的扰动，并进一步比较这些组别的实验结果，获取第一手资料的过程。显然，田野调查的优点是既能解决外部应用性问题，将得出的研究结论推广到现实中，又能对客观世界进行介入和干预，通过改变某一因素来探究现实中的客观规律（刘庄，2015）。

在国外经济学研究中，利用田野实验已经产生了许多研究成果（刘庄，2015）。例如，Bertrand 和 Mullainathan（2004）通过测试不同种族间获得面试的机会，发现白人会比黑人获得更多的应聘机会，从而验证了劳动力市场上歧视的存在。Chetty 和 Kroft（2009）通过观察美国超市商品标价是否含税与商品销

量的关系，发现消费者在进行行为决策时，价牌上的数字会起到很大的作用，不含税标示方式往往会带来更多的销量，反映了非理性因素对消费者决策的影响。比较著名的案例是约翰·李斯特关于工资奖惩的实验。该实验发现同等的惩罚相比于激励，更能够提高工人的生产效率，这说明了人们的损失厌恶心理。这三个案例都巧妙地借助实验的方法，验证了客观的经济规律，为经济学的进一步研究积累了证据。

中国的田野调查也在逐步展开。例如，陕西师范大学教育实验经济研究所（CEEE）于2014年3月成立，其核心合作团队就包括中国科学院农业政策研究中心、美国斯坦福大学及其他组织。CEEE将在中国建立一个模拟教育政策开展的实验平台，致力于在“营养、健康与教育”“科技与人力资本”“减少辍学”“公共治理”“教师与教学”五个核心领域展开研究。该组织目前已经在陕西、宁夏等地进行调研，进行了“养育未来”“看清未来”等项目，期望通过政策模拟实验研究，将研究成果转化为政府和社会的行动，实现教育公平，让贫困农村孩子实现自己的梦想。

如今的中国逐渐与世界接轨，经济学界也在国际舞台上紧跟前沿，田野实验日益兴起。经济转型发展的社会背景及特有的文化习惯等，使得这片广袤的土地为研究者提供了独具特色的“实验场”，借助这一天然的优势，中国的田野实验成果必将为制定符合中国国情的政策提供相应的证据，这些成果对发展中国家的实践产生借鉴意义的同时，也为丰富田野实验的研究方法做出了贡献（罗俊等，2015）。

4.3.2　自然实验

在微观领域，研究者通常通过田野实验来识别因果关系。然而在宏观经济领域，上述方法或者难以实现，或者成本太大。因此，越来越多的研究开始利用自然实验来识别因果关系。所谓自然实验，是指在政策实施前后对控制组（又称对照组）和实验组之间的个体特征进行观测，通过比较变量变化前后个体特征的变化量来进行政策评价（肖金川等，2014）。当研究员希望测量因变量与无法控制和操纵的自变量的关系时，自然实验可以先测量变化前的数据，然后静待自变量自然发生变化。通过巧妙地利用自然发生的事实，可以减少人为控制变量所要消耗的人力、物力，这是自然实验最大的优点。

在经济学研究中，自然实验的三个主要作用是检验理论假说、量化政策效应以及探索传统模型外的经济增长机制。下面我们将引入两个关于自然实验的研究进行具体说明。

在运用自然实验进行研究时，首先要清楚因果关系之间存在的潜在假设，并且给出尽可能多的证据支持这些潜在假设。最基本的方法是对历史事件进行叙述说明。研究者需要说明该研究利用了自然实验的哪些方面，并且对可能引起内生性问题的方面进行着重解释。李志生等（2015）利用我国股票市场于2010年推出融资融券业务这一历史事件，探究了卖空机制对资产定价效率的影响。他们强调了以这一事件作为自然实验的重要原因之一是：我国股票市场区别于其他资本市场的一个特点是，除少数股票能进行融资融券操作外，我国股票市场不允许进行卖空，因此利用这一政策，股票市场可以被划分为实验组和对照组，这为自然实验的实施提供了基础。回归结果反映融券卖空量与定价效率之间存在正向作用，即融券卖空量越大，股票的定价效率越高，这一发现与卖空约束对资产定价效率具有负面影响这一传统的理论研究结果相反。

然而有时仅靠对历史事件的叙述说明不能完全解决问题。因此，在条件允许的情况下还应该使用多个控制组、倾向性得分匹配、合成控制方法以及安慰剂检验等方法进一步支持研究中的因果推论。例如，毛其淋和许家云（2018）以2002年美国给予中国永久性正常贸易关系地位进行自然实验，分析了贸易政策不确定性对企业储蓄行为的影响。为了使实验组与对照组的结果变量在政策冲击发生前后具有可比性，该研究采用了倍差法，并进行安慰剂检验以确保估计结果的可靠性。通过回归分析，他们发现贸易政策不确定性下降显著降低了企业储蓄率。

综上所述，自然实验作为准实验，能极大地帮助研究者了解宏观经济的运作，但是运用自然实验的关键在于这些历史事件能否提供准随机的变化以便于研究者识别因果关系。

4.4 基于研究文献的证据源

研究就是在收集可信资料的基础上利用严格的方法进行逻辑整理的工作，其目的是获得可靠性更高的证据。研究的过程是有计划和系统地收集、发现、解释基于经验、事实或实验的证据源的过程，其必须充分占有证据源，分析它的各种发展形式，寻找这些形式的内在联系。只有完成这些工作后，核心的机制才能适当地叙述出来。

经济学作为一门研究人类经济行为和现象的社会科学，其研究目的是为个人、企业和政府的经济决策提供依据，以使有限的资源最大限度地满足人们的需要。就目前经济学的发展而言，经济学研究结果的应用性成为研究者亟待解决的难题，循证理念的运用恰巧为经济学研究成果的转化提供了可行性。

前三节叙述的证据源主要适合利用经济学传统研究方法进行加工，若对这些

加工结果进行再研究，将会得到质量更高的证据，我们将这些一次研究结果统称为基于研究文献的证据源。根据表现形式的不同，基于研究文献的证据源主要包括著作、会议论文、学术论文、课题报告、项目成果等。由于学术论文往往具备相对严谨、规范的研究范式，更加符合循证理念和循证方法的要求，因此，本书主要以学术论文为主要的证据源进行阐述。

4.4.1　经济学学术论文的研究特点和基本类型

经济学学术论文的写作属于社会科学研究的范畴。无论是自然科学还是社会科学，其目的都是探寻世界运行的规律，只不过具体的研究对象不同。自然科学研究客观事物，社会科学主要研究人的行为（陆蓉等，2013）。对于经济学学术论文的写作，有三点值得注意：一是科学，即可以被证实或证伪；二是规律，即说明怎样运行；三是原因，即为什么这样运行。

经济学学术论文大致分为理论研究和实证研究两种。理论研究主要体现了普适性，是研究者对经济规律的高度概括，具体可分为描述性理论和规范性理论。前者强调“是什么”，而后者主要为了说明“应该是什么”。理论研究的进步对一门学科的发展具有重要的推动作用，这类论文的研究质量较高，但是数量较少。实证研究往往基于具体的研究对象，结合数理分析方法来获得研究结论，但仍然强调普适性。在经济学研究中，理论研究与实证研究常常同时出现，前者为后者提供依据，后者又能通过科学的方法促进前者的不断完善，二者共同推动经济学研究证据的完善。

4.4.2　经济学学术论文何以为证据源

将学术论文作为证据源，主要有以下几点原因。

第一，科学性。这是学术论文作为证据源的根本原因。一方面，学术论文是研究者基于自己的经验观察、事实收集、实验分析，利用科学的研究方法，注入了大量的时间和精力而做出的科学研究；另一方面，学术论文的发表需要经过一定的程序，这就意味着质量较次的论文会被剔除。综合两方面，一般我们收集到的论文是具有较高的科学性的。

第二，可保存。这是学术论文作为证据源的前提。学术论文作为一种永久性的科学记录，无论其意义是大还是小，研究者都将其记录下来，这使我们在做进一步加工时有迹可循。对于年代较久远的论文，我们也可以通过一些渠道获取。

第三，易收集。这是学术论文作为证据源的主要条件。借助电子数据库、互联网、图书馆或者联系相关领域的研究者，我们可以完成对相关文献全面、系统

的收集。

4.4.3 经济学学术论文的组成部分

学术论文作为研究成果的重要表现形式，通常具有一定的结构，以便于读者快速查找论文和获取相关信息，主要包括下面几个部分。

1. 标题、摘要和关键词

标题、摘要和关键词等信息出现在论文首页。标题（title）揭示了论文的核心内容，通常要求简洁而有吸引力；摘要（abstract）须突出论文的重要意义、研究方法与主要结论，是全文的浓缩。关键字（key words）一般为3～5个，主要作用之一是方便读者检索该论文。

2. 正文

经济学学术论文依次包括：①引言（可包含文献综述）；②研究背景（可包含理论框架）；③研究方法、对象及结果；④研究结论。对于实证论文来说，第④部分还可分为数据来源、模型介绍、研究结果、稳健性检验四个方面（陈强，2015）。下面我们将以实证论文为例分别进行说明。

（1）引言（introduction）通常包括以下内容：研究问题、研究意义、数据来源、研究方法、研究结论、主要创新等。这是论文的精华部分，可视为扩展版的摘要。

（2）文献综述（literature review）的根本目的是理清已有的研究文献，在为所做研究进行理论铺垫的同时，也要说明现在文献的不足和进一步研究的价值，以凸显创新性。

（3）背景（background）主要是指研究者需要在特定的历史、制度与文化背景下对经济现象进行解释。理论框架（theoretical framework）主要是依据现有的理论研究或经验判断进行逻辑推演，以得出研究假设，是后续研究的基础。

（4）数据说明（data description）应详细介绍数据的具体来源，并评估其可靠性。如果对原始数据进行了一些处理或加工，也应一一说明。

（5）计量模型（econometric model）需要结合所研究的问题以及已有数据的特点，得出应使用什么计量方法来识别主要变量之间的因果关系。

（6）回归结果（regression results）主要反映以下信息：变量、系数估计值、t 统计量（或标准误）、统计显著性水平、样本容量、拟合优度等。

（7）稳健性检验（robustness checks）主要是为了避免由于模型设定问题所造成的结果偏误。当改变模型的设定形式后，仍然能够得到类似的研究结果，才是稳健和可接受的。

（8）结论（conclusion）作为学术论文的最后部分，通常概要地回顾研究问

题、计量方法与主要结论。由于任何论文都有局限性，这部分也可指出研究的不足之处。作为读者决定是否研读论文的主要参考之一，结论部分也十分重要。

3. 参考文献（references）

一般的经济学研究都是建立在其他学者的研究基础之上的，或多或少地引用了已有的观点和结论，因此，通过列示参考文献说明这些观点的来源是必要的。参考文献一般位于文末，包含了作者、标题、文献来源等信息，以便于读者进行进一步查找。

4. 附录（appendix）

附录不出现在所有的经济学论文中，有无附录并不影响论文的阅读，它只是能够更好地说明作者在数据处理、收集等方面做出的工作。在进行文献筛选时，这部分通常可以省略不看。

总之，学术论文是一个人综合能力的运用，专业知识、数据技巧、思想创新、文字表述、逻辑思维和理论分析能力都在写作中体现出来。一篇论文的完成，需要作者参与资料的收集、数据的整理、证据的提炼、文章的构思、结构的安排、论文的修改等活动，需要结合作者的观察力、理解力、想象力、综合分析能力、语言表达能力、意志力、交流和合作的能力，即论文就是作者多种能力和素养的体现。基于作者能力的良莠不齐，同一研究主题的论文的质量也不尽相同。例如，在经济学研究领域，对于中文论文，发表在 CSSCI 期刊上的论文质量较高，其中，《经济研究》《经济学（季刊）》《世界经济》《管理世界》居于前列；对于英文论文，发表在 SSCI 期刊上的论文质量较高，其中，*American Economic Review*、*Econometrica*、*Journal of Political Economy*、*Quarterly Journal of Economics* 及 *Review of Economic Studies* 最为权威。因此，由于学术论文的质量不尽相同，我们在将其纳入研究时，就需要根据一定的质量评价标准进行筛选。

本章小结

通过对证据源的系统梳理可以发现，随着学科的不断发展和完善以及新技术的出现，证据的来源越来越广泛，其大致可以分为基于经验的证据源、基于事实的证据源、基于实验的证据源和基于研究文献的证据源四类。其中，基于经验的证据源主要包括神学、宗教信仰及个人经验，是人们基于经验总结和价值判断做出的，是在特定的地区和时代背景下表现出来的。基于事实的证据源主要包括企业行为、经济现象和大数据，是人们利用客观事实和统计数据得到的，并不随着人们的意志而产生变化。基于实验的证据源主要包括田野调查和自然实验，是人们通过实验设计或自然事件而进行的，是研究者从研究目的出发而做出的对客观世界的主动观察与探索。这三类证据的演化过程，是从价值理性到工具理性再到客观数据驱动的过程，呈现出形式更加多样、资料不断丰富、范围日益扩大、实施愈加复杂的特点。如图 4-1 所示，这三类证据源进行加工后所产生的证据被称为一次研究证据；而基于研究文献的证据源所产生的证据被称为二次研究证据。

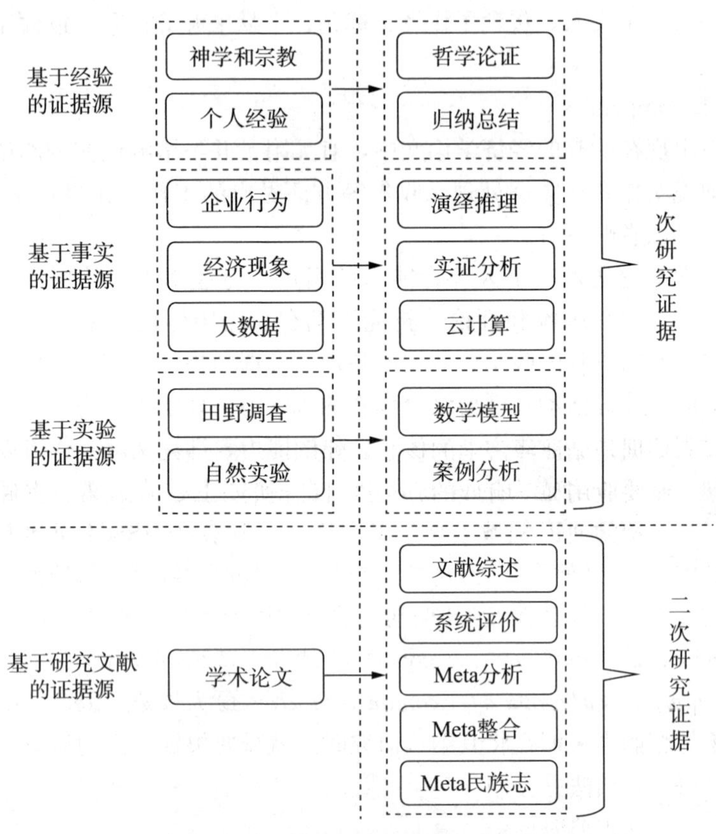

图 4-1　经济学证据的来源及生产

证据源作为证据加工的原料，主要是为证据生产服务的。由于证据源的纷繁复杂，证据的生产方法即对证据源的处理方法也多种多样。其中，对于基于经验的证据源，主要采用哲学论证、归纳总结的研究方法；对于基于事实的证据源，主要采用演绎推理、实证分析和云计算的研究方法；对于基于实验的证据源，主要采用数学模型、案例分析的研究方法；对于基于研究文献的证据源，主要采用文献综述、系统评价、Meta 分析、Meta 整合、Meta 民族志的研究方法。具体的研究方法我们将在第五章进行详细介绍。

第五章

经济学证据的生产

在各类传统证据和浩瀚的研究中，如何选取、整合、评价、转化、应用、传播证据和利用高质量的证据进行高效、精准、公平的决策分别是研究者的关键难题和政策制定者的现实需求。证据是循证经济学的核心，因此要想围绕证据展开一系列研究，则要应用科学有效的方法进行证据的生产，完成由证据源转换成证据的“惊险跳跃”。

经济思想的演变历史不仅是一部经济学证据的演变史，而且是一部经济学研究方法的演化历史。在前古典时期，经济学的思想理论在哲学、宗教中初露端倪，理论框架尚未成型，但以哲学论证、归纳和演绎法分析经济的方法已经被应用。到古典时期，亚当·斯密将前人的研究方法系统化，形成了演绎推理法与归纳总结法并重的方法论，奠定了经济学方法论个体主义的传统。在新古典时期中，边际学派开创性地将数学方法引入了经济学的分析框架，使数学分析成为经济学方法论不可或缺的一部分。进入现代经济学后，伴随着交叉学科的合作，以及受证伪主义的影响，数学模型、案例分析与实证分析的重要性日益加强。发展到今天，人们越来越认识到，要想解决当今经济学所遇到的问题，特别是针对经济学证据的有效转化和利用这一难题，经济学研究方法的完善与创新成为必要的选择。

我们在第四章中将证据源分成四类，基于此，本章将会介绍不同类型证据源的研究方法。人们对客观世界的认知方式不同，所收集的证据源之间便存在差异，这必然导致对不同证据源的研究方法的差异性，而经济学极具包容地纳入了所有研究方法，形成了多元化的研究范式。不同研究范式之间往往可能在本体论、认识论、方法论等方面存在很大的差异。本体论是指经济学家追寻经济学真理；认识论是经济学家基于对证据源的相信程度，认为哪些证据源能够被我们接受并形成可信和有效的证据；方法论则是经济学家基于本体论和认识论，认为我们如何生产有效和可信的证据。在方法论的指导下，可以明确在实际中我们生产证据的具体过程。本章将基于图 5－1 所示的过程，探讨不同证据源的处理方法。

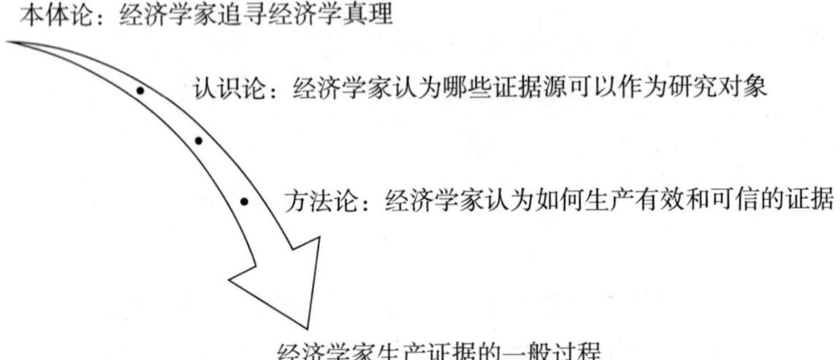

图 5－1　证据生产的科学方法

总体来说，我们运用哲学论证法和归纳总结法对经验类证据源进行生产加工；用演绎推理法、实证分析法和云计算方法对事实类证据源进行生产加工；用数学模型法和案例分析法对实验类证据源进行生产加工。以上研究方法生产加工的结果一般被认为是一次研究证据，这类证据通常以学术论文的形式呈现。但是为了获取更准确的研究结果，以及提供更加科学的实践依据，需要进一步识别和筛选这些一次研究的质量。循证理念和方法的兴起为这一实践决策的需求提供了有效的解决途径，通过对已有研究论文进行二次加工，尽可能地进行更优、更可靠的循证决策和实践管理，这类证据通常被认为是二次研究证据。下面我们将对各类研究方法进行详细介绍。

5.1　经验类证据源的生产

经验类证据源主要来自个人或集体基于自己的价值观而做出的对现实世界的主观判断，包括神学与宗教信仰、个人经验等。这类证据源具有零散性和朴素性，适合通过辩论、逻辑推理的方式进行，通常用到的方法包括哲学论证法和归纳总结法。通过这些方法，经验类证据源不断演化和升华，逐渐上升为经济规律和经济理论，在特定的社会历史条件下，成为指导国家和个人生产、交换等活动的重要证据。

5.1.1 哲学论证

哲学论证就是对人们在日常生活和实践中形成的具有自发、朴素性质的世界观加以提炼和升华，并用逻辑的形式表达出来的方法。古希腊时期的哲学家、神学家通常利用哲学论证法对客观世界进行分析和判断，以证明论据的正确性。早期的哲学论证主要是基于直觉的论证，他们对论证的结果表现出单纯理解的信念或相信的倾向。中世纪之前，由于科学技术水平低下、生产规模较小、人们活动范围受限等原因，哲学论证常常受到文化背景、经济社会地位的影响。虽然如此，但这一种方法的运用使人们迈出了走向真理或理论的第一步，在当时的历史条件下发挥了很大的作用，所产生的结果和理论证据也为经济学的产生和发展提供了指导作用。

在前古典经济学时期，古希腊哲学家色诺芬、柏拉图和亚里士多德都分别提出了自己的经济观点。例如，色诺芬在《居鲁士的教育》中论证了分工可以提高生产的数量和质量，肯定了分工的作用；柏拉图在《理想国》中倡导财产公有，他论证了财产过多将导致浪费、闲散，而贫穷则造成举止不端，因此主张上等阶层的共产；而亚里士多德论证了商品的两种用途，指出一种源于商品的固有属性，而另一种主要基于交换。这些观点为经济学的产生提供了重要的证据参考，例如，亚里士多德提到的商品的两种用途被亚当·斯密发展为使用价值和交换价值，并成为经济学学科中的固定范畴。

随着经济学的进步与方法种类的丰富，哲学论证的运用开始与数学分析、实证分析相结合，更好地发挥了它在理论推导中的作用。例如，《资本论》就以劳动分工为前提结合数学分析论证出利润率下降的长期趋势，并根据劳动分工与利润率的下降趋势推导出资本投资增加、工资下降以及资本家和工人之间的冲突与对立不断发展的最终结论。因此，通过哲学论证分析和其他方法的结合，研究者可以证明他们的观点并使理性批判者相信这一立场的可接受性，这一研究方法成为证据生产的重要手段之一。

5.1.2 归纳总结

1. 什么是归纳总结

归纳总结是来自归纳主义方法论的一般研究方法。归纳主义认为获取知识和建立理论的基础只能是经验，归纳总结法是寻找事物规律时应该运用的一般方法。归纳总结就是对具体的经验事实进行研究和总结，从中形成理念并将之用于理论假说的逻辑过程（道，2005）。归纳总结尽管不能对事物之间的因果关系进行揭示，但是充分运用了具体经济事实，为阐述经济规律提供了另一种途径。

2. 归纳总结的一般步骤

归纳总结是从经验认识出发，通过归纳逻辑得出一般理论的过程，主要包括三步。

第一步是现象观察。这种观察包括定性和定量两种方法。对于定性研究，研究者需要对样本深入观察、精确分类，然后进行提炼，得出各个具体现象背后的本质内涵。而采用定量研究方法，就需要收集大量的数据，借助数理统计工具进行统计描述，通过分析样本推断出整体的特征。无论选取哪种方法，研究者都要完成从具体观察到一般经验概括的提炼过程。

第二步是经验总结。经验总结可能是对经济现象所揭示的基本规律或特征的概述，也可能是对经济变量间关系的描述。经验总结通常是在某些理论基础和假设前提下完成的，这是对事物进行抽象分析并探究一般性规律的重要一步。

第三步是理论构建。主要注意的是，在使用归纳总结方法时，研究者往往会忽视经济现象中存在的特殊性，而集中于其中存在的共性，并得出一般性的概括性结论，即这些现象所蕴含的规律性特征。研究者在对经济现象做出进一步解释时，就是在构建或拓展经济理论。

3. 归纳总结在经济学证据生产中的应用

归纳总结将我们关于世界的经验作为将要分析的实际问题的基础，通过逻辑推断获得一般理论。亚当·斯密作为归纳总结的早期代表人物之一，通过对不同时期、不同地域历史资料的详尽研究，得出了劳动分工的一般原理，即专业化的生产将促进劳动效率的提高，后人也称他为“站在巨人的肩上”。不得不提的还有归纳总结的忠实信徒——马尔萨斯，他基于人口过快增长将导致地区贫困这一悲观的经验判断，撰写了著名的《人口原理》。这一悲观的人口理论虽然当时并未受到重视，但为后世的政策规划提供了证据参考。

4. 归纳总结的局限性

归纳总结应当基于经验中的规律性，但是其存在一个逻辑问题：尽管现有的许多观察支持某种结论，但是这一结论并不具有绝对性。通俗地讲，不能因为你所见到的都是白天鹅而排除你会见到黑天鹅的可能性。利用归纳总结进行研究可能会忽视特殊经济事物和现象，因而所产生的证据可能不具有全面性和精确性。

一般而言，之所以存在这种问题，是因为从经验中归纳出的理论虽然保持了与事实的一致性，但不能说明它是对未来进行预测的正确机制。例如，弗里德曼与施瓦茨从货币供给与名义收入的历史资料中得出：货币供给增加是解释通货膨胀的关键因素。但是当这个结论被应用时，金融部门通过改变自身的行为进行新的货币-资产组合创新，这样又改变了货币与名义收入之间的关系。这种结果便体现了若是界定某种资产组合形式以及试图控制货币，必将导致其他资产组合形

式替代这种资产组合形式，并降低有用性。这一情况说明了现实中证据的转化与证据的生产之间有时会产生一个螺旋式的促进关系。证据需要不断地更新，以适应新的经济规律。若证据更新缓慢，则不足以支撑和解释新的变化，无法实现循证方法的作用。

因此，归纳总结在实现理论与已有事实的一致性方面的效果很好，其在反映现有的经济现象和事物的一般规律方面可以提供很好的参考价值。但是，这不等于这种方法在预测方面表现也很好，当归纳总结所生产的证据作为政策措施的基础，而政策自身又改变了经济事物之间原有的关系时，尤其如此。基于归纳总结形成的证据也可能会有较好的预测功能，但是如果该证据没有抓住与未来相关的因果机制，就不能保证它可用于对未来变化的不断预测。

5.2　事实类证据源的生产

事实类证据源主要来源于对客观现象和统计数据的描述，包括企业行为、经济现象和大数据等。这类证据源的独特性和规律性更适合通过经验分析、大数据的方式处理，通常用到的方法包括：演绎推理法、实证分析法和云计算方法。通过这些方法，人们从客观的事实类证据源中总结出一般经济规律，从而探究出经济事物和现象背后的变异态势、个体特性或事物之间存在的内在联系等证据。

5.2.1　演绎推理

归纳总结是从个别经济事实中总结出一般理论的一种思维方法，而演绎推理是从一般到个别的一种推理形式。它们恰好相反，但都是经济学研究的重要方法。演绎推理的范式就是在前提真实和逻辑真实的条件下，利用证据和隐含的假设支持结论的逻辑过程，即从前提真推出结论也真的必然性论证（何永江，2011）。演绎推理的过程也与归纳总结相反。它是从理论出发，通过演绎逻辑分析形成经济理论命题，最后进行经验检验的过程，其步骤具体如下。

第一步，提出命题和假设。从待检验的经济理论中逻辑推导出命题，并用假设的形式加以描述。一般而言，这一步需要得出一个理论上的研究结果，例如要做出关于核心变量与被解释变量间作用关系的简单描述，然后对回归系数的正负性做出尝试性预测。

第二步，收集有关的证据源加以验证。根据形成的假设，采用问卷调查等方法，收集所需要的资料，即证据源。然后分析收集到的证据源，确定是否能够对假设进行检验。若证据源充分支持原始假设，则可以肯定并继续使用原来的研究证据；否则，就应该提出怀疑并加以修正，以形成更加合理完善的证据。

第三步，理论修正与拓展。经济研究不一定完全支持原假设，即使在某一方面支持，在其他方面也不一定。当在经济研究中发现结果不支持原始假设时，研究者需要做出新的思考与纠正，并对新的理论假设做出进一步验证。这说明证据的形成过程不是一蹴而就的，也要随着社会背景的演化、数据资料的完善、科学技术的进步不断进行完善和发展，以实现对社会现实的指导和参考作用。

经济学中应用演绎推理最典型的就是建立数学模型或者思想模型。门格尔认为，建立在演绎推理基础上的研究方法就是使人类经济的复杂现象还原成可以单纯而确切地观察各种特点，并对每一种特点进行恰当的衡量，再从衡量的结果中探究出复杂的经济现象是如何产生一般规律的。通俗来讲，就是指基于经济现象构建模型和各种变量，通过逻辑推理产生对实证结果的解释的过程。其应用借助了一个外生的事实、一段特定的时间或者一个有待回答的问题，通过模型来描述、理解和解释现实发生的经济现象，这是演绎推理被应用的一个重要方面。

5.2.2 实证分析

实证分析就是对经济数据、事实、现象进行客观描述和分析，并探究其外部特征和内部规律，为经济学研究与应用生产证据的方法。实证分析与规范分析相对，主要解决“是什么”的问题，它所研究的内容具有客观性，结论是否正确可以通过经验事实来检验。

实证分析可以划分为两个相辅相成的内容或步骤，即理论实证和经验验证（崔卫国和王建丰，2002）。理论实证就是指对现实关系做出理论上或逻辑上的分析和回答，其主要目的是提供一个概念的体系。理论实证包括三个要素和两个阶段。三个要素是基本假设、推理方法和理论结论。两个阶段是问题形成阶段和理论推演阶段。理论实证归属于实证分析范围的一个重要原因是，它的基本假设虽然不一定与一般事实完全相符，但它是从一般事实中概括出来的，而不是凭空捏造的。由于由此得出的理论结论还没有经受一般事实的检验，因此具有假设的性质。

经验验证是指对理论实证产生的理论结论或研究假设进行经验验证的过程。理论的产生若不依赖现实经验，就好比空中楼阁，经不住推敲和考验。因此，只有通过经验验证加以证实，才有可能成为正确的经济理论。如果被经验实践证伪或拒绝，就要修改原来的假设，重新进行理论实证。如果暂时不能证伪，就不能阻碍人们把它当成正确的理论加以利用，直到证伪为止。经验验证的过程一般包括选择检验方法，收集、整理经验资料，进行假设检验和确定误差程度。如果理论与经验证据基本相符，理论结论则成立；如果不符，理论结论则不成立，假设

也有可能被否定。由于方法自身重复证伪的过程克服了在经验类证据源生产方法下对小概率经济现象的忽视问题，因此，通过实证分析方法得到的证据的科学性和有效性要高于经验类证据源。

5.2.3 云计算

近年来，信息技术领域各种新技术、新产品不断涌现，“云盘”“云服务”等越来越方便着我们的生产和生活。实际上，“云”并不新潮，已经持续了超过10年，并在不断扩大到所有领域。这主要是由于传统的应用正在变得越来越复杂，如客户群日益庞大，对计算能力及系统的稳定和安全要求更高等。为了满足不断增加的需求，云计算以更大、更快、更强的优势应运而生。

云计算主要有以下五方面的特点：第一，规模大。“云”一般具有相当大的规模，上百万级单位的服务器将为谷歌、亚马逊、IBM、微软、阿里等云供应商提供前所未有的计算能力。第二，虚拟化。云计算使得用户不必再关注硬件实体，只需一个账号便能控制需要的资源。第三，可靠性。大量的样本和高速的计算能力使得“云”可以应对不断增长的用户并保障服务的高可靠性。第四，经济性。“云”消除了市场的边界，用户可以最大限度地实现按需购买，这大大节省了交易成本，显著提高了资源的整体利用效率。第五，安全性。信息安全成为当下人们必须面对的问题，而云计算能够充分发挥它的规模效应，利用更专业的团队降低风险。

云计算作为一种新型的信息技术服务模式，其独特的优势和迅猛的发展速度也吸引了经济学的关注。这些海量的统计数据颠覆了经济学中以样本说明总体的一般研究思路；更快的运算速度也使得生产过程能够更精准地满足人们的需求；基于信息技术服务模式的互联网基础，云计算可以根据用户需求，为用户定制个性化的解决方案，帮助企业提升信息化管理水平，加快并简化信息化进程，大幅降低信息化建设成本。例如，2019年，阿里云计算统计：50岁以上的消费者购买潮牌服饰的销售额增长了93%，男士彩妆套装销售额增长了401%。这些统计研究将所有的支付宝用户纳入研究范围，直观地反映了人们现实的消费行为，为企业的生产行为提供了最有效的决策证据。

5.3 实验类证据源的生产

实验类证据源主要基于研究者自发地、主动地对客观世界的观察和探索，包括田野调查和自然实验等。这类证据源表现出数据性和有限性，适合通过个案分析、统计描述的方式进行，通常用到的方法包括数学模型和案例分析。运用这些方法对实验类证据源进行生产时，常常针对特定的实践对象，进而产生细致入微的研究结果，从而为经济决策提供社会效益高和可操作性强的研究证据。

5.3.1 数学模型

1. 什么是数学模型

数学模型是使用样本数据来估计参数的统计模型。它可以从计量经济学模型中导出，也可以通过简单的逻辑关系进行构建。需要注意的是，模型中涉及的经济变量需要有明确的含义，变量之间的关系也应进行详细解释，也要说明对模型中主要系数可能的大小及符号有怎样的理论预期，而对这些理论预期进行验证并得出肯定或否定的结论是通过数学模型解决经济学问题、得出特定证据的主要目标。数学模型作为经典的证据生产方式之一，将经济学分析方法与数学相结合，通过缜密的研究思路、合理的假设条件、科学的研究步骤，能够生产出质量相对较高的研究证据。

数学模型因其特定的研究过程，即使针对不同的研究主题，其结果都会报告主要解释变量的系数、t 统计量等。这种典型的经济学研究方法与循证医学的关系最契合。循证医学研究主要是基于同一主题的不同研究成果的整合分析方法。这一方法存在的前提是研究成果之间的可比性和可汇总性。由于研究范式的一致性和结果报告的规范性，利用数学模型得出的对特定变量间因果关系的研究结果同样存在可比性和可汇总性。而事实也说明，目前利用循证思想进行经济学研究时，纳入的经济学论文大多利用数学模型完成。因此，数学模型是一次研究证据生产的重要方法。

2. 数学模型的一般步骤

(1) 模型构建。

通过理论分析或经验分析可以得出选题的内在逻辑，我们可以使用数学模型来表示选题。但在构建模型前，我们需要做一定的准备：首先，我们应该通过阅读文献来理解模型的实证方法，了解本领域的研究范式与经济原理；其次，我们应该比较不同经济测量模型，并选出几个适合的方法；最后，我们应初步调查是否有相关数据，这是我们建立数学模型的前提。在这一过程中，我们应明确以下几点：①确认计量模型中自变量和因变量间的内在联系；②评估可选择的测量模型，讨论是否适宜该研究问题，并寻找理论依据；③基于以上分析确定初步的理论分析模型。

（2）数据收集。

数据收集可以从数据库、统计年鉴等出版物，以及通过向已使用相关数据的论文作者询问找到。如果进行联合研究，则可以与协作者共享数据。在使用和处理数据时要注意以下几点：①必须根据经济学的定义严格检查数据的准确性。模型中的变量是经济变量，但收集到的统计指标不一定与模型中的经济变量的含义相对应。例如，柯布-道格拉斯生产函数中的资本变量可以使用原始值或净值，不同的选择将对应不同的结论。②对于时间序列数据或面板数据中的价值量数据，则需要进行可比性换算，即将其换算为基于同一期价格进行计量的价值量。③数据中存在需要特殊处理的异常值时，如果没有理由剔除，则应该为其选择一个虚拟变量。④如果使用的时间序列数据以季节计期，则必须进行季节性调整。⑤对数据值进行描述性统计分析是实证分析的初步准备，通常由图表列述，包括观测数量、均值、标准差及变量间的相关系数等。⑥在撰写论文时，应详细解释数据的类型、性质、来源、数据修订方式及数据中可能存在的错误和遗漏等。

（3）模型设定与参数估计。

估算方法的选择既不能强调复杂性也不能过于简单，其根本是要立足于实际问题的需要。在参数的估计过程中，应根据经验检验、理论分析和模型估计的结论不断修正模型，直到找出最佳模型。在这一过程中，可以反复地校正回归模型的设定，尤其是对函数形式和解释变量的选择，对于变量可以尝试包括对数、幂函数在内的不同的函数形式。这些函数形式的选择一定要基于经济理论，不应仅考虑模型的估计效果。具体来说，在选择自变量时请注意以下事项：①自变量用于解释因变量，因此自变量要么作为原因，要么作为因变量的前导指标。也就是说，自变量是原因，因变量是结果，存在一定的顺序。②注意解释变量的相关性，不能将大量具有高度相关性的变量放入回归方程中，这将导致研究结果产生严重的偏误。③如果经济理论中涉及的变量是不可观察的，在实证研究中则必须使用代理变量，并解释所用代理变量的合理性。④虚拟变量的定义应该清晰、合理，在使用时要防止落入虚拟变量陷阱中。⑤如果自变量存在数据缺陷，例如观察误差，则有必要探讨可能造成的内生性等问题。⑥横截面数据应重视异方差问题，而时间序列数据应重视自相关问题。

（4）结果分析。

模型估计结果可以用公式或表格的形式表示。若模型较简单且自变量很少，则可以采用公式法。若自变量较多，可以选择表格法，并在相应的位置标记回归系数及主要统计量。完成列述后，应详细讨论主要回归系数估计值的大小、符号和显著性。如果重要估计值与理论预期值不符，则应探讨原因；如果重要的回归系数估计结果不显著，也必须探究其中的原因。

3. 数学模型在经济学中的应用

在经济学研究领域，凯恩斯较早提出了宏观经济模型。作为当时的高质量研

究证据，这些数学模型不仅为政府进行宏观调控提供了指导作用，而且成为后来许多学者进行研究的重要依据。希克斯和汉森将凯恩斯的经济理论通俗化，提出著名的 *IS-LM* 模型。而哈罗德-多马增长模型利用凯恩斯的储蓄-投资分析方法，主要考察了储蓄率、资本产出比、有保证的增长率三个重要的经济变量，成为此后经济增长模型研究的基础。索洛模型更是利用前人的研究证据，把新古典经济学的市场机制原理和凯恩斯的储蓄等于投资这一宏观经济均衡条件综合在一起，否定了哈罗德-多马增长模型中资本与劳动比率固定不变的假设，使经济走上了充分就业的宽广道路（魏丽莉，2018）。

上述经济增长模型的演变过程就是利用数学模型进行经济学研究的历程缩影。可以看出，经济学家对经济理论的探索从未停止，在对已有理论的挑战和完善、对未知理论的探险和发现的过程中，数学模型作为经济学家进行研究的利器之一，帮助经济学家逐渐戳破假设条件的围墙，其研究成果在不断地修正和补充理论体系的基础上，能够更加深入地挖掘经济现象背后的一般规律。伴随着经济学学科的发展，数学模型也在曲折前行。任何经济模型都有可取之处，经济学也力图兼容并蓄各种模型，形成更加丰富的研究证据，为经济学大厦添砖加瓦。

5.3.2 案例分析

案例分析法也被称为典型分析法，是一种对代表性事物进行周密和深入的研究从而获得一般性认识的分析方法。案例分析法由于表现出方法论的独特性、研究问题的深入性、资料收集的全面性、适用范围的具体性、因果解释的详细性等特点，成为经济学证据生产的重要方式。若要获得关于特定实践对象和实践范围的高质量证据，案例分析法将是较优的生产方法。

案例分析与数学模型都是经济学一次研究证据的生产方法，其中，数学模型是对变量间关系的一般推论，其结果具有广泛应用性，但是不可忽视的问题是由于利用数学模型时首先要提出研究假设，往往会过滤掉特殊现象或低概率事件的存在，而案例分析恰好弥补了这一不足之处，能够得出针对特定经济现象的具体结论。因此，案例分析法是经济学证据生产方式的重要补充。

案例分析法的研究目的主要有三个：解释因果、描述性研究和探索性研究。对于因果性案例研究，其主要目的在于运用已有的理论解释现实中的经济现象，通过分析事物之间的因果关系，指出与理论之间存在的相同或相悖的关系，其本质是对现有的理论进行测试。对于描述性案例研究，其目的是结合现有的理论，对特定经济现象做出准确和具体的描述。而探索性研究旨在扩展或超越现有的理论框架，从新的假设、方法、逻辑、角度来解释某一经济现象，为寻找新的理论做铺垫。

案例分析作为经验分析方法，与数学模型相比，其更依赖逻辑分析。如图5－2所示，案例分析的具体分析步骤为：①界定研究问题；②根据分析目的选择代表性事件作为研究对象；③全面收集有关研究对象的资料，包括事件参与者亲自写的学术报告、田野笔记、著作、论文及笔记，特别是数据等直接资料和已有研究等间接资料；④系统整理收集到的资料，并根据研究项目和内容进行分类；⑤逐项分析研究分类后的内容；⑥综合分析各项结果，探究总体的规律性。

准备阶段	1.界定问题：明确研究的问题；找出可能的前导概念。 2.选取案例：聚焦于特定研究对象和具有研究内涵的有用案例，进行理论抽样而非随机抽样。
执行阶段	1.进入现场：重复收集资料与分析资料，采取随机应变的数据收集方式。 2.汇总资料：依据研究的项目与内容进行分类。
分析阶段	1.逐项分析：对每项研究的特征进行总结。 2.综合分析：寻找研究间的规律性，得出一般性结论。

图5－2　案例分析的具体分析步骤

在经济思想史上，案例分析作为经验分析方法，其运用历史悠久。劳动分工就是威廉·配第在其劳动价值理论中提出的一个案例，后来这一点由亚当·斯密进一步发展，形成了系统的分工体系思想。经济学中最为经典的案例研究是中国的实践与新制度经济学的发展。

新制度经济学强调制度的发展，而改革开放以来的中国为其提供了天然的实验场。中国蕴藏了丰富的案例，有待用新制度经济学的理论工具进一步挖掘分析，以期对中国后续改革的推进有所指导；反过来，中国的改革历程也为新制度经济学的理论发展注入了新的活力，并日渐受到国内外相关学者的关注。具体来讲，中国渐进式推进的改革路径为其制度变迁理论的研究提供了证据源；产权理论有效地为“包产到户”的家庭联产承包责任制提供了研究证据，而这一实践也证明产权的明晰能够有效排除机会主义。同时，产权改革、交易费用理论也分别成为我国的国企改革、小微企业股份制改造的核心内容，二者相辅相成，不断创造新的研究证据。

5.4　研究类证据源的生产

对于研究类证据源的处理，传统经济学主要采用文献综述法，但是为了获得

更高质量的证据，我们需要对已有的文献进行筛选和质量评价。系统评价和Meta分析很好地解决了这一问题，是经济学研究方法的创新和经济学证据的主要生产方式，其中定性研究的系统评价方法包括Meta整合和Meta民族志。这些生产方法是基于已有的经济研究，证据来源起点较高，且进行了进一步的分类、筛选、整理、整合，因此所产生的证据相对来说质量较高，在经济政策制定时具有较大的参考价值。

5.4.1 文献综述

1. 什么是文献综述

文献综述（literature review）在科学研究和学术论文写作中处于基础性和关键性的地位。因此，在每一位研究者针对某一主体展开研究之前，往往需要收集、整理、分析已有的研究以明确自己的研究目的，并为自己的研究方法提供依据。文献综述往往集中体现了众多学者的研究成果，是一种对已有研究进行的“再研究”（李枭鹰，2011）。

2. 文献综述的撰写过程

首先，研究人员须整理主要的学术观点和有影响的理论方法，而不仅仅是背景描述；其次，研究人员根据自己的愿景、知识和兴趣设定研究课题和目标，并对现有文献进行评价和分析；最后，研究人员提出对未来研究的展望和引导，以突出研究的重要性和价值。具体步骤如下。

（1）收集和整理。

这一过程是对已有学术观点和富有影响力的理论方法的整理，而不仅仅是对现有观点的复述。你要通过数据库、图书馆等正式渠道，或通过联系作者、互联网搜索等非正式渠道获得文献。当你下载了相关的文献后，文献的管理就成了一个问题。EndNote等文献管理软件可以专业地帮助你整理作者、期刊、年份、题目、卷期页码以及摘要等信息，这样现有文献的重点就会一目了然。

（2）评价和分析。

这一过程的目的是结合你的研究方向对现有的文献提出评价和分析。在最初的阅读过程中，由于已有的知识储备有限，现有的研究方法和结果往往是全新的，很难提出质疑的观点。经过少量的阅读后，所了解的方法和观点多了，就会对论文产生挑剔。只有看到足够多的文章时，才能够做出完整的评价，为自己的方法和论点提供足够的证据。

（3）展望和引导。

这个过程的目的是提出对该研究领域的意见和展望，以引出所要进行的研究的价值。这部分是较难完成的，必须有前面扎实的文献阅读基础，否则会常常做

到综而不述。文献综述，一部分在于综合别人的工作，另一部分在于论述自己的观点。通过对已有文献的整体把握，发现新的问题、优缺点、改进方法以及对未来工作的展望，甚至在更高的层面，从原理、方法论上加以评价，最后引出将要进行的研究的价值和新意。

5.4.2　系统评价

1. 什么是系统评价

系统评价（system review）起源于循证医学，是运用减少偏倚的策略，严格评价针对某一具体问题的所有相关研究（杨克虎等，2018），以获得最佳证据的研究方法。

2. 系统评价的一般步骤

（1）选题。

系统评价的目的是提供可靠的证据，特别是当某一问题的研究结果难以确定或者存在较大差异时，因此，系统评价的题目主要来源于经济研究中某项不确定的、有争论的但有意义的研究问题。例如，中国经济增长与环境污染的关系可能会产生正向或负向、正U形或倒U形等不同的结果。

（2）文献检索。

系统、全面地检索所有的相关文献是系统评价与文献综述的重要区别之一。文献检索首先需要确定检索策略，然后进行多种渠道的全面的检索。

（3）文献筛选。

筛选文献是根据拟定的纳入和排除标准，从收集到的所有文献中筛选出能够回答相关问题的研究。文献筛选流程如图5-3所示。

（4）文献质量评价。

评价文献质量的方法较多，可以采用清单或量表评分。文献质量评价需要考察各种偏倚因素，包括：①选择性偏倚；②实施偏倚；③随访偏倚；④测量偏倚。为了避免文献选择和评价人员质量的偏倚，可以考虑采用背对背评价方式；对于选择和评价文献中存在的意见分歧，可采用共同讨论或请第三方的方法来解决。

（5）信息提取。

根据研究所需内容提取相关信息，主要包括：①关于研究的基本信息，如作者姓名、国籍、所在单位、发表年份、发表期刊、基金支持情况等；②纳入研究的基本特征，如研究对象、研究方法等；③研究结果，如所关注的主要指标和结果测量数据等；④偏倚风险评价的关键要素。

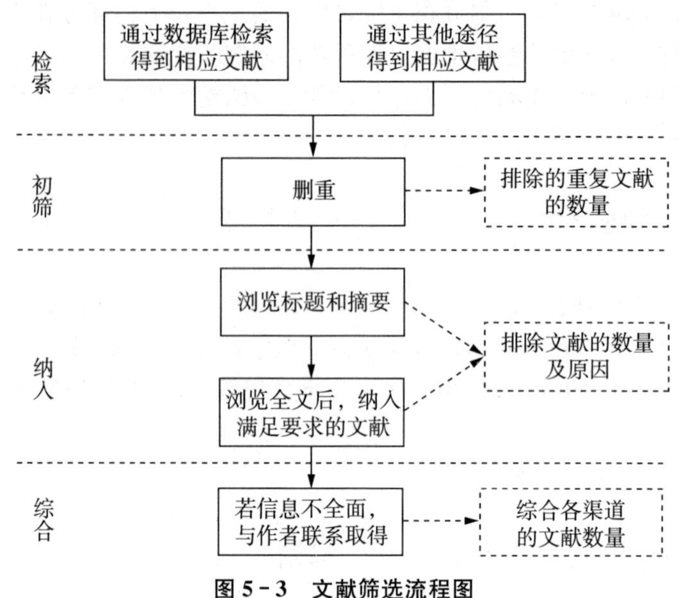

图 5-3　文献筛选流程图

(6) 资料分析。

对于收集到的资料，可以使用定性或定量方法进行分析。定性分析是一种描述性分析，对纳入研究的信息提取结果并进行比较和总结，以便读者了解不同研究之间的差异性。定量分析包括 Meta 分析、异质性分析和敏感性分析三个方面。

(7) 解释结果并撰写报告。

解释系统评价结果的内容应包括：①对作用机制进行解释；②研究的局限性；③推广应用性；④对未来研究的启发。

(8) 系统评价的更新。

系统评价的完成并不意味着工作的结束，许多机构要求对系统评价进行更新。更新系统评价是指在发表后，定期收集新的一次研究，并按照上述步骤进行整理、筛选、评价和补充，以获得更完善的系统评价。

3. 系统评价与文献综述的区别与联系

系统评价与文献综述均为对已有文献的回顾和总结。然而，文献综述主要是对某一问题多方面研究的概述，主要目的是通过分类整理已有的研究，引出所要进行的研究的意义和价值；而系统评价主要集中于某一方面的问题，目的是进行深度的分析，得出更加可靠的结论。二者的区别如表 5-1 所示。

与文献综述相比，系统评价具有如下优点：①明确的方法学及特定的流程能够最大限度地减少纳入与排除过程中的偏倚；②通过合理比较不同研究间结果的差异，可以保证结果的概括性；③通过对特定亚组做出新的假设，可澄清异质性产生的原因；④能提高结果的精确性，并获得更为可信的结论；⑤能缩短研究结

果与有效实施间的时间差，使大部分信息可以被实践者、管理者和实践对象迅速采用（Chalmersi，1995）。

表 5-1　系统评价与文献综述的区别

特征	文献综述	系统评价
研究的问题	针对主题综合讨论	有明确的研究问题
原始文献来源	常不说明；不全面	明确全面
检索方法	常不说明	有明确的检索策略
原始文献的选择	常不说明	有明确的纳入排除标准
原始文献的评价	未评价或评价方法不统一	有严格的评价方法、探讨偏倚
结果的合成	多采用描述性分析	多采用定量方法
结果的推断	有时遵循研究依据、较主观	遵循研究依据、客观
结果的更新	不需要更新	定期更新

资料来源：王家良，刘鸣．循证医学．北京：人民卫生出版社，2001：165-167.

背景链接 5-1　**四大专业性系统评价**

四大专业性系统评价是指 Cochrane 系统评价、循证卫生保健中心（JBI）系统评价、Campbell 系统评价和环境证据协作网（CEE）系统评价。从标题注册开始，这些系统评价按照对应机构的指导手册进行。

Cochrane 系统评价由 Cochrane 网组织制作，由系统评价小组负责实施，研究成果定期发表于 Cochrane 图书馆。完成的系统评价发表在系统评价数据库（CDSR）上，经相关系统评价小组批准后可在其他刊物上发表。

JBI 系统评价是由循证卫生保健中心发起并管理的，完成的系统评价优先发表于 JBI 图书馆，也可发表在《国际循证卫生保健杂志》（*International Journal of Evidence-based Health Care*）上（张慧等，2016）。

Campbell 协作网成立于 2002 年，其宗旨是和 Cochrane 网合作，在社会、心理、教育、司法和国际发展政策等社会科学领域提供科学严谨的系统评价和决策依据。在该组织的管理和指导下生成的 Campbell 系统评价优先在 Campbell 图书馆上发表（何雪松，2004）。

CEE 的宗旨是实现全球环境可持续发展和保护生物多样性，致力于生成与环境政策相关的证据。CEE 系统评价是在该组织的管理和指导下生成的系统评价，优先发表在 CEE 图书馆及其官方期刊《环境证据》（*Environmental Evidence*）上（张鸣明和刘婷兰，2003）。

资料来源：翁鸿，王颖，李柄辉，曾宪涛．系统评价与 Meta 分析的类型及制作步骤．同济大学学报（医学版），2019（2）：248-253.

5.4.3 Meta 分析

1. 什么是 Meta 分析

Meta 分析（Meta-analysis）也被译为荟萃分析、元分析等。Meta 分析是对独立的研究结果进行统计分析的方法，对研究结果间的差异来源进行检查，若结果具有足够的相似性，便可定量合成（杨克虎，2018）。

2. Meta 分析的过程

Meta 分析与系统评价在实施过程中步骤基本相同，主要包括：①提出研究问题；②制定检索策略，并收集文献；③制定纳入与排除标准，筛选原始文献；④提取信息；⑤对原始文献进行统计性描述；⑥建立综合分析与评价的框架图；⑦异质性检验；⑧估计合并效应量；⑨通过敏感性分析进行稳健性检验；⑩结果分析，包括研究的局限性、各种偏倚等，并指出证据的质量、经济学意义及对进一步研究的启示等。

3. Meta 分析与系统评价的价值

进行系统评价与 Meta 分析的意义是什么呢？以经济学为例，对于环境污染与经济增长的关系，通常会有许多相关的研究。值得注意的是，这些研究结果至少包括以下两种情况：（1）相互对立的结果，这种情况下就需要量化不同研究结果间的差异程度；（2）相互一致的结果，这种情况仍需估计准确的效应量及稳健性程度。显然，系统评价与 Meta 分析可以实现这些目标，它们主要包含以下几个方面的优点：①可以评价同一主题下不同研究结果间的一致性；②可以实现不同研究成果的定性或定量合成；③基于纳入的文献，可以有效寻找并发现新的研究问题；④充分考虑所研究问题的制约因素，并探讨不一致问题，使研究结果更具全面性和可覆盖性；⑤由于综合了现有的研究成果，在研究过程中可获得一个更大的样本量，提高结果的准确性和客观性；⑥可以实现证据生产与转化的对接，使证据使用更加方便，提升研究价值（靳英辉等，2019）。

4. Meta 分析与系统评价的关系

由图 5-4 可以看出，系统评价和 Meta 分析虽有交叉，但并不完全相同，即系统评价≠Meta 分析。两者之间的关系如下：①均是对已有研究的二次研究。②均是高质量证据的生产方法。③系统评价可以分为定量系统评价和定性系统评价。定量系统评价可以采用 Meta 分析方法，定性系统评价则不需要采用。④不是所有的 Meta 分析都是系统评价（靳英辉等，2019）。

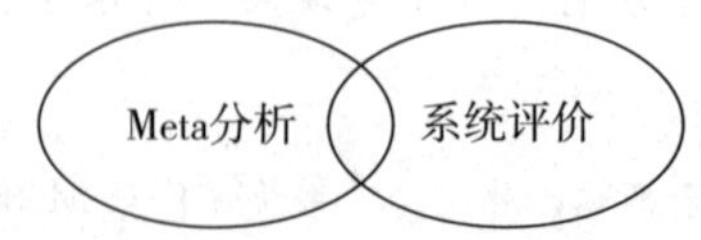

图 5-4 Meta 分析与系统评价的关系

5.4.4　Meta 整合

1. 什么是 Meta 整合

Meta 整合（Meta-synthesis）主要是针对定性研究。它是在理解每个原始定性研究的基础上，进行归纳总结并产生新的解释的过程。与传统的归纳总结的不同之处在于，Meta 整合还关注了研究之间的异质性，并以异质性的存在作为研究的前提。Meta 整合是对现有资源的高效利用，它不是对原始资料进行收集并从中形成结论或理论，而是收集针对某个研究对象的若干个相关质性研究的结果，通过分析比较、归纳总结，得到更具有价值、更加可靠的能够解释现象或说明问题的结论，从而达到对所研究对象更进一步理解的效果。

在定性研究中，我们把一次研究的证据源称为一级资料。对其进行归纳解释后形成的定性研究结果为二级资料。而 Meta 整合则是对定性研究成果的再研究，通过对多个定性研究的结果进行归纳、诠释，从更深的角度挖掘研究间的共性和实质，最终将形成三级资料，实现知识的积累和理论的发展。

2. Meta 整合的步骤

定性研究结果的 Meta 整合步骤（袁浩斌，2012）如下：①根据系统评价的目的制定严谨周密的计划书，确定文献检索的具体策略与方法。②根据纳入与排除标准确定相关文献，然后由评价者进行质量评价，这一过程要求两名评价者背对背地评估相同文献。若发生意见分歧，则应共同讨论。若不能达成一致意见，则需要由第三位专家来确定评估结果。③详细阅读全文，从原始研究中提取研究背景、对象、结果等资料。④在理解各定性研究哲学思想和方法论的前提下，通过理解、分析和解释各结果的含义，对相似结果进行组合，并按照不同的类别归纳整合，形成新的理论。⑤使用文字、图形或表格等形式对整合结果进行解释，描述特殊事件或矛盾现象，并提出有关实践和进一步研究的建议。⑥评价整合结果应该具有合理性、可靠性和应用性。合理性体现为整合研究的目的明确，方法详细，研究结果具有可解释性。可靠性是指整合结果基于原始研究资料，并且符合人们的经验判断。应用性意味着整合结果可推广到研究对象之外的其他情境中，能够形成共识。

5.4.5　Meta 民族志

1. 什么是 Meta 民族志

Meta 民族志（Meta-ethnography）是对已有定性研究证据进行综合的方法。Meta 民族志是一种诠释，它并非像叙述性的文献综述那样简单地收集和评价一些解释，其目的在于开发新的理论以解释一系列研究结果。它通过对已有的研究成果进行再分析和比较，对结果提出新的诠释。Meta 民族志将归纳和诠释相结合，通过特殊方法建立更高层次的综合，从而产生新理论。

2. Meta 民族志的过程

(1) 开始：确定研究主题和研究计划。

(2) 文献检索和筛选：由于定性研究立意清晰明了，故只需确定综合重点，进行相关研究的文献查找，并用已制定好的纳入与排除标准和质量评价标准对已有研究进行筛选和质量评价。

(3) 文献阅读：反复认真地阅读、理解文献，并在阅读过程中标注相对重要的概念，在理解概念本意的基础上将其作为综合的原始资料。

(4) 分析相关性：将重要概念搜罗在一起进行分析，形成对原始资料进一步的解释。对于相关概念可以直接进行比较的研究，比较其相似性和相互作用，对已确定的重要概念进行相应的转译。某一概念从一个研究转译到另一个研究中，通常是基于概念本身的主题，抓住其所要表达的意思进行判断，从而选择最恰当的概念。对观点截然相反的研究，需分别对各项研究中的重要概念进行明晰，并对其中的矛盾在概括的基础上尽可能做出解释。

(5) 结论综合：在完成相关性分析并对各项研究进行相应的转译之后，分析比较这些研究之间的异同，整合出适用于所有研究的新概念，形成最终理论。

本章小结

本章主要介绍了经验类证据源、事实类证据源、实验类证据源以及研究类证据源四种证据源的生产与研究方法。经济思想的成长正如宏伟大厦的筑成，其研究方法的演化历史也是经济学孕育、萌芽、构建、形成、发展、创新的过程。经济学证据源的生产与研究方法经历了一个从定性到定量、从抽象演绎到历史归纳、从数理到计量等的发展过程，这个发展过程与多数科学的发展一致，并内在地包含着科学哲学的影响。在发展过程中，不同的方法并没有因对抗而消失，反而因对抗而互相融合，形成了多元化的研究范式。从本体论到认识论，再到方法论，经济学家从追寻经济学真理，到探索哪些证据源可以作为研究对象，进而开始研究如何生产有效和可信的证据，促使证据生产的过程不断科学化、专业化，更加为学术界所信服。

随着循证理念和方法的兴起，生产、评价、转化高质量的证据逐渐为学者所关注。经济学主要以研究供需双方如何在有限的资源条件下高效配置与利用资源为主要目标，为满足其实践和决策的需要，需要获取高质量的证据为各类经济政

策的制定、实施、评估、调控提供科学和准确的依据。在这一过程中，循证经济学的发展推动着经济学四类证据源的研究方法不断趋于科学化，在证据生产的过程中充分考虑了政策制定者、决策者、实施者以及政策消费者的共同需求，以形成四位一体且科学、精准的政策协调和治理效果。

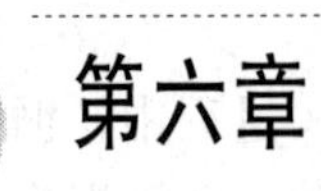

第六章 经济学证据的评价

通过对证据源的生产和加工，得到的证据质量不一，因此研究者、实践者、管理者和实践对象四个循证决策的主体必须运用科学的方法对获得的证据进行评价。本章首先基于证据的内容和性质对四类生产得到的经济学证据进行分类（理论类证据、数据类证据、研究类证据），并根据一定的标准对每一类证据进行内部分级，再探讨影响这些证据被证据使用者接受的因素，最后借鉴循证医学研究的报告规范，提出循证经济学每一类证据所对应的报告规范。

6.1 循证经济学的证据评级

随着循证理念的传播与迅速发展，研究者和实践者逐渐意识到循证决策的重要性，以及生产与应用高质量研究证据的重要性。证据评级的目的是对不同来源的证据进行分级，以便决策者可以使用高质量的证据做出决策。

6.1.1 证据的分类

第四章把循证经济学的证据源分为四大类：基于经验的证据源、基于事实的证据源、基于实验的证据源和基于研究文献的证据源，并详细说明了每一类证据源的具体表现形式。第五章阐述了每一类证据源相对应的处理方法。从 1776 年亚当·斯密出版

《国富论》开始，经济学至今已有200多年的历史。在历史长河中，每个时代的经济学家对当时的经济问题都开展了大量的研究，有的侧重于理论研究，有的侧重于经济学的数理研究。本节根据这些加工生产出的证据性质和内容的不同，基于经济学的理论研究和实证研究两大分类，结合循证医学的理念和方法，将研究证据划分为理论类证据、数据类证据和研究类证据。

1. 理论类证据

研究者进行纯理论研究得到的证据是理论类证据。理论是对现象或问题的系统解释或说明，是对现象的一种抽象表示。无论是经济学的理论还是其他自然科学和社会科学的理论，都是它们所要解释的现象背后各种变量之间因果关系的一个简单逻辑体系（林毅夫，2005）。在循证经济学中，理论类证据就用经济学的概念和原理来解释经济现象，这种经济现象可能来源于个人与集体经验，可能来源于所观察到的企业行为等事实，也有可能来源于政策实施等实验。从广义而言，只要涉及“选择”的问题都是经济问题；只要基于所获得的经验材料和已知的事实，使用基本概念和基本原理对经济问题形成的原因做出解释及形成一定的逻辑结论都是理论类证据。从狭义而言，理论类证据是研究者和实践者从经济学层面对经验、事实和实验进行理论性概括，以反映其中相互联系和相互变化的规律的研究证据。经验类证据源经过哲学论证、经验验证、科学抽象处理后形成的证据，事实类证据源经演绎推理处理后形成的证据，以及实验类证据源经归纳总结处理后形成的证据均可归类为理论类证据。

2. 数据类证据

研究者进行实证研究后得到的证据是数据类证据，即运用数据对经济现象进行实证分析，对在田野调查、自然实验和统计资料中获取的数据进行统计分析和计量分析后形成的研究证据。进入大数据时代，经济学证据源也不断拓展，通过对大数据进行云计算处理后的数据进行分析得到的证据也是数据类证据。事实类证据源经过云计算处理和实证分析后形成的证据，以及实验类证据源经过数学模型处理后形成的证据均可归类为数据类证据。

实证分析和规范分析一直是经济学研究方法的一大争论。实证分析说明经济现象“是什么”，规范分析说明经济现象“应该是什么”。随着经济学证据逐渐从理论驱动转向数据驱动，实证分析已成为现代主流经济学的主要研究方法，其思想基础在19世纪是逻辑实证主义，在20世纪是证伪主义（劳格，1990）。证伪主义的核心思想是演绎法，十分推崇数学。实证分析一般分为四个步骤：提出理论假说、建立数学模型、经验检验、分析结果。其中，经验检验步骤是最核心的步骤，经验检验需要技术，更需要统计资料和数据。在进行经验检验时，主要技术是计量经济学，统计资料和数据应具有充分的代表性和广泛性。对已获得的数据进行定量分析，从系统的数据中定量地检验理论假说和估计参数的数值，并确定其在统计学和经济学意义上的显著性，得出定量结论，这是数据类证据的特征。随着一个大规模生产、分享和应用数据时代的到来，各行各业每天都在产生大量的数据碎片，生产证据的数据的代表性和广泛性不断提升，这也充分保证了以数据为基础的经济学实证研究。同时，大数据的生产技术也有大幅优化，大数据时代必须依靠云计算的虚拟化技术和云存储来分布式处理数据。数据的处理理念也发生变化，大数据使得全样本成为可能，对效率的要求超过精确，更加强调相关关系。通过大数据与精确的传统计量经济学方法的互补，数据类证据可以更加准确、透明而全面。

3. 研究类证据

经济学研究文献经过文献评述和 Meta 分析、Meta 整合、Meta 民族志等证据综合方法处理后形成的文献综述和系统评价/Meta 分析是研究类证据。研究类证据是针对原始研究（即一次研究）进行的二次研究和针对二次研究进行的三次研究。很多时候，针对某一特定的经济问题，循证经济学的实践者和管理者在网上能检索到大量相关的原始研究，但检索不到别人已经完成的系统评价和 Meta 分析。而这些原始研究文献的质量参差不齐，结论也存在冲突，实践者和管理者应该采取哪个研究的结论并将其作为决策的依据显得十分困难。比如，对于中国财政分权改革是促进还是阻碍了经济增长这一问题，在数据库检索到的文献经筛选剔除后得到的 38 篇高质量文献有一半支持中国财政分权改革促进了经济增长的命题，但也有文献认为中国财政分权改革对经济增长的效应是负向的。由于这些实证研究结果会受到具体研究特征和变量选取的影响，难以得出比较一致的结论。那么，实践者和管理者该相信哪一个研究结论，并将其作为决策的证据呢？如果中国财政分权改革促进了经济增长，那么今后应该巩固财政分权的成果并进一步实施改革以将其制度化；如果中国财政分权改革阻碍了经济增长，那么今后应该构建更为集中的财政体制（谢贞发和张玮，2015）。

要解决这一问题，最好的办法是分析所有相关的研究，对这些研究进行综合，得出一个整合了所有研究的结论。在经济学领域，传统的文献综述对以往的研究进行评述可以达到这样的效果。另外，与其他循证科学领域相同，系统评价综述方法是循证经济学研究的一个全新发展方向，即按照一定的纳入标准，收集关于某一问题的所有相关研究，对纳入研究进行严格的偏倚风险和证据质量评价，对各研究结果进行定量合并分析或定性客观评价从而形成系统总结的综述（杨克虎等，2018）。Meta 分析是对多个研究中的证据进行定量统计分析的一种方法，Meta 整合和 Meta 民族志是对研究证据进行定性综合的方法。

6.1.2 证据的分级

循证实践假设针对某一特定的问题，一些证据比另一些证据的质量更好

(Rousseau 和 Gunia，2016)。循证经济学通过使用经济学证据指导实践，面对众多的经济学证据，决策者需要根据证据级别使用各种证据。循证经济学旨在遵循质量最高的证据，为决策者提供最好的决策依据。但由于经济学研究数量庞大，质量良莠不齐，实践者和管理者从广阔的证据海洋中筛选出合适且可靠的证据需要花费大量的时间和精力。因此，运用证据分级体系对不同类型的证据进行质量分级十分有必要。证据分级是指按照论证强度将证据定性分为多个级别，以进一步定量评价证据质量的方法。在对证据进行分级时，主要考虑研究设计及研究完成的质量。由于经济学学科的特殊性，证据不仅包括二次研究和三次研究，而且包括对证据源进行理论研究和实证研究所得到的理论类证据和数据类证据等原始研究。不能简单地以证据的类别来规定证据的级别，没有哪类证据绝对优于另一类证据，而要从证据内部出发，根据每一类证据的特征进行分级。对证据分级后，实践者和管理者只需利用研究者确立的证据分级标准选用各种高质量的证据，在高质量证据不可得的情况下再去选择低质量的证据，从而合理高效地应用证据。

1. 分级标准概述

20 世纪 60 年代，两位美国社会学家坎贝尔（Campbell）和斯坦利（Stanley）首次提出证据分级的概念来评价教育领域中部分原始研究的设计（Eccles 等，1996）。在这个分级标准中，随机对照试验（RCT）被确定为最高质量的证据，并纳入了内部真实性和外部真实性的效度概念。1979 年，这种分级方法被加拿大定期健康体检工作组（CTFPHE）采用，形成了首个医学证据分级体系。从此之后，不同的国家、地区和组织相继提出了多种证据分级体系，并不断完善，这些分级体系标准不一，至今尚未有统一的定论。

在循证医学领域，证据分级体系的发展经历了从基于研究设计类型到注重研究质量再到综合考虑“证据体”的阶段（陈薇等，2017）。在早期阶段，证据分级体系十分重视设计类型，CTFPHE 在 1979 年根据研究设计的类型将证据分为三个级别。设计良好的 RCT 是最高级别的证据，其次为设计良好的队列或病例对照研究和非对照研究，最低级的证据为专家意见（Spitzer 等，1979）。在此基础上发展起来的戴维 · L. 萨克特（David L. Sackett）证据分级标准（1986 年）、美国卫生保健政策与研究局（AHCPR）证据分级标准（1992 年）、英格兰北部循证指南制定项目（NEEBGDP）证据分级标准（1996 年）、澳大利亚国家卫生与医疗研究委员会（NHMRC）证据分级标准（2000 年）等虽对证据分级的层次和标准各有不同，但总的来说都是基于研究设计的类型对证据进行分级。在证据分级标准发展的后期阶段，证据分级体系也逐渐重视研究设计的质量。2003 年，世界卫生组织（WHO）将证据分为高、中、低、极低四个等级（World Health Organization，2003），没有把 RCT 和观察性研究等研究设计类型作为证据的唯一判断标准，认为具有极强因果关联且无严重方法学问题的观察性研究也可作为高质量证据，在设计和实施过程中存在严重缺陷的 RCT 是极低质量的证据。这些证据分级标准虽逐渐发展，但始终没有摆脱对具体某一种研究进行分类，忽视了证据的多元性，即证据是由多种研究方法、多种来源的证据构成的“证据体”。2004 年，证据推荐分级的评估、制定与评价（GRADE）工作组推出的 GRADE 证据质量分级标准综合考虑了研究设计质量、方法学质量、结果一致性和证据直接性，完全摒弃了以往基于研究设计类型的分级标准。

在循证心理学领域，加拿大心理学会将同行评审的科学文献证据分为治疗效果证据、过程证据和临床实践基础证据。这些证据的层次从低到高为：没有发表的数据、专家意见和个人经验、通过正式程序获得的专家共识；内部和外部效度有限的研究或集合；具有高内部和外部效度的原始研究或集合；系统综述（Dozois 等，2014）。加拿大心理学会认为，高质量的原始研究和系统综述比个人经验和专家意见具有更高的证据级别。

回到循证经济学，目前基本没有组织、机构或学者提出循证经济学完整的分级标准，经济学证据分级体系尚处在初步探索阶段。Reiss（2016）根据证据误差来源的数量与是否可控将经济学证据分为初级证据、有效证据和可靠证据。其中，初级证据是误差来源最多的证据，误差来源的大量存在使初级证据只能体现相关性，不具有因果性。有效证据是在初级证据的基础上，控制已知的误差来源的证据，在体现相关性的基础上只能呈现部分因果性。可靠证据是在有效证据的基础上，控制所有误差来源，完全体现因果性的证据。这一分级方法仅从误差来源和因果性的角度考虑证据的分级，标准单一且很难衡量。

2. 循证经济学证据分级体系

循证经济学的证据是指任何原始或二次研究的结果或结论。“证据体”是指针对同一经济学问题，由多种来源、不同研究方法和等级的多个研究构成的证据体系。本书参考循证医学的证据分级理念与方法，结合经济学学科特点和理论体系的特殊性，基于“证据体”这一概念，探索性地提出符合经济学理论与实践特色的循证经济学证据分级建议，将证据划分为初级证据、有效证据、可靠证据三个级别。

关于循证证据评价的判定标准，Thomas（2004）提出了三条原则：①相关性，即证据与需要解决的问题相一致；②充分性，即证据与众多其他同类证据相一致；③真实性，即证据是否因利益冲突而受到污染。根据这三条原则，基于其他循证科学领域的证据评价，循证经济学的证据评价有以下原则。第一，证据的科学性。美国心理学协会指出循证实践的“证据”主要是指“研究证据”，而且是科学的、严谨的研究证据（Mahrer 等，2006）。循证经济学的证据也主要指研究证据，与非科学研究获得的证据相比，科学研究获得的证据的级别普遍要高。

第二，证据的严谨性。RCT具有高内部效度，能得出因果关系且适合元分析，循证社会科学一直以来也将研究设计严谨的RCT置于证据分级的顶端（Boruch和芮宁，2009）。但RCT也存在实验条件过于严格、样本选择的代表性不强等缺陷，分级体系中仍需引入许多其他因素。由于循证经济学也源于循证实践这一科学方法，实验手段仍是获得高级别证据的重要手段。第三，证据的适用性。由于经济学中实践对象和实践环境的特殊性，很难像医学类学科采取随机对照试验的方式来获得数据并使其成为最科学的证据。Aveyard和Sharp（2013）认为，在实践中不同的问题需要不同类型的证据，证据的使用者需要在具体情境中能解决问题的最合适的证据。应该根据需要解决的实践问题的具体情况，以具体区域的实践对象和具体项目为中心，选择合适的证据来指导实践。

经济学证据的来源是多元化的，包括经验、事实、实验和研究文献，这些来源经过研究者的加工处理后形成了理论类、数据类和研究类证据。然而，采用同一个证据分级标准来评价理论类、数据类和研究类证据是不恰当的，应当建立不同的分级体系（如表6-1所示）。

表6-1 经济学证据分级体系

证据等级	理论类	数据类	研究类
初级证据	理论与现实存在严重一致、不可证伪、与要解释的现象严重不一致	数据不符合统计分析的前提假设、样本小、周期短、论证效率低	传统文献综述
有效证据	理论背景与现实存在不一致、可证伪、与要解释的现象存在不一致	数据符合统计分析的前提假设、样本较大、周期较长、论证效率较高	研究设计有缺陷、结果不一致、结果不精确、可能存在发表偏倚的系统评价/Meta分析
可靠证据	理论背景与现实一致、可证伪、与要解释的现象相一致	数据符合统计分析的前提假设、大样本、周期长、论证效率高	研究设计无缺陷、结果不存在异质性、结果精确、无发表偏倚的系统评价/Meta分析

理论类证据从理论背景与现实的一致性、可证伪性和与要解释的现象的一致性三个方面进行划分。第一，任何理论研究都是植根于一定的理论背景与现实契机，理论背景与现实一致性越高的证据，其级别越高。第二，卡尔·波普尔（2005）提出科学和非科学划分的证伪原则。非科学在于它的不可证伪性。经济学作为一门经验科学，也应该服从一种证伪主义，可证伪的证据是高质量证据。第三，理论研究的目的在于解释经济现象，对现象的解释性越强，证据的级别越高。

数据类证据从数据是否符合统计分析的前提假设、样本量、数据周期、论证效率四个方面进行划分。许多统计学和计量的分析方法都有前提假设条件，比如在计量经济学简单线性回归模型中的高斯-马尔科夫假定（Gauss-Markov theorem）。如果一个研究忽略了符合统计假设这一点，其证据级别就较低。一般而言，数据样本越大、周期越长，样本的代表性就越好，解释性就越强，证据的级别就越高。另外，论证效率也是影响数据类证据质量的关键因素。能对实证分析的结果进行言简意赅的解释且有效地引出结论的证据的质量较高。

研究类证据从传统文献综述和系统评价/Meta 分析，以及系统评价/Meta 分析的质量两方面进行划分。用文字对相关的研究文献进行综合的传统文献综述是初级证据，而系统评价/Meta 分析的证据质量较高。传统文献综述证据的质量不高有以下三个方面的原因：首先，传统文献综述具有主观性，综述得出的结论取决于综述者阅读过的文献，而综述者的阅读偏好与其自身的“证据”取向有关，很可能本人已经有了一个理论观点，而去检索和寻找能支撑自己观点的文献，故意忽视与自己观点相悖的其他文献。其次，依据的文献科学性不明，综述者直接引用每一个文献的结论，而对这些结论的科学性并不加以考察。最后，针对某一个问题的同类文献，不同的综述者由于理论取向和学术兴趣的不同，可能会得出不一样的结论，导致综述的不可重复性（杨文登，2017）。系统评价/Meta 分析的质量也有高低，结合 GRADE 分级体系，从现有研究设计和实施的科学性、研究结果的异质性、结果的精确性、发表偏倚的可能性四个方面对系统评价/Meta 分析进行分级。在这四个方面存在严重缺陷的证据仅为有效证据，在这四个方面均无明显缺陷可能的证据为可靠证据。

6.1.3 证据的推荐

证据一经生产、分类和分级，就需用于形成推荐意见。推荐强度指证据被介绍给证据使用者并可能被接受的程度。证据级别并不一定完全决定推荐级别。影响推荐强度的四个因素为：证据质量；证据的利弊权衡；价值观和意愿的差异；资源利用（刘建平，2018）。一般来说，证据质量是需考虑的重要因素。证据质量越高，推荐强度越高。证据利弊间差别越大，即利明显大于弊，越适合做出强推荐；如果证据利弊不确定，则更可能形成弱推荐。价值观和意愿的差异越大或具有不确定性，运用证据的成本越高，证据的推荐级别越低。世界卫生组织（2013）制定了决策表，用于记录形成推荐意见的判断（如表 6-2 所示）。

推荐强度高，说明该证据在大多数情况下被采纳为政策产生的效果是利大于弊的。当以上四个因素存在较大的不确定性，证据的推荐强度较弱时，意味着该证据被用作政策之前要进行讨论，并需要相关利益者的参与。

表 6-2　支持推荐意见形成的决策表

推荐意见		
因素	决策	解释
证据质量（证据质量越高，越可能做出强推荐）	高 中 低 极低	
证据的利弊权衡（利弊间的差别越大，越可能做出强推荐；净效益越小及利弊间的确定性越小，越可能做出弱推荐）	利明显大于弊 利弊平衡 潜在危害明显大于潜在效益	
价值观和意愿的差异（价值观和意愿的可变性或不确定性越大，越可能做出弱推荐）	无重要可变性 有重要可变性	
资源利用（干预的成本越高，即资源使用越多，越可能做出弱推荐）	资源耗费较少 资源耗费较多	
总体推荐强度（强或弱）		

注：该表用于记录评价小组对“这些因素如何促成推荐意见形成”的判断，因此解释一栏为空，用于填写。

6.2　循证经济学的报告规范

对于证据质量的评价，循证医学研究中通常使用“报告规范”、“方法学质量”与“严格评价”等评价工具量表进行评价。证据质量评价工具目前存在两种分类方式。一是按照研究类型分为两大类：一类针对系统评价/Meta 分析，另一类针对各种原始研究。二是根据评价内容分为两大类：一类是研究报告质量评价工具（报告规范、标准或声明），另一类是研究方法学质量评价工具。在循证医学领域，世界上许多组织和研究机构研发了针对 RCT、观察性研究、非随机试验等不同研究类型的报告规范或方法学评价工具。本节将根据证据的分类，重点介绍每一类证据的报告质量评价量表。经济学研究证据的种类和数目都非常多，规范的报告不仅可以满足研究者、期刊编辑、审稿人的需要，用以评价数据类证据的研究结果，而且可以满足证据的使用者和实践者的需要，从而找到更高质量的证据用于实践。在管理学领域，中国学者通过修改西方的量表以适应中国的组织情境，已经成功地进行了若干尝试（梁建等，2017）。同样，针对循证经济学研究类证据的报告规范，也可以借鉴与成熟的循证医学有关的报告规范量表进行修改，使之符合经济学的情境。

6.2.1 理论类证据报告规范

本书借鉴循证医学中的定性研究报告规范来构建理论类证据的报告规范，在定性研究的审稿工作中，RATS 指南专门适用于审稿人对照使用。RATS 指南主要涵盖四个方面，即相关性（relevance）、合理性（appropriateness）、透明度（transparency）和健全性（soundness）。这个指南的指标可以同时评价报告质量和方法学质量，本书根据 RATS 指南构建的理论类证据报告规范如表 6－3 所示。

表 6－3 理论类证据报告规范

在稿件中寻找的信息	应该在稿件中包含的信息
R：研究问题的相关性	
这个研究问题是否重要？	明确陈述研究问题。
研究问题是否与经济学政策相关？	研究问题合理且与现有的知识基础（经验性研究、理论和政策）有很好的衔接。
A：研究方法的合理性	
定性研究方法对研究目标而言是最好的方法吗？ 比较分析法、系统分析法、历史分析法、逻辑分析法。	陈述研究方法，并解释为什么选择某种方法（例如历史分析法）。
T：程序的透明度	
研究者的角色。	
研究者是否合适？多大程度上研究者可能导致了开展研究和研究结果的偏倚？	研究者是否拥有两重身份（例如政策实施者和研究者）？研究者是否批判地评价了他们自身对研究问题的形成、资料收集和解释的影响？
S：解释方法的健全性	
分析。	
分析类型对研究类型而言是否合适？ 主题：探索、描述、假设产生。 框架：例如政策。 连续比较/扎根理论：理论的产生、分析。	对分析方法进行了深入描述，且合理。 质量指标：说明主体如何从资料中提取（归纳或演绎）。
解释是否明确呈现而且有合理的证据支持。	寻求其他解释的证据。

续表

在稿件中寻找的信息	应该在稿件中包含的信息
是否使用了引用？这些引用是否合适、有效？	说明引用的基础。 在适当的时候进行半定量分析。 对文本和有意义的说明具有丰富的细节。
是否对解释的可信度/可靠度进行了检查？	描述了针对可靠性的检查方法，且方法是合理的。
讨论与报告。	
研究结果是否充分依据于理论或概念框架？	研究结果与所参考的现有理论和经验的文献应一起报告，且报告了这些理论和文献对研究的贡献。
是否利用之前的知识进行了合理的解释？研究的发现如何增加了解释？	
是否充分考虑了局限性？	明确描述和讨论优点及缺点。
稿件的写作是否高质量？信息的可及性是否较好？	遵循了指导（格式、字数）。 有关方法以及附件应包含额外引语的细节。 读者应为经济学领域科研人员。

6.2.2　数据类证据报告规范

经济学数据类证据与卫生经济学研究有共同之处，本节借鉴卫生经济学研究的卫生经济学评价报告标准共识（CHEERS）来构建数据类证据评价框架。CHEERS 由国际药物经济学和结果研究学会（ISPOR）牵头资助和制定。首先进行了需求调查，其次对出版清单和指南文件进行了系统评价，最后对成员进行了调查研究。在这几个步骤后，CHEERS 工作组形成了初步的清单，并运用 Delphi 法进行筛选和确定合适的条目，最终确定了标题和摘要、介绍、研究方法、研究结果、讨论以及其他六个部分（Husereau 等，2013）。根据经济学数据类证据的研究特点，对 CHEERS 中不符合的条目进行删除，对内容不匹配的条目进行修改，形成的数据类证据报告规范如表 6－4 所示。

表 6-4　数据类证据报告规范

编号	条目	推荐内容
		标题和摘要
1	标题	明确研究为经济学分析，或者使用特定的术语如“实证研究”，并描述变量之间的关系。
2	摘要	提供结构化摘要，包括目标、角度、对象、方法（包括研究设计和变量选择）、结果（包括基础分析和稳健性检验）以及结论。
		介绍
3	背景和目标	明确说明更广泛的研究背景、研究问题及其与经济政策或实际决策的相关性。
		研究方法
4	研究对象	描述研究对象的特征，以及选择研究对象的原因。
5	理论基础与机制分析	评述现有的文献，阐述理论基础，以及研究命题的理论内涵与内在机理。
6	研究角度	描述研究的角度，并且把这个角度与研究的问题联系起来。
7	对照	若引入对照组，描述要比较的对照组，并且说明选择这些对照组做比较的原因。
8	数据的选择	说明数据的来源、时间跨度、覆盖范围、数据类型（时间序列、横截面、面板），以及选择这种数据的合理性。
9	模型的选择	描述模型的选择，并且给出相应的理由，可以用图来展示模型结构。
10	研究假设	描述计量模型中的所有假设。
11	分析方法	描述使用的所有分析方法，应该包括处理缺失数据的方法、对模型进行验证或校正的方法，以及处理样本选择偏误和解决遗漏变量或内生性的方法。
		研究结果
12	研究参数	应报告参数估计值、置信区间和标准误（或 t 值）。强烈建议用表格来报告模型的估计值。
13	稳健性检验	当改变某些参数或使用不同的计量方法时，评价方法和指标是否仍然对评价结果保持比较一致、稳定的解释？

续表

编号	条目	推荐内容
讨论		
14	研究结论、局限性和政策建议	总结重要的研究结果，描述这些结果如何支持结论，引出结论。讨论研究结果的局限性，以及这些结果是否符合现有的知识。根据结论给出对策建议。
其他		
15	资助来源	描述研究的资助，以及资助者在确定、设计、执行和报告分析中的角色，描述其他非财务性的支持来源。
16	利益冲突	根据期刊的规定，描述研究贡献者的任何潜在利益冲突。

【条目 1～2】标题和摘要：为了方便在数据库中识别，在标题中明确为经济学研究，或者使用特定的术语如“实证研究”。同时，作者应该提供包括研究目标、角度、对象、方法（包括研究设计和变量选择）、结果（包括基础分析和稳健性检验）以及结论的结构化的摘要。

【条目 3】介绍：作者应提供研究背景和研究目标的信息。另外，研究问题与经济政策和实际决策的相关性决定了研究的价值，作者应对研究问题的实际适用性加以讨论。

【条目 4～11】研究方法：作者应对研究问题的关键要素加以说明，包括研究对象、研究的理论基础与机制分析、研究角度、对照、数据的选择、模型的选择、研究假设、分析方法。研究需要有一个主体，研究对象说明研究的问题针对哪个群体或人或物来研究。研究命题的理论内涵及研究命题的内在机理和机制是开展研究的基础。研究的角度和立场对经济学研究来说至关重要，不同的角度对同一个问题的认识不同。经济学研究并不是一定要使用实验组和对照组。若采用对照组，应描述用于比较的对照组，并且说明选择这些对照组做比较的原因。不同的模型具有不同的适用性，同时，经济学研究离不开研究假设，实证检验是为了验证或推翻建立在理论基础上的理论假说。处理异质性和不确定性等的方法也需要重点说明。

【条目 12～13】研究结果：经济学模型中使用的参数和参数的概率分布十分重要，直接体现和影响研究结果的差异。另外，稳健性检验可以评价所用方法和指标解释能力的稳健性，也应当体现在研究结果中。

【条目 14】讨论：根据研究结果归纳总结并提出研究结论，讨论这些结论是否符合现有知识。根据研究结论，提出有针对性的对策建议。

【条目 15～16】其他：作者应报告研究的资助信息和利益冲突。

6.2.3 研究类证据报告规范

现阶段，发表在各类期刊上的经济学的系统评价和 Meta 分析文章数量还比较少，报告质量也不尽如人意。研究问题、方法以及结果的报告是否明晰很大程度上决定了系统评价和 Meta 分析的应用价值。低质量的文章会影响证据使用者对文章结果的评价，影响证据应用于实践的价值。采用标准化的格式可提高系统评价和 Meta 分析的质量，为促进这类文章的完整性和透明性，应该出台针对经济学系统评价和 Meta 分析的报告规范。

经济学定量研究的系统评价报告规范可参考系统评价和 meta 分析的优先报告条目（PRISMA）量表，PRISMA 是定量研究系统评价和 Meta 分析撰写及报告的标准。1996 年，随机对照试验的 Meta 分析报告质量声明小组的 30 名临床流行病学家、临床医师、统计学家、Meta 分析研究人员，以及来自英国、北美地区对 Meta 分析感兴趣的编辑共同制定了随机对照试验的 Meta 分析报告质量声明（QUOROM）。2009 年，Moher（2009）带领的小组将 QUOROM 修改为 PRISMA。PRISMA 由一份含 27 个条目的清单（表 6－5）和一个流程图（图 6－1）组成。PRISMA 可用于已发表系统评价报告质量的评价，但不是系统评价的方法学质量评价工具（孙凤，2015）。

表 6－5 PRISMA 报告规范条目清单

编号	条目	条目要求
		标题
1	标题	明确本研究是系统评价还是 Meta 分析，抑或两者都是。
		摘要
2	结构化摘要	结构化摘要包括：背景、目的、数据来源、研究纳入标准、研究对象、干预措施、研究评价和合成方法、结果、局限性、结论和主要发现的意义、系统评价的注册号。
		前言
3	理论基础	阐述当前已知的系统评价的理论基础。
4	目的	阐述系统评价的研究问题：研究对象、干预措施、对照组、结局指标和研究设计，即 PICOS 原则。
		方法
5	方案和注册	表明是否事先有研究方案。如有，则说明方案内容并提供可获得该方案的途径（如网址）。如有可能，应提供含注册号的注册信息。

续表

编号	条目	条目要求
6	纳入标准	阐述作为纳入标准的研究特征（如 PICOS、随访时间等）和报告特征（如发表年份、语言、发表状态等），并说明其理由。
7	信息来源	介绍检索的全部信息来源（如检索的数据库名称和时间跨度、联系作者以获取相应的文献）和最后检索日期。
8	检索	报告至少一个数据库的整个电子检索方法，包括使用的所有检索策略，以保证该检索可被重复。
9	研究选择	说明选择研究的过程（如筛选、合格性评价、纳入系统评价的过程、纳入 Meta 分析的过程）。
10	数据提取	描述从研究报告中提取数据的方法（如预提取表格、独立提取、重复提取）以及从原始研究者处索取和确认数据的过程。
11	数据变量	列表并定义所有的变量（如 PICOS、资助来源等），说明变量的任何假设和简化形式。
12	单项研究偏倚	描述评价单项研究偏倚的方法（说明评价是仅针对研究还是针对研究结果），以及在数据合并中如何利用该信息。
13	合并效应指标	说明主要的合并效应指标（如相对危险度、均差等）。
14	结果合成	描述处理数据及合并结果的方法，若进行了 Meta 分析，还应说明每项 Meta 分析异质性检验的方法（如 I^2 等）。
15	研究偏倚	说明合并结果的偏倚（如发表偏倚、研究中的选择性报告偏倚等）的评估方法。
16	其他分析	描述其他分析方法（如敏感性分析、亚组分析、Meta 回归等）并说明哪些分析是预设的。
	结果	
17	研究选择	提供筛选的研究数、合格性评价以及纳入的研究数，并说明各阶段排除文献的理由，最好列出流程图。
18	研究特征	对每个研究应描述信息提取的特征（如样本量、PICOS、随访时间等）并提供引文出处。
19	单项研究内部偏倚	说明每个单项研究可能存在偏倚的相关数据，如有可能，列出偏倚对结局影响的评价结果（参见条目 12）。

续表

编号	条目	条目要求
20	各单项研究的结果	报告所有结局指标（有效性或有害性）。(a) 每个干预组的集合数据；(b) 效应估计值及其置信区间，最好用森林图展示。
21	结果的综合	呈现每项 Meta 分析的结果，包括置信区间及异质性检验结果。
22	研究内部的偏倚	呈现研究间偏倚的评估结果（参见条目 15）。
23	其他分析的结果	如进行了其他分析（如敏感性分析、亚组分析、Meta 回归等，参见条目 16），描述其结果。
		讨论
24	总结证据	总结研究的主要发现，包括每项结局指标的证据强度，考虑这些结果对主要相关利益者（如卫生服务提供者、使用者及政策制定者）的参考价值。
25	局限性	讨论单项研究及其结局层面的局限性（如存在偏倚的可能性）和系统评价层面的局限性（如未能获得所有相关研究的具体信息、报告偏倚等）。
26	结论	结合其他相关证据，提出对研究结果的总结性解读，及其对进一步研究的启示。
		资助
27	资助来源	描述系统评价的资助来源和其他支持（如提供数据），及资助者在系统评价中所起的作用。

注：(1) 在科学问题的构建过程中，通常依靠 PICOS 原则帮助完成研究设计。P：研究对象，即患者或人群（patient/population）；I：干预措施（intervention），如诊断治疗方法；C：对照措施或另一种可用于比较的干预措施（comparison/control），即比较因素；O：结局（outcome），即干预措施的诊疗效果；S：研究设计方案（study design）。(2) I^2 统计量检验法是 Meta 分析中进行异质性检验的一种主要方法，I^2 统计量反映了异质性部分在效应量总的变异中所占的比重。

【条目 1】标题。

为了有利于证据使用者检索和识别，作者应在题目里表明该研究是系统评价还是 Meta 分析，抑或两者都是。

【条目 2】结构化摘要。

作者应尽量以结构化的方式撰写摘要：在背景部分阐述该研究的重要性；研究目的以 PICOS 框架呈现；在数据来源部分阐述清楚检索的数据库、检索时间、语言、发表状态等；研究筛选部分应说明负责筛选的研究者，以及文献的纳入和排除标准；数据提取的方法应该阐述清楚；若涉及 Meta 分析，应说明所用的合并方法和相应的合并结果；结论应与研究目的和结果相对应；研究的局限性、资

助情况、注册情况也可以在摘要部分提及。

【条目 3】理论基础。

在背景部分，作者应介绍与研究内容相关的理论基础，说明该研究在此基础上增加的信息。另外，作者还应说明该系统评价和 Meta 分析是一个全新的研究还是改进的研究。如果是后者，应进一步说明更新的原因。背景部分应尽可能地包括：①研究问题的重要性；②当前已有的研究结果及其局限性；③该系统评价和 Meta 分析能提供的信息。

【条目 4】目的。

作者应明确描述研究目的，让证据使用者明白该研究的研究范围和结果的适用性。问题的构建应该基于 PICOS 原则，即所研究的人群、干预、对照、主要结局、研究类型。

【条目 5】方案和注册。

作者在报告时应尽可能提供研究计划和注册信息。由于研究方案事先确定了研究目的和方法，避免了基于文献可得信息的数据挖掘，因此提倡在制作系统评价和 Meta 分析前，作者应该进行注册并提交研究计划。作者在制作过程中，对研究方案进行了何种修改，以及修改的原因，都应该清楚报告。注册有利于增加研究的透明性、减少工作的重复性和发表偏倚。

【条目 6】纳入标准。

纳入标准决定了该系统评价和 Meta 分析的真实性、适用性和与其他研究的可比性，作者应清楚地阐述纳入标准。在制定纳入标准时，可考虑研究特点和报告特点两个方面。研究特点应基于 PICOS 原则，报告特点应考虑发表的语种、状态、时间等。

【条目 7】信息来源。

作者应报告所检索的数据库或平台、检索的起止时间、检索者，以及除数据库外的其他检索方法，如追踪参考文献和手工检索杂志等。此外，对于缺失数据，作者应说明是否向作者或机构索取、索取的负责人、索取的途径等。

【条目 8】检索。

作者应提供整套的电子数据库检索策略，包括每个检索词、检索词之间的逻辑连接、语种、时间的限制等。报告的检索策略应该全面和清晰，足以让读者重复检索的过程。

【条目 9】研究选择。

作者应报告如何对文献进行筛选、由谁来进行筛选，以及筛选结果不一致时的处理方法，并用 PRISMA 的流程图描述文献筛选的流程和结果。

【条目 10】数据提取。

作者应负责提取信息的研究者、提取的内容、是否通过事先制定的表格进行

统一提取、是否由两人或以上独立进行、信息提取不一致时的处理方法、同一个研究在不同的发表文献间信息重叠或不一致时的处理方法、索取文献以外信息的方法等。

【条目 11】数据变量。

研究方案里计划收集的变量信息、计划收集但在纳入文献里不可获取的变量信息，以及研究方案以外基于文献可得信息而收集的变量信息都应在报告里明确说明，并阐述或补充相应信息提取的原因。

【条目 12】单项研究偏倚。

作者应报告采用何种工具进行评价、是否由两人或以上独立进行评价等来对每个纳入研究进行偏倚风险的评价。作者应根据不同的纳入研究类型选择相应的评价工具。若评价结果将被用作进一步排除文献、亚组分析或敏感性分析的标准，作者应明确说明。若没有对偏倚风险进行评价，作者也应该清楚交代其原因。

【条目 13】合并效应指标。

主要结局及其效应值类型应事先确定并清楚报告。二分类变量常选择相对危险度（relative risk，RR）、比值比（odds ratio，OR）和危险差（risk difference，RD）作为效应值，连续性变量常选择平均差（mean difference，MD）或标准化平均差（standardized mean difference，SMD）作为效应值，时间-事件结局应选择风险比（hazard ratio，HR）作为效应值。

【条目 14】结果合成。

在进行 Meta 分析前，从文献里提取的数据可能需要先转换或推导，如 logit 转换、组间数据的合并、不同量纲数据的处理、标准误的计算等方法应清楚报告。进行 Meta 分析所使用的模型和选用的原因也应清楚说明。无论作者是否对不同研究的数据进行合并，都应报告异质性的处理方法。

【条目 15】研究偏倚。

对于缺失数据，作者应探索纳入研究间的偏倚（发表偏倚）和研究内的偏倚（选择性报告偏倚），并报告相应的方法。

【条目 16】其他分析。

如果使用了敏感性分析、亚组分析和 Meta 回归，应该说明使用这些方法的原因，以及分析的变量和选用的模型是否事先确定。

【条目 17】研究选择。

以流程图并结合文字的形式来描述整个文献筛选的流程（见图 6-1），应包括文献的来源、去除重复文献以后的文献数、通过题目和摘要纳入和排除的文献数、全文浏览后的纳入和排除数、排除的原因、纳入定性描述的文献数、纳入 Meta 分析的文献数。

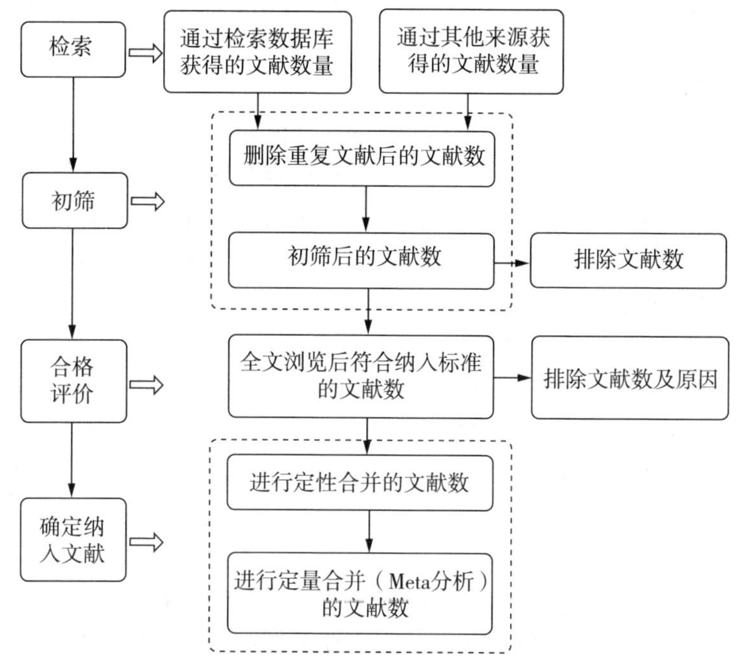

图 6-1　系统评价各阶段信息收集流程图

【条目 18】研究特征。

描述每个研究的特征，并为每个研究提供相应的参考文献。这些特征通常是基于研究水平的包括 PICOS 等方面的信息。特征描述一方面可以使读者知晓系统评价和 Meta 分析的研究范围、可能的偏倚影响、结果的适用性，另一方面有助于研究者开展亚组分析和解释其结果。对于纳入文献里缺失的信息，若作者能通过某种方式索取或推断出来，应说明具体的索取和推断方法。

【条目 19】单项研究内部偏倚。

由于合并数据的真实性会受到研究内偏倚的影响，作者应以表格或图片的形式展示偏倚风险评价的结果。

【条目 20】各单项研究的结果。

作者应描述每个纳入研究的各个相关组别的结果。对于二分类的结局，应描述效应值或百分比，以及每个组别的总人数和结局数。对于连续性变量，应提供每个组别的均数、标准误及其样本量。对于时间-事件结局，应描述对数转换的风险比及其标准误。对于原文缺失的数据，若作者进行了转换或计算，应明确指出这部分数据转换或计算的方法。每个研究的结局都应以森林图的形式展示，其他结局的森林图以附录或网站链接的形式提供。若研究方案里计划分析的某些结局因为研究数据的限制不能进行分析，应该明确报告。每个森林图应涵盖每个研

究的效应值、95%置信区间、各组的统计量、各研究在 Meta 分析中所占的权重等信息。

【条目 21】结果的综合。

若进行了多个 Meta 分析，虽然所有的估计值和 95%的置信区间可在一个森林图里展示，但作者还应提供每项 Meta 分析的森林图、异质性评价指标 I^2，还可以考虑提供 I^2 的 95%置信区间。若没有进行 Meta 分析，作者应说明原因，并可以提供一个没有合并值的结果进行描述。在报告时，作者应明确说明，哪些是按照事先计划的分析所得出的结果。

【条目 22】研究内部的偏倚。

若作者使用漏斗图进行发表偏倚的评价，应说明所分析的结局、漏斗图中 X 轴和 Y 轴所代表的含义以及对称性观察或统计分析的结果。对选择性报告偏倚评价的结果也应该进行清楚描述。若某些事先计划的基于偏倚风险评价结果的分析没有完成，应说明原因。

【条目 23】其他分析的结果。

报告应提供敏感性分析、亚组分析和 Meta 回归的结果。结果应包括效应值、95%置信区间和 P 值，比较这些结果与主要分析结果之间的差异。报告结果时不应只报告有统计学意义的结果，所有的分析结果都应报告。

【条目 24】总结证据。

作者应对该系统评价和 Meta 分析的结果做简要的总结。说明这些结果的适用人群和实际环境。作者还可利用 GRADE 系统对某些结局的证据质量做评价。作者需注意：显著的统计学差异不一定代表实际临床和决策意义，没有统计学差异也不一定代表没有实际意义。

【条目 25】局限性。

局限性的讨论应包括三方面。一是纳入研究的偏倚风险和报告质量；二是系统综述和 Meta 分析的局限性；三是系统评价和 Meta 分析结果的适用性。

【条目 26】结论。

结论部分应考虑研究结果对实践和未来研究的意义。一方面，结论应该同时考虑有效性和安全性。当由于研究数目过少或不确定的存在而不能下结论时，应明确说明这一点。另一方面，作者应为将来针对该问题的原始研究提供明确的建议。

【条目 27】资助来源。

由于系统评价和 Meta 分析与实际决策密切相关，资助方的利益和作者的利益冲突可能会影响作者的结论。作者应报告资助来源、资助方是否参与系统评价和 Meta 分析的制作，以及每位作者是否存在利益冲突等问题。

经济学定性研究的系统评价报告规范可借鉴提高定性研究合成报告透明度量

表（ENTREQ）。纳入定性研究进行汇总和评价形成定性研究的系统评价已经成为循证决策的重要依据之一。为了保证定性研究系统评价的报告质量，对定性研究系统评价的报告进行规范是十分必要的。2012 年，五位来自澳大利亚和英国的学者系统检索和查找了关于合并定性研究的指南、方法学研究以及定性研究的系统评价，根据检索文献和他们的研究经验初步拟定了报告规范的条目，然后运用此条目让三名研究人员独立对 32 篇定性研究系统评价进行报告质量评价，并对这些条目进行了一系列修改，删除不相关的条目，修改内容有歧义的条目，最终形成了由 21 个条目构成的 ENTREQ。2012 年，该研究团队发表了 ENTREQ（Tong 等，2012）。ENTREQ 包括 21 个条目（见表 6－6）。这些条目可分为背景介绍、方法、文献检索和筛选、质量评价、结果的合并五个部分。

表 6－6　ENTREQ 的条目清单

编号	条目	内容描述
1	目的	阐述该研究将要解决的问题。
2	合并方法	明确说明合并方法和合并的理论依据，描述选择合并方法（例如 Meta 民族志、主题分析综合法、关键解释合成、扎根理论合成、现实主义者综合法、Meta 聚合法、Meta 研究、框架合成等方法）的原因。
3	检索方法	明确说明检索方法是全面检索（利用全面的检索策略查找所有可得到的研究）还是迭代检索（查找所有可能的概念直到理论性饱和）。
4	纳入标准	明确说明纳入标准（如依据人口、语言、年份、发表类型、研究类型等）。
5	资料来源	描述所利用的信息来源［例如电子数据库（MEDLINE、EMBASE、CINAHL、PsycINFO 和 EconLit）、灰色文献数据库（Digital Thesis、Policy Reports）、相关机构的网站、专家、信息人员、通用网站（如 Google Scholar）、手工检索、参考文献等］和检索的时间，并提供使用这些数据库的原因。
6	电子检索策略	描述文献检索的过程，例如，电子数据库的检索策略应包括研究对象、临床或健康主题、经验或社会现象等方面的检索词，以及定性研究的过滤词、检索的限定等。
7	研究筛选方法	描述研究筛选的过程（如题目、摘要、全文等依据，独立筛选研究的人员数）。
8	研究特点	描述纳入研究的特点（如发表年份、国家、参与者数量、样本量、数据收集、方法学、分析、研究问题）。
9	研究筛选结果	明确说明筛选的研究数和排除的原因（对于全面检索，利用流程图说明筛选的研究数和排除的原因；对于迭代检索，基于研究问题的修改和理论发展的贡献描述研究的排除和纳入）。

续表

编号	条目	内容描述
10	质量评价方法	描述用于评价纳入研究或结果的原理和方法［如实施质量的评价（真实性和稳健性）、报告质量的评价（透明性）、内容和结果实用性的评价］。
11	评价条目	说明用于评价纳入研究或结果的工具、框架和标准。例如，英国牛津循证医学中心制定的文献质量评价项目（CASP）、循证卫生保健中心制定的质性研究评估和评价工具（QARI）、《质性研究统一报告标准》（COREQ）等；评价者制定的工具；描述评价的方面，包括研究团队、研究设计、资料分析和解释、报告。
12	评价过程	说明是否由一名以上的评价者独立进行评价，是否需要达到意见一致。
13	评价结果	描述质量评价的结果，说明是否基于质量评价的结果对某些研究进行衡量或排除，并阐明理由。
14	数据提取	说明分析的是原始研究的哪个部分，资料是如何从原始研究中提取的（如在"结果/结论"中提取电子数据信息并录入计算机软件中）。
15	软件	如有，说明所使用的计算机软件。
16	评价者人数	说明负责编码和分析的研究者。
17	编码	描述资料编码的过程（如通过逐行编码来查找概念）。
18	研究比较	描述如何进行研究内和研究间的比较（如后续的研究会编码到已有的概念中，如果需要，会制定新的概念）。
19	主题来源	解释主题或概念框架的形成过程是基于归纳法还是演绎法。
20	引用语录	引用原始研究的原话来阐明主题或概念框架，并且要说明引文是否来自原作者所解释的研究对象的内容。
21	合并结果	呈现在原始研究汇总基础之上的有意义的结果（如新的解释、证据模型、概念框架、分析框架、新理论的发展等）。

【条目1】目的。

作者在背景部分应阐述清楚所研究的问题，问题的构建可以参考 PICOS 原则。

【条目2】合并方法。

定性研究合并方法的选择受到研究问题、作者观点、读者人群、数据类型等方面的影响。在报告研究方法时，应明确每种方法的适用性，说明所使用的方法。

【条目 3】检索方法。

检索方法有两种：一种是全面检索，通过完整的检索策略尽可能保证所有原始研究都被检索出来；另一种是迭代检索，保证在概念上查全而不是在研究上查全。作者在报告时需要明确说明使用了哪种方法进行电子数据库的检索。

【条目 4】纳入标准。

纳入标准主要根据问题的框架（如 PICOS）来制定，此外，所使用的方法、语种、发表年份等信息也应该加以考虑和报告。

【条目 5】资料来源。

最常用的是电子数据库，应报告数据库的名称以及检索的年限。除此之外，若有其他数据来源，也应该报告具体的途径及索取数据的时间等。某些数据库可能专门收录某个研究领域的文献，定性研究很可能出现在灰色文献里，为保证检索的全面，这些数据库和灰色文献也应该纳入检索。

【条目 6】电子检索策略。

检索策略可以根据问题的框架（如 PICOS）来制定，报告检索策略以保证可重复性。建议作者按照 Cochrane 系统评价报告检索策略的方式，全面描述每一项检索词。

【条目 7】研究筛选方法。

应报告文献筛选的三个方面：一是根据哪些内容（题目、摘要、全文）进行筛选，二是有多少研究者参与筛选，三是当筛选结果不一致时采用何种方式处理。

【条目 8】研究特点。

原始研究的特点是系统评价必须定性描述的内容。它能够提供每个纳入研究的基本信息，应以表格的形式描述本条目列举的内容。

【条目 9】研究筛选结果。

研究筛选结果的报告与检索方法有关。如果采用的是全面检索，应参考 PRISMA，用流程图的形式描述文献的纳入过程。如果采用的是迭代检索，应保证所有的概念框架都找全，并报告该检索是如何进行的，以及纳入了多少个研究。

【条目 10】质量评价方法。

系统评价的质量评价可分为内部真实性、外部真实性和报告质量评价。内部真实性的评价即通常所说的方法学质量或偏倚风险的评价。内部真实性和报告质量的评价是系统评价中最常见的，所使用的评价工具并不相同。

【条目 11】评价条目。

根据上述要评价的内容，应报告相应的评价工具，但当前尚没有公认的评价定性研究质量的标准。研究者可以基于现有的质量评价工具，根据实际问题的需

要在这些标准的基础上修改部分条目，但必须明确说明增加、删除或修改了哪些内容及其改动的原因。

【条目 12】评价过程。

应报告参与质量评价的人数，明确描述是双人独立评价，还是一人评价另一人核查，抑或其他方法。还应说明当评价结果不一致时的处理方法。

【条目 13】评价结果。

建议可参考 Cochrane 系统评价的展示方法，以图的形式展示每个研究对应每个条目的评价结果，并且汇总每个条目的各项评价结果在所有纳入的原始研究中所占的比例。此外，还应明确说明，是否依据研究质量对各研究结果进行加权合并或敏感性分析等。

【条目 14】数据提取。

说明系统评价里的数据是根据原始研究的哪个部分进行提取的，具体的提取步骤也应该进行清楚阐述。

【条目 15】软件。

罗列系统评价制作过程中所使用的软件。

【条目 16】评价者人数。

明确说明哪些研究者参与了信息的编码和数据的分析。

【条目 17】编码。

阐述清楚如何根据原始研究里的文字描述提取出相应的概念并进行编码。

【条目 18】研究比较。

不同的原始研究里所阐述的概念可能是相同的或不同的，在对这些概念进行比较时，研究者应该详细说明如何对这些概念进行编码。

【条目 19】主题来源。

可采用归纳或演绎的方法形成系统评价的主题或概念框架，具体选用哪种方法，需要在文中说明。

【条目 20】引用语录。

在阐述主题或概念框架时，往往需要引用原始研究中的原话，此外还要说明，这些语录是否在作者解释其观点时被引用。

【条目 21】合并结果。

在对合并结果进行解释时，不应该仅仅对纳入的研究结果进行简单汇总，而应该在其基础之上，提出该系统评价对新理论的假设和解释。

本章小结

循证经济学是一门将循证理念与方法应用于经济学领域，以开展研究、科学

决策和实践应用的新兴交叉学科，旨在运用高质量的证据做出更加高效、科学的决策，从而实现资源有效、均衡的配置。证据是循证经济学的基础，经济学证据种类繁多，并且随着经济学学科的迅速发展，每天都有大量的经济学论文发表，这些论文包括原始研究和二次研究。如何寻找和判断最佳的经济学证据，以及采用什么样的标准来衡量经济学最佳证据是循证经济学的重要内容之一——经济学证据的评价。

本书主要基于证据内容和性质将经济学证据分为理论类证据、数据类证据和研究类证据。由于同一类别证据的生产方法及论证强度不同，所产生证据的质量也有高低，因此，对于不同类别的证据，应有合理的分级与推荐标准，用以评价证据的科学性、严谨性和适用性。本章回顾和探讨了循证医学和循证社会科学相关领域的证据分级标准，初步提出了经济学证据的分级标准，以期找到最佳证据并应用于指导经济实践。具体而言，理论类证据的分级标准为理论背景与现实的一致性、可证伪性和与要解释的现象的一致性三个方面；数据类证据的分级标准为数据是否符合统计分析的前提假设、样本量、数据周期、论证效率四个方面；研究类证据的分级标准为是传统文献综述还是系统评价/Meta 分析，以及系统评价/Meta 分析的质量两方面。

如何提高经济学证据的质量是循证经济学的研究者、实践者、管理者和实践对象共同关注的问题。报告规范提供了从论文标题到结论各部分的报告要求，不仅有利于提高证据的传播性与可评价性，而且能保证证据的科学性和真实性。本章在借鉴循证医学研究相关报告规范的基础上，针对不同的证据类别设想性地提出了循证经济学的报告规范，希望能推动循证经济学研究的选题、设计、实施、报告及决策的整个过程走向规范和严谨。

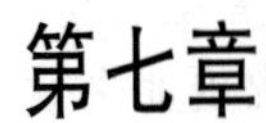

第七章

经济学证据的实践

证据实践存在着一定的不确定性，传统的哲学和技术方式对这种风险的有效研究较少，基于循证经济学的证据实践（循证决策）为在决策中降低风险提供了一种有效方法。Pawson（2001）认为，基于证据的循证决策是逻辑实证主义的一种，其在执行过程中结合逻辑决定，强调研究和判断中的正确、高质量证据，在此基础上解决问题。Heinrich（2007）分析认为，循证决策是解决公共服务问题的有效手段，通过在决策中引入知识管理，利用多种信息和科学证据研究政策的进展，有效提高政府决策效率，使政策的精准性、有效性大幅提高。

证据的研究与社会发展决策的结合有着悠久的历史渊源。1908年，在费城社会工作训练学院和社会工作部门进行社会统计和研究的玛丽·里士满就数次呼吁研究人员与决策者合作，强调科学准确的证据应该在实践中发挥更大的作用。第二次世界大战后，英国在社会科学领域的研究不断深入，相关的研究机构不断建立，各个领域的智库如雨后春笋一般涌现出来，如社会与发展研究委员会、公共政策研究所等。这些学术机构通过出版政策研究和政策建议来促进政府的决策，这是早期政府决策与循证决策结合的基础。

随着社会的进一步发展，循证决策得到了更为广泛的应用。近年来，在福利经济学、劳动经济学、行为经济学的实践中，循证的理念与方法应用逐步增多。在政府层面，循证决策被视为一种可使社会避免资源浪费的理性工具；在研究组织层面，循证决策使得更大范围的研究证据被整合，从而能做出更科学的研究结

果；在企业层面，循证决策使企业战略执行更有效率，是增加企业信用度、减小系统风险的合理途径。

本章聚焦于循证视角下的证据实践，在宏观角度对国外发达经济体的循证实践进行总结阐述，总结发展特征，以期为我国循证实践做出指导，对国际组织的循证实践研究进行分析，总结其实践方法；在微观角度从企业的证据实践以及其他微观证据实践入手，分析微观证据实践如何发挥其重要作用。在此基础上，本章结合世界技术发展潮流，阐述大数据、人工智能等新技术对循证实践的促进作用，探索循证经济学视角下的证据实践的发展方向。

7.1　宏观经济决策中的证据实践

当今世界的现代化进程不断推进，科技化成果不断方便人类的生活，社会如何更好地发展、如何推动经济发展与环境保护相结合、如何提高人类的健康水平等问题受到高度关注，人类不断探索如何追求社会的均衡、政策的普惠、经济的共赢，社会逐步走向公平正义，使得人人可以享受发展成果。宏观层面的循证决策实践正是在这种不断探索的背景下逐步发展的。循证决策在发达国家经过二十多年的发展，体系不断完善，在英国、美国、澳大利亚、加拿大等发达经济体逐渐发展成熟，应用范围逐步向亚洲、非洲扩展，研究者不断探索循证决策的方法，提高获得证据、管理证据、传递证据的效率，推动研究人员、公众及决策者共同协商决策，促进循证实践的进一步发展（Normand，2016）。

2011 年，英国《卫报》报道“伦敦骚乱”，通过对 260 万条推特数据的循证分析，揭示了骚乱与贫困的关联性。2019 年，凤凰网特约评论员发表署名文章《旁听两会，助推“循证决策”更有效》，积极呼吁推动循证实践在中国政府决策中的应用，循证实践在国家政策制定、社会事件分析等宏观方面的应用已经十分广泛。

7.1.1　发达国家决策中的证据实践

1. 英国的循证实践

英国是最早将循证实践应用于政府决策的国家。1999 年，英国的《政府现代化白皮书》提出的政府现代化的五个关键点突出了公共政策的战略性和前瞻性，避免了决策过程的碎片化。同年，由英国政府内阁办公室出版的《21 世纪的专业政策制定》强调，决策者的决策过程必须基于现有的最佳证据，这些证据来自广泛的资源，所有利益相关者都可以参与政策制定的早期阶段，并且经历整个政策过程。2000 年，戴维·布伦基特（David Blunkett）在英国经济与社会研究协会的演讲使得循证实践被正式应用到政府决策中，他在演讲中指出：社会科学与政府之间应当建立新的关系，提高社会科学与决策过程的相关性，社会科学家应当为决策者提供什么政策最有效的相关证据。2003年开始，英国政府在医疗卫生、社会发展、法律等方面进行了循证决策的实践探索。

由于英国政府在国家健康方面决策实施情况不佳，英国国家健康服务局（NHS）开展了一系列的项目研究，主要对如何服务决策者、满足决策者的需求进行探索，核心要素是国家和地区的管理结构，多项研究根据服务、政策需求评估委托开展，更好地为区域结构服务，更加强调证据传播（Nutley 和 Web，2000）。研究的成果与信息传播直接响应国家健康系统的政策，该项研究的研发信息被纳入 NHS 数据库，每年发布六次评估公告。NHS 还成立了一个咨询中心研究和发展委员会，该委员会由相关管理人员、专业领域的研究者组成，由中央信息系统收集研究课题，以问题导向为基础，确定优先领域、研究时期和研究课题，确定研究策略，注册信息和展开随机对照试验的 Meta 分析（Moher 和 Pham，1998）。循证政策与实践中心是英国经济与社会研究协会的下属机构，其旨在通过研究提高研究成果的有效性和质量，对与政策相关的研究成果进行评估与总结，为决策者提出建议。该机构的主要研究方向是教育，近年来该机构通过英国政策实践中心系统对英国教学、领导能力、性别和继续教育方面的证据进行了整合，产生了一系列的可靠证据研究结果，为英国相关政策的实施进行指导。英国管理和政策研究中心专注于探索基于循证的实践策略，通过共享和培养政府人员提高对证据的重视、应用证据的能力。作为证据知识、培训项目和政府项目的培训中心，由政府资助的社会保障标准研究所也被建立，已通过方法创造、传播为政府的政策制定提供借鉴（Macdonald，1998）。

2. 美国的循证实践

美国的政府工作人员以及学者也大力推动循证决策在政府决策中的应用，并将其作为政策选择的方法进行改进，循证决策在美国得到了长足的发展。2005年，美国政府决定减少财政赤字，建立了学术竞争力委员会（ACC），旨在评估项目金额为30亿美元的教育活动。学术竞争力委员会负责人呼吁所有项目向基于证据的决策联盟提交严格的评估报告。在115份项目评估报告中，只有10份进行了科学和严格的绩效评估，其中有6项表明该项目未有效改善教育，未经严格评估和无效的项目被立即停止（Pawson，2002）。在奥巴马就职后，他敦促国会采取一系列新的社会服务项目，其中有6个主要项目结合了基于证据的评估方法。这6个项目包括大约1 000个子项目，总计约55亿美元。循证评估主要用于两个地方。一个是选择接受经济援助的子项目。子项目的应用包括通过循证评估证明其方法的有效性。白宫预算办公室是负责大型项目的部门，专门组织了一个专家小组来审查这些子项目的申请，有效性的证据是其中的重要部分。基于证据

评估的另一个应用是在项目实施期间继续审查项目的有效性，并根据结果决定是继续、终止还是调整。白宫预算办公室还改变了以前划分资金的做法，并通过了一项竞争目标的提案。这在过去的联邦项目管理中很少见，这6个主要项目自2010年开始实施，几年后，评估项目本身的有效性还为时过早，但基于证据的评估方法似乎运作良好。通过这些项目，基于证据的评估方法已在一定程度上得到认可，并在该领域积累了技术人才和组织，这6个项目只是所有社会服务的一小部分，但这是一个良好的开端。

3. 澳大利亚的循证决策

澳大利亚也是最早将循证理念应用于政府决策的国家。1999年，澳大利亚国家卫生信息标准顾问委员会出台了国家卫生信息战略行动纲领文件《健康在线》(Health Online)，该文件要求对澳大利亚的卫生信息的整体发展情况进行评估，在评估工作指导意见中逐步重视证据的运用。2008年，在该项计划的推动下，澳大利亚卫生与老龄化部推动了电子医疗（E-Health）战略的施行，在该战略的促使下，澳大利亚卫生署出台文件支持系统报告，成为卫生决策支持系统建设的国际级规范性指导意见（Brown，2014）。2008年，澳大利亚总理指出，政府看到了循证决策与政府政策间的紧密联系，政府公共服务议程的目的是确保一个完善的循证政策制定过程，政策设计和政策评估应该分析所有可能的选项，由此可见，循证决策在澳大利亚得到了充分的运用。

澳大利亚教育委员会于2016年3月开始了一项调查工作，旨在对澳大利亚教育领域的证据进行梳理和体系构建。2016年之前，澳大利亚教育领域出现了一个问题，就是在政府下达的诸多与教育相关的政策中，缺乏相应的充足、有效证据导致难以评估哪些政策是最为有效的。基于此，澳大利亚政府开展了教育方面的循证工作。工作之初，相关部门对整合的证据进行了要求，以便整合的证据可以为政府的进一步决策提供合理指导。澳大利亚教育委员会认为循证决策的证据要满足两个方面的要求：第一，证据可以被用来对政策实施效果进行监测，具备基准测试和绩效评估的能力，从而应提高政策实施过程中的透明度和责任分配机制，基于证据进行资源分配。第二，证据是教育政策实施过程中产生的教学方案和教学实践，是能够系统提高学生成就的方法。在对证据科学获得、合理处理的基础上，为了提炼和简化研究成果，政府着手逐步建立一个大众和政府均信任的能够储存高质量证据的使用平台，并通过大数据技术监测需要进行RCT评估的各项信息。

4. 加拿大的循证决策

加拿大的循证实践在社会福利政策以及环境政策等方面应用较多。加拿大政府用10年的时间对社会福利的一项政策改革进行调查，在该政策改革中，工作兼领取福利资助的政策取代了只领取福利资助的政策。调查结果表明，该项政策在增加了劳动力供给的同时有效地减少了福利支出，使得享受该政策的人员的收

入平均增长了百分之二十，为社会福利政策的进一步深化提供了证据（Zussman，2003）。在环境政策方面，加拿大科学家在增加温室效应方面提供了多项有力证据，对减少温室气体的排放进行了量化，但由于并不是基于减少温室气体排放的方法获得证据，因此，证据缺乏指导性使政策的指导性不足，政策效果不佳（Jan 和 Wegrich，2007）。证据的质量管理、成本管理等在加拿大循证决策研究领域不断出现，证据质量、可用性的研究逐步成为加拿大循证决策关注的重点。

发达国家的循证决策发展迅速，国际研究成果共享的趋势日趋明显，全球循证决策开展得如火如荼，在未来循证决策领域合作与发展成为重要的主题。在全球化、信息化不断发展的今天，合作共享循证决策模式对全世界共同面对社会变化、社会福利政策、经济全球发展等领域的进步具有重要的意义。

7.1.2 中国政府的证据实践

在中国，循证决策逐渐引起研究学者和决策者的关注。在教育领域，《中共中央关于全面深化改革若干重大问题的决定》对中国教育的全面发展提出了新的要求。在公共卫生领域，中国公共卫生面临着资源短缺、人口流动增加、区域经济发展不平衡、公共卫生融资不足以及对医疗保健服务的需求增加等问题，使我们重新审视卫生保健决策的科学性。在公共政策方面，公共决策过程存在公众参与政策制定不足以及公共政策评估不充分等问题。此外，在公共管理、人力资源、绩效评估等方面仍然存在许多挑战，循证决策为解决这些挑战提供了可行的路径。

2020 年 1 月，习近平总书记在《求是》杂志上发表重要文章，指出要坚持和完善中国特色社会主义制度、推进国家治理体系和治理能力现代化。其旨在推进国家治理体系不断完善，政策不断趋于制度化、程序化和标准化。具体而言，将国内政策规则联系起来，使政策处于国家领导以及民主监督之下，以科学和可持续的方式促进政治、经济、社会、文化和生态文明的建立。此外，《关于加强中国特色新型智库建设的意见》将智库视为国家治理和现代化的重要组织。科学决策的作用是不可替代的，循证决策在国内的应用有了更大的发展机遇。

目前我国循证决策的实践集中在公共卫生领域，其他领域的循证实践方兴未艾。早在 1997 年，中国循证医学中心的创建申请就已通过，循证的理念被应用到我国医学研究及医学政策的制定方面。2003 年，中国爆发了严重急性呼吸综合征（简称“非典”）。为了更好地解决问题，中国循证医学中心充分发挥自身优势，对各种资源进行整合，充分运用循证实践的原理和方法，将公共卫生专家、临床医学专家、统计学家等众多领域的专家组织起来，对病毒相关方面的证据进行了多角度、多层次的研究与分析，在顶级医学杂志上发表论文 20 余篇，

为解决“非典”问题提供了重要的证据。2008 年，我国汶川地区发生严重地震，人员伤亡严重，水源被污染，对我国卫生领域应急体系形成了严峻的挑战。与此同时，中国循证医学中心组织专家赴灾区进行原始数据的收集与整理，同时对全球震后卫生体系构建与疫情防护相关文献进行系统评价，涉及应急管理、身心干预、康复训练等方面的诸多因素，通过对证据进行科学整合，比较不同地区制定震后卫生体系构建的模式，结合我国实际情况，为我国震后卫生体系构建工作提供了大量的科学证据，并为相关政策制定提供了参考意见（李幼平和杨晓妍，2008）。

2009 年，昆明市政府宣布了购买家庭养老服务的新政策。昆明市政府采用密集的数据收集和分析技术，根据循证决策的定量方法搜索相关文件，利用大型国外数据库进行贫困地区实践材料的收集和分析，购买家庭护理、老年人服务的相关文献资料，现实地分析家中的养老金来源，并确定当地人的现实区间数据，以发现老年人的实际和特定需求，使政策的制定更为科学、合理。2013 年，为应对中国地方政府债务的快速扩张，中国审计部门启动了新一轮地方债务审计。在这次审计中，中国审计部门对地方债务审计运用循证决策的方法，有效地确定了政府债务管理之外的风险。对负有财务责任但未提供适当措施和政策以有效管理风险的人员进行问责。中国审计部门利用大数据技术全面了解中国相关法律文件和当地政府情况，从而获得科学评价研究的理性证据、书面证据、数据报告和证明文件，结合政府审计员的知识和经验以及政府部门的实际情况，对地方债务情况进行全面的评估和分析（区耀荣和蒋敏娟，2015）。

随着我国经济社会的发展，我国社会的主要矛盾也发生变化，人民的物质需求基本得到满足，而满足人民日益增长的美好生活需要正成为当前我国政府面临的任务。解决我国的贫富差距、养老、医疗、教育、社会福利等问题是解决当下社会主要矛盾的关键，这对公共政策制定的科学性提出了更为深刻的要求，将促进我国循证决策在多个领域的实践。

7.1.3 学术组织的证据实践

政府循证决策应用和学术组织的循证决策研究相辅相成，学术组织通过学术实践推动循证研究的方法、思路不断革新。英国作为世界开展循证研究较早的国家，在学术实践方面成就显著。英国经济与社会研究协会是英国循证研究的重要中心。Cochrane 网是世界最大的循证医学研究学术组织。Campbell 协作网是世界循证社会科学研究的重要学术组织。循证政策联盟（Coalition for Evidence-based Policy）是参与美国国会政策制定的重要循证研究学术组织。加拿大环境证据协作组织（Collaboration for Environmental Evidence）是世界环境保护领域

重要的循证研究中心。中国的许多智库也将循证的理念融入研究之中。这些学术组织的不懈研究极大地推动了循证科学的实践和发展。

2014 年，中国银行保险报网发布研究报告《循证式管理是人力资源管理转型方向》，指出人力资源部必须保持敏锐的头脑，积极实践循证式人力资源管理，提升企业价值。2016 年 7 月，美国经济学会权威期刊《美国经济评论》发表了论文《行为经济学：过去、现在和未来》，作者认为，已经到了全面接受循证经济学的时候了。2019 年，兰州大学循证社会科学研究中心等单位共同主办"2019 循证社会科学知识转化论坛"，旨在促进循证社会科学的研究人才队伍建设，提高学术研究水平。这些学术组织的循证研究极大地推动了循证思想、循证研究方法的发展。

Cochrane 网成立于 1992 年，主要在循证医学领域开展学术研究，该网收集和整理相关证据，建立 Cochrane 图书馆，以光盘的形式全年面向世界发行（Ashworth 和 Walker，1998）。虽然 Cochrane 网的研究领域为循证医学，但是其对方法论的研究是循证社会科学开展研究的基础。Cochrane 网对系统评价和 Meta 分析提出了系统化的要求，只有通过规定的证据评价流程和方法得到的结果才能称为有效结果。该网要求研究应该在统一软件（如 Revman）中实施，对系统评价规定了七个部分：提出问题，确定和选择调查报告，深入评估调查报告，收集数据，分析和研究调查结果，解释结果以及对原有评价进行更新。Cochrane 图书馆可根据已有的研究报告，确定众多研究项目中评价重复的内容，之后才对系统评价进行撰写，并按照 Cochrane 统一工作手册制定的基本步骤完成研究方案，包括背景、目的、纳入和排除临床研究的标准、资料收集策略、提取资料、评价临床研究质量、分析资料等①，通过严格的研究步骤对证据的有效性进行控制。

在 Cochrane 网的影响下，循证社会科学研究者认为需要一个与 Cochrane 网相似的组织来对社会政策的证据展开长时间的系统、深入研究，在全球社会科学学者和相关从业人员的支持下，Campbell 协作网于 2000 年正式成立。该协作网的研究领域包括犯罪与司法、经济学、教育领域、国际发展、社会福利等，通过系统评价的方式产生优秀证据，从而使政府决策得到更好的支持，积极促进社会的发展和进步。该网对新的研究方法也进行不断的探索，形成了网状 Meta 分析、合成双变量分析、贝叶斯元分析、评估偏倚等方法，其形成的方法指南有利于逐步指导研究者如何进行系统评价。② Campbell 协作网是目前全球较大的循证社会研究机构之一，主要职能包括：对 Campbell 图书馆进行运营及维护、资助相关研究者、进行研究人员培训等。Campbell 图书馆是其重要的组成部分，包括

---

① Cochrane 网。
② Campbell 协作网。

Campbell 系统评论、Campbell 方法集、Campbell 策略与指导，并通过图书馆刊发系统评价的双月刊。[①] 在国际研究合作方面，Campbell 协作网与美国内布拉斯加林肯大学、中国兰州大学循证社会科学研究中心、荷兰马斯特里赫特大学等众多高校开展了循证方法的研究，对高校教师进行方法论的培训，支持、鼓励全世界研究者进行高质量的系统评价研究。

2015 年，美国循证政策联盟与美国劳拉和约翰阿诺德基金会合并，劳拉和约翰阿诺德基金会继承了循证研究的最初的目的。其主要目的是在生活中有意义且持续改进的项目中充分地使用有效证据，通过建立严格的评估来确定项目是否正常运作。劳拉和约翰阿诺德基金会汇集了来自公共和私营部门的政策制定者、研究人员和数据专家，加强了基于证据的决策框架，并促进了循证决策的发展。[②] 该基金会通过推动合作伙伴进行规划，努力扩大对受保护个人数据的访问，促进建立新型的循证政府。其成熟的结构使得独立执行复杂的社会政策任务成为可能，并根据合作伙伴资金的情况建立了自己的研究基金池，证明了各种政策领域进行循证研究、循证决策的重要性。劳拉和约翰阿诺德基金会的循证研究为各个领域的政策准入提供了参考。同时为了使循证研究更加高效和高质量，基金会制定了评估工具和筹资机制，使用评估工具来确定循证研究的有效性和质量，推动了循证研究的迅速发展。

加拿大环境证据协作组织是一个国际非营利组织，由六个中心组成，如澳大利亚中心、加拿大中心等。其基于科学家、决策者、环保主义者和其他利益相关者的科学研究为循证实践提供了可靠的证据来源。该机构的循证研究以系统评价和证据地图研究为主，提供延续和清楚的方法，利用政策和治理干预的影响对所有证据编码和证据质量进行评估，使用预定义的方法来减小偏见，评估证据范围并为进一步研究和综合提供基础（Ann 和 Wegrich，2007）。加拿大中心是该组织的核心，具体特点是：第一，阐述系统评估方法的内部专业知识，与其他中心开展学术交流，通过系统的评估，建立有助于制定环境管理政策体系的图书馆，并建立和维护一个共同的系统评审数据库；第二，对中央政府机构、捐助者和非政府组织等相关捐助机构进行系统评估，鼓励与从业人员和规划人员合作，提高对证据实践的认识；第三，举办系统评价的培训班，扩大循证研究的影响。加拿大环境证据协作组织和英国经济与社会研究协会、欧盟委员会联合研究中心、Campbell 协作网、Cochrane 网、澳大利亚国立大学等 30 多个研究基金和机构进行了深度的交流，并通过将各个领域的专家纳入组织的方式，不断提高其循证研究能力。

国际影响评估倡议（3ie）是证据生产、质量评价研究的全球性学术组织，

---

① 生产力委员会（Productivity Commission）网。

② 劳拉和约翰阿诺德基金会网。

是国际发展中以证据为基础的决策制定的全球创新者和领导者。该组织主要通过系统评价、证据地图以及其他研究方法，对低收入和中等收入国家的相关领域进行研究，为低收入和中等收入国家的决策提供信息，改善贫困人口的生活。该组织自 2008 年成立以来，已在 50 多个国家或地区提供了 300 多项拨款（243 项影响评估、38 项系统评估和 23 项其他研究），总价值为 1.04 亿美元。目前，该组织在新德里、伦敦和华盛顿特区设有办事处，主要研究领域包括农业、教育、环境治理、健康、人道主义、基础设施、公共财政、社会保护、西非能力建设和影响评估、针对穷人的金融服务复制计划等。该组织在循证研究、循证实践方面进行了充分的探索。3ie 促进以证据为基础的公平，包容和支持可持续发展，生成和有效利用高质量证据，为低收入和中等收入国家的决策提供信息，改善贫困人口的生活质量，凭借有效的证据为国家政策的制定提供指导和支持。目前，3ie、公共和私人捐助者、政府机构、低收入和中等收入国家的非政府组织，以及从事发展工作的国际非政府组织共同构成了一个多元化的学术研究社区，共同致力于推动循证思想在全球特别是中低收入国家的实践，并且每年都召开会议，与参会者分享制作和使用证据的经验，为决策提供信息，讨论优先事项，与成员国政府和其他发展机构的同行开展学习活动以提高研究水平。3ie 的循证研究与实践拓展了循证思想的应用范围，加快了循证思想由发达地区向欠发达地区的传播过程。

很多中国智库都应用了循证研究的理念，兰州大学循证社会科学研究中心、中国人民大学循证治理与公共绩效研究中心是其中的代表性机构。兰州大学循证社会科学研究中心成立于 2018 年 1 月，是包含循证医学、循证图书馆学、法循证学、循证经济学、循证管理学、循证社会工作等的多学科、融合性发展的智库。兰州大学循证社会科学研究中心充分发挥兰州大学综合性大学学科齐全、社会科学研究实力雄厚的特色和循证科学的方法学优势，自成立以来在中国核心期刊上发表研究论文多篇，出版了《循证社会科学研究方法：系统评价与 Meta 分析》等数部专著，牵头举办了循证科学与知识转化论坛、循证社会科学研究方法培训班等多次学术活动，并多次参加全球证据峰会等国际性学术会议。2019 年，兰州大学循证社会科学研究中心入选中国智库索引（CTTI），极大地推动了循证研究在我国的发展。中国人民大学循证治理与公共绩效研究中心是集学术研究、项目咨询与教育培训为一体的科学研究机构，拥有一支高素质的科研队伍，并聘请了国内外一流的专家、学者作为客座教授，为研究中心的发展提供了深厚的理论研究基础和宝贵的实践经验。该中心举办了治理现代化与循证决策学术论坛、新时代的政府绩效管理：机遇与挑战学术研讨会、高质量发展导向的政府绩效指标体系设计座谈会等多项学术活动，积极推动了循证理念在政府绩效研究、循证决策等中的研究与实践。

7.1.4　证据实践对我国循证决策和政府治理的借鉴和启示

循证决策面临着一系列挑战，并且随着现代社会的发展而变得更加突出，但是在全球近20年的探索实践后，新的技术方法和现代化理念逐步运用并融合到循证决策之中，为循证决策应对挑战提供了技术路径和经验，使得循证决策的应用领域更加广阔，为我国的循证决策发展提供了更好的借鉴。

1. 推动循证理念得到社会决策者的接受和认可

通过发达国家的案例我们可以看到，决策过程实质上就是对多个因素的总体考虑。循证决策要想在国家政策制定过程中发挥更大的作用，就需要进行跨学科、跨组织、跨领域的合作，更加全面地应用证据，更好地理解和剖析复杂的问题。从研究到决策不是将知识从一个载体转向另一个载体，而是研究人员和决策者等主体共同研究和决策的过程。发达国家的经验表明，只有决策主体、循证决策研究者以及数据应用平台三者之间构成了合作性应用关系，才能推动循证决策的迅速发展。我国应该在现有的研究基础上积极促进循证研究的多学科发展及智库式发展，充分地激活四方主体的良性循环关系，在合作共赢的基础上实现中国循证决策的发展。要积极发挥决策者在资源调动上的优势，从国家层面推动循证决策发展，以决策主体为发力点，通过资金支持、政策支持、技术支持不断推动数据应用平台的建设和完善，从而推动决策研究者的研究走向科学化、规范化。

2. 重视循证方法的学习和运用

目前，循证决策领域经常使用RCT、Meta分析方法等统计工具，但不可否认，这些方法在使用时由于政策背景的差异存在着一定的局限性，对研究结果产生了不利影响，传统的系统评价对一些问题存在偏倚，如发表偏倚、选择偏倚、检测偏倚（王学军和王子琦，2018）。在不同的循证决策领域考虑不同的时代背景和政策因素的区别，促进了新的循证决策方式的不断发展。中国应当充分借鉴这些先进的研究方法，不仅要分析期望的结果，而且要研究整体的因果关系及政策的影响机制和发展过程，结合我国独特的政治环境、社会发展、经济社会特征对经验数据进行研究，借鉴现实主义综合、定性与定量研究相结合的特点，形成更加科学的循证研究方法。

3. 提高循证实践的效果

目前，由于证据获取的时效性，循证研究与循证实践存在一定的脱节。随着信息技术的发展，实时获取大量有效证据成为可能，我国应合理、充分地推动前沿技术在循证领域的应用，通过信息技术手段快速获取大量信息，对信息进行精准的分析以及共享，这将极大地提高循证实践的效果。在我国，政府处于领导、决策地位，因此通过加大投资提高循证实践的精准性成为可能，政府机关要充分地调动社会资源并实施数据管理，形成创建、传播、使用和评估数据的证据网络，建立自己的网络和图像创建平台。这意味着可以畅通、实时地获取各种信息技术，并通过不同渠道动员足够的人力资源，包括经济学、民生等领域的行政数据、公共数据和研究数据，研究者的证据源将被迅速打通，研究结果的指导意义将极大地提升，循证实践将更好地辅助政府进行政策制定，从而推动整个社会的发展。

4. 中国经济学证据实践的未来

中国改革开放已经40余年，经济迅速腾飞，社会快速发展。伴随着我国成为世界第二大经济体，文化影响力不断扩大，以及“一带一路”倡议不断深化，中国在国际事务中扮演的角色越来越重要，因此中国更需要提高政策制定的科学性，在世界上展示中国智慧、发出中国声音。中国要更好地运用循证决策为国家发展服务，需要做到以下两方面。

第一，整合智库资源，突出发挥咨询作用。智库是以公共政策为研究对象，以社会责任为研究准则的专业研究机构，通过数据的统筹和综合分析，在政府决策中发挥着重要作用。美国专业智库众多，包括兰德集团、布鲁金斯学会和国家研究委员会，它们的主要职能是提供政府政策咨询和评估。2018年，我国拥有智库507家，数量众多，但是在研究领域、研究方法上存在着诸多问题，研究成果的证据性不足，不能很好地满足新形势下我国发展的需要。2018年，兰州大学循证社会科学研究中心进入中国智库索引名单，标志着循证实践方法在智库研究领域的一大进步。但是我国智库整体水平不高，各个智库之间运行较为独立，没有形成合作机制，因此我国应当整合智库资源，形成中国的世界知名智库，通过知名智库的带动作用推动形成一批在国际上有影响力的智库，积极扩展循证思想在智库研究中的广度与深度，建立起适应我国自身发展模式的研究体系，促进智库之间的合作与交流，形成讨论与共同协商的氛围，使基于科学证据产生研究成果的理念深植智库发展之中。

第二，发挥制度优势，强化政府在循证决策领域的主导地位。政府在循证决策中占据着主导地位。若离开政府，循证决策的作用将无法发挥。循证决策最重要的是落实实践，政府是政策的制定者，只有政府积极推动循证决策的发展才能确保循证实践起到更大的积极作用。我国政府在信息技术、循证研究发展路径等方面应发挥制度优势，主导循证决策的发展方向。从信息技术的角度来看，循证研究的发展需要专业的信息平台，不仅需要技术支持，而且需要资金支持。我国应当在建立信息数据平台设施方面进行大力建设，建成中国的循证数据库，政府积极发挥调控与管制的作用，出台网络信息资源合法性及相关保障制度的文件，逐步推动我国发展世界性的循证研究中心。在循证研究路径方面，循证研究从海量数据中获取有效的证据，形成对政策的评估，我国政府要充分发挥协调、监管

的作用，对循证研究过程的客观性、合法性进行监督，对证据的保密性进行管理，为循证研究创造良好的外部发展环境。

7.2　微观经济决策中的证据实践

循证决策是在繁复的环境和大量的证据中，通过科学方法筛选、整合证据以应对竞争的决策方式。本质上讲，循证决策是对不同类型知识的应用，因此在微观环境中，循证决策依旧应用广泛。微观环境具有多样性、相对独立性等特点，良好的微观环境会对人的发展和社会的进步具有正向的促进作用，同时微观决策面对着更加细微的证据，更需要通过循证决策的方式对所有证据进行科学化处理，从而通过“最佳”证据的指导做出正确的决策。

微观决策包罗万象，而企业作为国民经济发展的“细胞”具有重大作用。尤其当企业面临困境时，更需要分析证据以做出最佳决策。本节从企业出发，对企业的循证决策进行论述，对新兴知识管理进行探讨，在此基础上对与企业息息相关的人力资源管理及质量系统管理中的循证决策进行深入的分析。

7.2.1　证据实践在企业管理中的应用

对世界循证管理来说，菲佛和萨顿是不可忽略的人物。他们对循证医学进行解构，并结合企业管理进行重组，开创了循证管理的先河。他们指出，循证管理立足于后现代式的解构分析，对似乎神圣的管理学原理用企业经营中的事实予以臧否，一切从证据出发，解开笼罩在管理理论上的神话。在他们二人的努力下，循证管理在企业管理中发挥出更大的作用，对管理方法的改进、管理思维的调整有着巨大的贡献（闻华和张瑜，2012)。

1993—2001 年，菲佛出版了《权力管理：组织中的政治与影响力》《权力：为什么总是掌握在部分人手中》等书籍，对权利的分配、决策的制定进行了深入的研究。菲佛在研究中发现，组织环境差别巨大，需要克服的问题各不相同，即使被大多数人接受的普适性管理原则在实际执行中仍然会出现偏差，由此他对管理学的发展方向提出了新的思考。2000 年，菲佛与萨顿合作出版了《管理者的误区》一书，在书中详细地阐述了管理者进行决策的过程，指出“管理者似乎知道自己该做什么，但实际中并未那么做”的问题，同时也指出那时的知识获得者很难将知识合理运用到实际管理中，因为其面对的证据太多了，同时受到的干扰也太多了，于是菲佛和萨顿提出了将知识和证据更好地转化为决策的设想，并通过一系列研究对其进行了剖析（闻华，2011)。

以相关的研究为基础，菲佛和萨顿提出了“循证管理”的设想。2006年，菲佛和萨顿在《哈佛商业评论》上发表文章《循证管理》(Evidence-based Management)，对循证管理进行了初步的研究。同年他们还出版了《管理的真相：事实、传言与胡扯》(*Hard Facts: Dangerous Half-truth & Total Nonsense*)一书，对循证管理进行了更加深入的分析。他们在这本书中指出：“循证管理并不是列出一堆供你记忆、模仿、使用的技术，而是给人们勾勒出一幅组织生活的透视图，提供一种思考方式，用来引导人们判定你和你的公司知道什么，不知道什么；什么可行，什么不可行；下一次该尝试什么。”循证管理并不能够提供一个普适的解决方案，但是可以通过有效的证据处理流程，辅助做出不同条件下的较好决策。2007年，菲佛出版了《他们到底在想什么？关于管理的非凡智慧》(*What Were They Thinking? Unconventional Wisdom about Management*)，对已有的理论进行整合与扩充，极大地发展了循证管理的内容，菲佛的循证管理体系初步构建完成。

菲佛认为循证理念在企业管理方面的应用有着三大阻碍，分别为：不适当的目标、看起来有效的经验、意识形态的因素。不适当的目标指管理者往往更加愿意学习别人的管理经验，而缺少了必要的甄别，作为企业管理者，不能仅仅看到其他企业的成功，更要看到成功背后隐藏的各种因素，通过几个成功的情景和条件得出成功的内在机理，这样的证据分析过程正是循证管理实践所缺少的。看起来有效的经验指的是管理者更倾向于盲目相信过去已经取得的成功经验，有些职业经理人在别的公司通过一系列举措取得了较大的成功，当其进入另外一家公司时会模仿原来成功的措施而忽略企业管理主体的区别，错误且不加分析地相信一种方法在不同主体下将取得相似的结果。例如，艾尔·邓拉普使用一系列强硬的手段损伤企业暂时的利益，使得企业市值和财务情况变好，通过相似的方法先后在阳光公司、斯科特纸业的低谷时期使决策主体的指标迅速变好，但他最后被美国证券交易委员会以欺诈罪起诉。意识形态的因素指的是管理者由于各自不同的教育背景、家庭背景、社会背景形成了不同的思维方式，特别相信某些管理措施，用思维的信仰代替了政策的事实。21世纪初期，多数管理者相信股票期权作为激励方式是积极有效的。但是21世纪以来，多家著名公司不断出现财务丑闻，股票期权不仅没有约束和规范高管的行为，起到激励作用，反而在一定程度上刺激了高管弄虚作假的意愿。

面对这些问题，决策者应该怎么做呢？菲佛指出，当企业选择目标时，要充分地分析将要模仿的政策与提高绩效之间的真实关系，分析该方式对当下的决策主体有没有负面影响、有哪些负面影响、有没有解决方法，以及这个负面影响造成的损失是否可以承受；当企业模仿有效的经验时，要充分分析当下的业务、商业模式、竞争环境等现实因素，分析模仿其他成功经验的想法而不是措施；当企

业面临管理者意识形态的因素的影响时，要确定管理实践的偏好是出于管理者的价值判断还是基于事实的分析，以及能否取得充足的证据支持。菲佛等人提出的循证管理强调管理要从证据入手来分析事实和指导决策，是科学管理与经验管理的综合。循证管理与经验管理的最大区别是，循证管理通过科学的方法对证据进行分析、量化，进一步运用证据指导管理工作。这种科学的方式使得管理过程既使用了科学的方法，又存在对前人经验的借鉴，可能预示着管理学未来的发展方向。

7.2.2　证据实践之企业知识管理

现代企业面临的挑战和竞争环境变得越来越复杂和不确定，随着全球经济一体化的进程不断深化，中国企业不仅面临发达国家企业的竞争，而且面临复杂外部竞争环境的挑战，企业决策变得更加困难，传统的理论和决策模型越来越难满足企业发展的要求。作为解决复杂问题的新决策模型，循证决策符合形势发展的需要，尤其是通过企业知识管理进行决策在企业发展中起到了更加重要的作用。

知识管理理论认为决策过程是信息过滤和传递的复杂过程，在这个过程中，清晰的知识和模糊的知识必须经历许多转化，基层决策可能更依赖于清晰的知识，但决策层级越高，模糊知识的百分比就越高。一般来说，隐藏的知识越多，它们就越有价值。现代商业企业竞争风险较大，最重要的是战略层面的竞争，战略的错误会导致企业的失败，因此在战略决策中，表达和充分传播模糊知识的能力对决策质量有重大影响，这也是企业知识管理的意义所在（李东和蔡剑，2005）。

企业知识管理正是循证管理在企业中的重要应用。知识管理是一个复杂的过程，涉及企业的战略部署、财务状况、研发情况、市场情况等诸多方面的因素，是对企业信息的综合性应用与管理（李华伟等，2002）。为了提高企业的知识管理水平，很多企业成立了专门的知识管理部门，设立了企业首席知识官（CKO）这一职务，从企业整体价值最大化出发辅助企业领导人进行决策，甚至有学者认为企业 CKO 将会替代首席技术官、超越首席财务官，成为企业的二号人物。CKO 制度在很多公司已经开始实践，并发挥了一定的作用，但整个体系仍在逐步完善过程中。

CKO 在国外企业中起到了较大的作用，如美国企业思科，在企业 CKO 的分析下企业逐步制定“购买科技的战略”。也就是说，思科本身不进行任何科技研发工作，而是通过 CKO 及知识管理机构的分析，充分地发掘具有较大发展潜力的科技小公司，并且做出决策是否购买这些科技初创公司。通过不断地收购，到 21 世纪初，思科已经并购 40 余家科技公司，通过这项策略思科成为世界重要的科技企业。对中国企业来说，CKO 制度已经开始实施，但是效果不尽如人意，

CKO 在中国企业中还处于一个新的管理实践阶段，如何更大地发挥 CKO 的作用，仍处于摸索阶段。

中国惠普是中国第一个在企业内设置 CKO 的公司。2001 年，高建华被任命为 CKO，中国惠普逐步开始知识管理的实践工作。2003 年，高建华离开中国惠普，此后中国惠普并未继续设立 CKO 职位，可以说这次实践是高调开始、低调结束。CKO 在企业的管理与决策中并未发挥明显作用，究其原因，大多数学者认为，中国惠普的知识管理实践失败是由于在知识管理中出发点是企业领导人的愿望，而不是企业面临的实际问题，因此整个体系的能动性并未充分发挥，在中国惠普与康柏合并后这一知识管理体系难以继续存在。[①] 联想也是较早进行企业知识管理实践的企业，并且取得了一定的成果，但整体来说整个系统运营日趋艰难。联想的知识管理实践从有需求的个别部门展开，以此为试点逐步推进，联想集团副总裁兼 CKO 张后启曾在采访中提到联想销售部门的知识管理实践实施得较好，因为销售人员需要了解各个方面的信息，但是因为集团内部制度，市场部与销售部信息共享程度不高，知识管理实践使得各种信息得到充分共享，极大地提高了销售人员的积极性。[②]

在联想，已经有十余个部门认识到知识管理的重要性，因此各自开发了小的知识管理系统，取得了一定的成就，但是由于联想没有成立集团公司级别的知识管理实践部门，因此循证决策在企业管理中还没有发挥战略性作用。TCL 也进行过知识管理实践，但是并没有在企业内部设立 CKO 职位，而是由信息部长负责相关工作。[③] 21 世纪初，TCL 迎来了较快的发展，如何在企业快速发展的同时做强企业是当时面临的重要问题。基于这样的考虑，TCL 推行了知识管理实践，但是 TCL 的知识管理实践停留在较低级的阶段，从办公系统自动化入手，建设内部各部门交流网络，实现信息共享，同时在知识管理实践的过程中也存在着一系列问题，初期的推进比较顺利，但是随着实践的深入，仍需要继续在知识管理实践的落实上下功夫。

通过上述案例我们可以看出，知识管理实践在企业内存在如何落地的问题，即使企业已经认识到知识管理的重要性，但知识是隐性的，如何使企业各部门充分沟通并充分发掘隐藏信息是一项见效期较长的艰难工作。除此之外，我们也可以明显地看到，知识管理实践在中国的相关企业中站位较低，即使存在 CKO 职位，也没有形成实体化的部门，而是依附于诸如信息部、管理部而存在，领导层级较低，不能充分发挥各部门的协调能力，而是更多地将其视为信息化过程中的临时部门，难以在企业发展策略制定中充分发挥作用。

---

① 中国惠普官方网站。

② 联想官方网站。

③ TCL 官方网站。

7.2.3 证据实践之人力资源管理

人力资源部门拥有企业最重要的资产即人力资本的最广泛的数据。收集、分析这些数据以及更多地了解数据的含义可以为企业的发展创造极大的价值。循证人力资源管理是人力资源管理发展的趋势。循证人力资源管理是数据、事实、分析方法、科学工具、客观评估、案例研究的科学综合，简而言之，循证人力资源管理就是审慎地将可得到的最好证据运用于某种人力资源实践的决策过程。

循证人力资源管理的典型案例是美国的谷歌公司。谷歌是一家不相信管理直觉的公司，该公司的人力资源管理系统建立在数据或证据的基础上，人力资源部门被称为人力运营部（people operations）。其三分之一的员工具有很强的分析能力，并且至少拥有分析心理学或数学等硕士学位。谷歌认为人力资源部门应该是一个科学部门，所有人事决策都应该得到数据的支持。在人力资源的多个方面，谷歌持续进行着循证人力资源管理的实践。[①]

谷歌曾经规定公司的所有员工都有权面试新人，但烦琐的招聘流程使谷歌成为硅谷中不受欢迎的公司。为了解决这个问题，谷歌的人力运营部分析团队进行了一项调查以建立最佳的招聘流程。他们分析了公司当时的数十个招聘程序，并追踪了每个面试官给求职者的分数。分析了数据后，他们得出结论，对同一个面试者来说最多经历四次面试，之后的面试将起很微小的作用，四次面试后的得分对求职者的平均收入几乎没有影响。同时，分析团队分析这些记录中的数据，发现谷歌招聘中简历分类记录的错误率高达 1.5%，因此分析团队开发了相关算法，从被拒绝的记录中筛选优秀者。随着经济的衰退和激烈的竞争，2010 年，谷歌决定提高所有员工的工资。那么，该如何提高工资来最大化员工的积极性？人力运营部进行了一项专门研究，要求员工在众多补偿计划中选择最满意的。调查数据分析显示，员工最关注基本工资，由于基本工资是长期确定的，基本工资可以发挥比奖金更大的激励作用。根据这一分析，2010 年秋季，谷歌宣布所有员工将获得 10%的加薪，同年谷歌员工的满意度呈现线性增长，离职率下降（布德鲁和杰苏，2012）。

7.2.4 证据实践之质量体系管理

ISO9000 是国际标准化组织（ISO）于 1994 年制定的质量管理体系，是企业生产经营的基础标准。但是什么样的产品最能契合广大顾客的满意度呢？这一直是标准制定中的难点，循证决策便是该问题的最优解。ISO9000 于 2015 年将

① 谷歌官方网站。

2005 年发布的质量管理原则中的“基于事实的决策方法”更改为“循证决策”，二者看似差距较小，但背后隐藏着理念和方法论上的巨大差别，接下来我们将对其进行比较分析。[①] ISO9000 质量管理原则 2005 年版本虽然也要求决策是基于数据和相关信息的，但是没有进行具体的细致描述，总体来看，2005 年版本仍是旧的体系，是以数据和信息为依据的一种决策。2015 年版本中，由于社会的不断发展，质量管理体系逐步由满足客户的要求转变为满足客户的期望。技术的发展，特别是信息技术的进一步发展，促进了决策手段、方法的提升，从而推动了循证决策在该方面的应用。循证决策看似简化了原则的名称，其内涵却得到了扩张，同时该标准还给出了更为详尽的采取分析和建议的措施，主要包括以下内容：在数据和信息分析的基础上增加了评价的要求，这也是对风险的控制要求，同时指出满足客户的期望是在大量的数据基础上才可以考虑的问题；明确地指出了整个决策过程中的不确定性，这个不确定性是整个决策过程中都有的，因此风控就变得尤为重要，其结果是有效地控制了数据和信息的客观性和可信度，同时也增加了决策结果的客观性和可信度；数据的准确性、可靠性、安全性、完整性和数据分析息息相关，因为数据信息是决策的基础。保证数据和信息完整性不仅需要发现关键特征和信息，而且需要完成大规模数据的抽样、信息处理以及关联信息筛查，从而更全面地进行数据分析和应用。有效决策强调所涉及的每个部分都可以快速、有效地应用数据并对其进行管理，因此需要一个信息系统来管理参与数据分析和决策的人员。总之，只有将循证决策的理念、操作过程以及数据处理方法深层次地结合到质量评价体系中，ISO9000 的新原则才能落到实处。

7.3　数字经济时代的证据实践

2018 年 8 月 23 日，首届中国国际智能产业博览会在重庆开幕，国家主席习近平在向会议的贺信中指出，我们正处在新一轮科技革命和产业变革蓄势待发的时期，以互联网、大数据、人工智能为代表的新一代信息技术日新月异。促进数字经济和实体经济融合发展，加快新旧发展动能接续转换，打造新产业新业态，是各国面临的共同任务。数字经济时代最大的特点就是技术驱动创新，因此循证研究也必须牢牢抓住技术进步的契机，将大数据技术、人工智能的新科技运用到研究过程中，发挥机器学习的优势，提高研究效率和研究结果的可用性，推动我国成为循证研究、循证实践的高地。

① 质量评价体系官方网站。

7.3.1　大数据背景下的证据实践

随着21世纪信息技术的快速发展，互联网应用、电子商务、移动通信数据的普及使得信息内容不断丰富、结构迅速充实，结构化数据和非结构化数据被大量储存起来，社会正处于数据“爆炸”的时代。大数据的概念不仅限于相对广泛的数据统计，而且侧重于存储、分析和使用现有数据，以及对数据变化的捕获。在所有层面，数据都揭示了复杂的关系，这些特点极大地促进了循证决策的深入研究，循证决策的深度与广度得到扩张，决策的理念将迎来新的转变（张才明，2013）。循证决策研究从在过去的经验研究中找出事物发展的原理转变为对目前正在发生的事情进行研究以探索未来事物的发展方向；由事后的分析转变为事先的预测；由不能包含全部证据的决策转变为依据全证据的决策。循证决策的研究效率、研究指导政策的精度都将得到长足的发展。

1. 大数据技术对循证决策的影响

大数据的核心特征是数据量、关注效率和相关性。大数据本身不等于证据，通过大数据分析获取的结果则可能是证据。大数据能为循证经济学的研究者、实践者（决策者和实施者）、管理者和实践对象提供大数据支持，推动大数据分析，并实现循证经济学的大数据管理。在大数据时代，结构和非结构化数据均可得到进一步的深度挖掘，经济学证据更为准确、全面，也将会加速经济学的循证实践过程。大数据技术的发展与逐步成熟从源头上改变了研究者、决策者对数据的收集、处理方式，使得深入社会各个角落、表现为各种形式的证据得以纳入研究，丰富了循证实践的证据内涵；从方法上突破了原有方法的局限性，使得分析更加全面，提高了循证实践的科学性；从决策运用上通过对非结构性、半结构性证据的科学分析，提高了循证决策的精确性。

大数据技术改变了决策中证据收集的思维方式。大规模数据的收集往往依赖于更新技术的自动获取，随着大规模数据技术的发展，数据收集和存储率将爆炸式增长。循证决策的基本过程是在了解了大量信息后，决策者通过技术分析做出一系列理性的决策以及与环境因素有关的经验判断。在当今信息的爆炸式发展及快速变化中，循证决策除了需要大量的历史数据，还需要实时数据和相关数据。大数据技术的发展可以实现更加高级的人工智能技术，可以帮助人们自动完成对非结构化证据的转化。在未来，证据的获取不再全面依靠检索与数据库，而是更加方便和全面。一方面，数据收集的范围得以扩大，收集的数据不仅包括原始研究、数据库、田野调查等由研究者提供的数据，而且包括实践对象的反馈信息；另一方面，数据收集的方法不断创新，传统的数据收集由研究者或者管理者主导，是单向的，会造成不同程度的偏倚，而大数据支持下的数据库平台可以实现

研究者、实践者、管理者和实践对象的实时互动，通过数据挖掘技术和实时采集为经济主体提供实时数据。

大数据技术改变了数据处理的思维方式。在信息处理能力有限的时代，缺乏数据收集和分析工具，通常随机抽样以最少的数据产生最大的信息。在大数据时代，可以收集大数据技术所需的所有数据，数据分析不再基于通过随机抽样收集的少量数据，而是包含所需的所有数据。在小数据时代，数据的精度将会对结果产生严重的影响。在大数据时代，我们可以收集所有数据，虽然很难保证这些数据是准确的，但无须对所有数据要求精确度。在大数据中，只有部分数据的精确度低，在海量的数据中产生极小的影响，因此不会影响整体的分析结果。同时大数据一般是非结构化数据，首先需要对其进行一次研究，然后将一次研究的结果通过系统评价、Meta 分析等二次研究的综合形成结构化数据，大数据方能得到进一步深度挖掘。循证的系统评价、Meta 分析等方法在大数据研究中不可或缺，大数据分析也对未来循证经济学的发展至关重要，通过云计算等在线分析大量碎片化的证据来源，形成有效的证据辅助实践者决策，实现经济政策的精准实施。因此，在大数据时代，循证决策的结果准确性将会大大提高。

大数据技术改变了循证决策的分析方式。大数据技术的出现将改变我们在循证决策中分析证据的方式。在大数据到来之前，研究人员在收集样本数据后，使用 Stata 或 SPSS 软件选择统计学模型对收集的数据样本进行统计分析，由于其自身的计算能力和计算机内存容量的限制，这种类型的软件只能处理小样本数据，处理的数据类型限于结构化数据，对可以获得大量的半结构化或非结构化数据难以做到有效分析和使用。在大数据时代，分析技术的不断更新和扩展提升了研究人员在分析证据方面的水平，数据挖掘技术使更多高质量的数据被用于科学决策，数据分析和可视化技术可以对非结构化、半结构化证据进行转化，为循证决策提供更全面、更准确的技术支持。

总体来看：第一，大数据技术使得循证决策的证据更加深入微观层面，将模糊的证据通过清晰的结果表达出来，有利于评估政策实施的有效性；第二，大数据技术的使用使得证据处理过程更加快速，数据转化的效率得到提高，数据初步分析的错误率将大大下降；第三，大数据技术将为决策者提供政策实施的宏观形象，也能为决策者提供微观的实施效果，有利于决策者进行准确的判断。

2. 大数据背景下中国循证决策的障碍和困境

大数据技术虽然发展迅速，但是作为一种新兴应用技术，其在我国发展和实践的时间较短，对我国社会的改变效应仍未完全发挥。从大数据技术与循证实践结合发展的基础条件来说，我国目前存在大量信息孤岛；从信息安全来说，我国还未形成完善的信息保护机制；从相关研究人员来说，我国缺乏掌握循证研究方法、大数据技术的研究和决策人员。因此，大数据技术在循证决策中完全发挥作用任重

道远。

在信息阻隔方面，我国的大多数政府机构和组织都建立了相对完整的信息基础，但是不同级别的政府或部门的信息和数据平台是分散的，缺乏统一的标准格式和数据的共通共享，众多来源不同的数据都是孤立的。政府拥有最广泛的社会数据和信息，但大部分数据分散到各级政府机构和各个部门。它们尚未整合，没有统一的标准，即使在大数据的技术下，处理不同性质、不同标准的证据也是充满难度的。如中国红十字会组织建立了自己的资金信息平台，各个省的红十字会也建立了各自的网络平台，但是标准规范不一样，内容格式不一样，这使得国家层面的信息与各省级层面的信息是相互独立的，将这些证据完全融入统一的体系中仍需要大量时间。

信息安全保护有待加强。大数据时代面临的巨大挑战之一是解决对隐私和个人数据安全的威胁。以购物软件为代表的互联网的发展不断地监视人们的行为。大数据形成数字记忆效应后可以预测个人的行为，它将严重威胁每个人的隐私和自由。同时中国人的隐私权概念非常薄弱，监控网络仍然困难。除此之外，大数据技术需要存储大量的数据信息，有来自传统数据库的结构化数据和来自互联网的大量半结构化和非结构化数据，很多数据涉及国家安全、社会安全和公众安全，在集中存储、处理和共享这些数据的过程中，信息安全是最大的风险。我国目前正在对整个数据系统进行建设，数据系统并不完善，应严防发生重要数据信息的泄露。

专业人才缺口较大，特别是政府机构缺乏专业信息人才的情况尤其明显。目前，政府的决策过程仍然使用传统的存储数据库系统作为解决问题的工具，这与政府机关存在大量的数据需要存储和处理存在着矛盾。大多数政府系统数据分析专家都专注于网络信息编程、硬件和软件信息管理以及熟练的开发和分析方面，大数据处理方面的相关人才较少，基于政府证据的决策在数字经济时代逐步成为制定政策的必要过程，数据分析和评估的人才较少将会影响循证决策在大数据时代的有效应用。

7.3.2　人工智能与证据实践

人工智能是计算机科学的一个分支，它的目标是了解智能的实质，并生产出一种新的能以与人类智能相似的方式做出反应的智能机器，该领域的研究包括机器人、语言识别、图像识别、自然语言处理和专家系统等。人工智能从诞生以来，理论和技术日益成熟，应用领域也不断扩大。可以设想，未来人工智能带来的科技产品将会是人类智慧的“容器”。人工智能可以对人的意识、思维的信息过程进行模拟。

在移动互联网、脑科学、超级计算、大数据、传感网等新理论和新技术的驱动下，人工智能加速发展，呈现出人机协同、深度学习、自主操控、跨界融合、群智开放等新特征，正在对经济发展、社会进步、国际政治经济格局等方面产生重大而深远的影响。人工智能的发展在促进循证决策的同时也引起了社会各界的担忧。

1. 人工智能技术应用于循证决策的价值前景

无论是管理者和实践者等证据的评价者和实践者，还是研究者和实践对象等证据的生产者和接受主体，都可以在自身不进行大数据收集和分析的前提下使用云计算和人工智能辅助决策，克服传统人工检索证据的漏检和研究者偏倚问题，同时使得循证实践的数据收集处理过程简化，提高循证实践的适用范围和人群。

人工智能的应用可以极大地提高证据的收集处理效率。人工智能系统以大数据为基础，通过算法进行数据的处理，尤其是人工智能技术的应用使得人工智能技术真正实现了智慧化。据高德纳（Gartner）咨询公司称，与 2019 年相比，到 2020 年底，数据将增加 8 倍，企业将会有高达 80%的非结构化数据，这些数据包括图像、声音和电子邮件等，这些数据是世界上最丰富、最复杂的证据源，仅靠人的能力无法分析所有数据并做出最佳决策。而人工智能技术可以通过 24 小时不断的信息提取，在不改变效率的情况下处理多种多样的非结构化数据。除此之外，在其他方面，人工智能的效率也高于人类。人工智能在分析数据方面非常客观，目标更准确，更不容易出错，不会受到经历、感情和知识体系的影响，预测更准确。人工智能非常快速地处理数据，不需要太多的准备时间和休息时间，只要模型算法的编辑成功了，人工智能就可以立即使用收集的数据来构建模型，并使用已知的模型库进行预测，准确而快速。

人工智能的应用拓展了循证决策的适用范围。传统的循证决策需要证据收集、证据评估、模型构建与分析等多个方面，只有实力雄厚的大型企业和政府部门才能调动多方面的资源，将循证决策运用到实践中。随着大数据技术的发展，循证决策与证据实践成为一种专业性极强的工作。人工智能的出现与技术模块化发展的趋势使得循证决策与证据实践的范围在未来可能更加广阔。人工智能技术不需要使用者拥有强大的编程技能，而是通过人工智能技术根据使用者的要求进行分析，通过模块化的处理流程在后台进行处理以得到期望的结果，大大地拓展了循证实践的使用范围。在实践中，机器人顾问便是很好的例子，机器人顾问随着时间的推移而进化，最初它们以一种独立的方式帮助消费者进行聚合和执行交易，之后对机器人顾问进行集成，并为提供者和消费者提供辅助建议和预测模型以便使用者做出更合理的预测。在企业界，世界著名会计师事务所普华永道已投入使用财务机器人。该机器人从美国金融数据、美国人口普查局和其他获得公共许可的来源处收集了大量信息，通过循证决策的研究方法做出不同情况下的预

测，为消费者的财务决策提供辅助。

2. 人工智能对循证决策的挑战

人工智能技术虽然可以提高循证实践的效率、扩展循证实践的应用范围，但是人工智能技术是基于机器学习和编程语言的“物体”，本身不具备创造和识别能力，只有通过不断“试错”学习进行程序的修正才能逐步完善，因此人工智能技术在循证实践应用中仍然存在着诸如如何应对数据偏差、编程偏差、道德风险等一系列问题。

人工智能技术容易产生数据偏差从而引起证据筛选的错误，导致做出错误决策。人工智能系统的操作是机器获得数据的直接反映。如果这些数据本身存在偏差，则对该数据进行分析的人工智能系统的分析结果也可能具有相应的偏差，而不会对明显错误的结论进行修正。在大数据时代，人工智能会做出亿万个分析结果。如果对这些由数据偏差带来的错误结果无法进行判断，那么人工智能将给予决策者错误的指导。

人工智能技术在循证决策的应用中可能产生道德问题。人工智能系统的引入创造了新的责任，对工作道德、研究伦理甚至公共安全等领域提出了新的挑战。例如，目前使用的许多基于任务的人工智能系统从根本上改变了权利机制，可能会加剧不平等。可以执行各种活动的现代人工智能系统可能带来潜在的主导过程和结果的风险，从而对传统的道德提出新的挑战。

人工智能技术可能有意地做出错误的循证决策。算法和代码依然是设计与编程人员的主观产物。当惯于执行命令的计算机越来越具有自主性和创造性时，它能否做到不偏不倚？将本该由人类担负的决策工作委托给人工智能时，企业将如何确保公平公正？事实上，机器歧视并不鲜见，谷歌、微软等公司推出的算法产品都曾导致严重的偏见错误。一旦这些疏漏对决策产生负面影响，企业在充满高风险的商业社会中就可能会遭到致命的打击。一方面，自动化决策是大势所趋，如果不拥抱人工智能，企业很难跟上快速竞争、全面分析的步伐。另一方面，人工智能下的循证决策的局限与困境值得政府和企业等各类决策主体深思和警醒。

本章小结

证据实践是循证思想由学术研究走向实践运用的必由之路，只有能够指导现实生活的思想和研究才有其现实意义。本章从目前传统意义上的证据实践缺陷入手，对循证思想的历史渊源进行梳理，分析循证思想下的证据实践的优越性，指出推动循证实践的必要性和急迫性。

循证思想下的证据实践发展迅速。在宏观经济领域，英国、美国、加拿大、澳大利亚等国家运用循证思想在福利经济、劳动经济、社会经济等领域开展了一系列证据实践，取得了良好的政策效果，极大地推动了循证思想由发达国家向发展中国家的传播。对中国来说，循证思想在医学、公共卫生领域已经进行了大量的实践，在经济学领域的实践方兴未艾。在学术组织循证实践方面，国际学术组织蓬勃发展，同时以中国兰州大学循证社会科学研究中心为首的国内学术组织对循证思想在中国社会科学领域的发展与实践做出了极大的贡献。大量的宏观实践为循证思想在我国的发展提供了充分的借鉴与启示，随着社会的发展，循证决策在我国发展中将起到越来越重要的作用。在微观经济领域，循证思想下的证据决策在企业管理、行为经济学中得到应用，中外企业在人力资源管理、知识管理方面进行了大量的实践，为循证思想在微观经济其他领域的实践和拓展奠定了基础。证据实践发展如图 7-1 所示。随着技术的发展，在数字经济时代，循证实践迎来了良好的发展机遇，同时也面临着新技术带来的局限性。中国如何最大限度地发挥新技术对循证实践思想的促进作用和解决新技术带来的局限性是接下来研究者、实践者、管理者三大主体面临的巨大挑战与机遇。

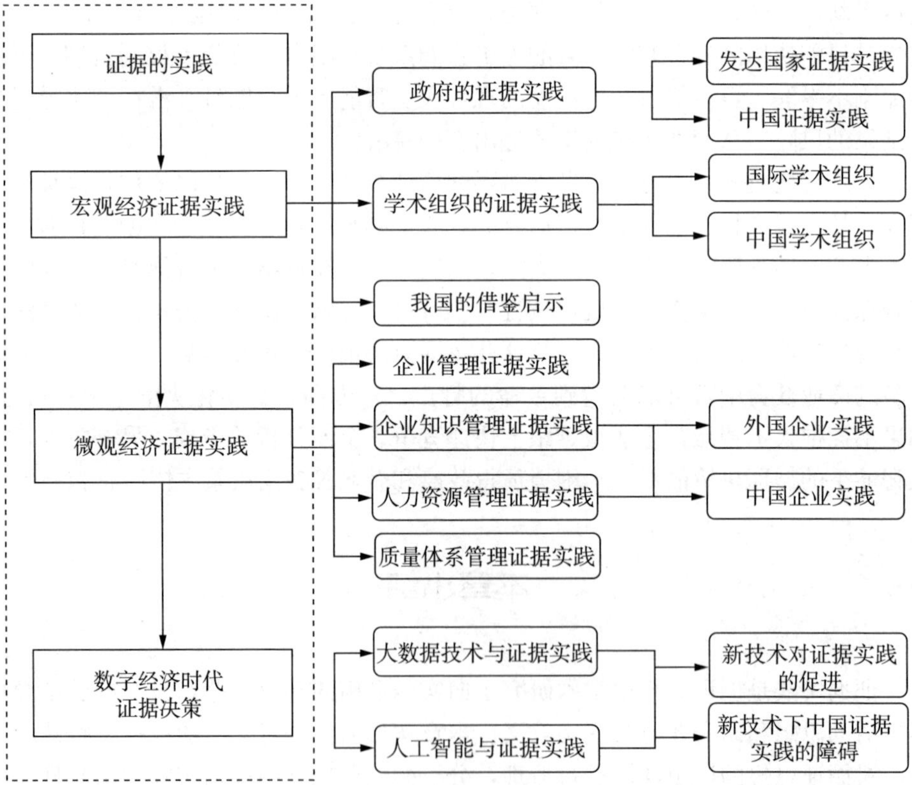

图 7-1　证据实践发展

应用前景篇

第八章 循证经济学应用实例解读

目前“基于证据的决策”这一理念在国际上已经被广泛接受，并逐步引起各类组织的重视，国外学术界在推动循证理念方面做出了重要的努力，许多学术机构和资料平台被搭建，在社会科学领域有 3ie、Campbell 协作网等。Campbell 协作网在 2000 年由宾夕法尼亚大学组织成立，其宗旨为通过制作和使用系统评价和其他证据的综合，以证据为基础制定政策并进行实践，以促进积极的社会和经济变革。Campbell 协作网数据库中发表的系统评价研究涵盖司法犯罪、残疾、教育、国际发展、知识转化和实施、营养、方法和社会福利等领域，为循证经济学方法论的发展提供了大量有效的研究证据和案例素材。本章从中选取三篇研究成果进行分析，即两篇与经济学紧密相关的系统评价文章和一篇循证社会科学领域最新的研究方法——证据差距地图的介绍，以期为研究者提供循证方法论启示。

8.1 系统评价案例一：小额信贷与女性家庭消费控制

本节选取 Campbell 图书馆国际发展部分中 Vaessen 等（2012）发表的《发展中国家小额信贷对女性控制家庭支出的影响:系统评价和 Meta 分析》（The Effects of Microcredit on Women's Control over Household Spending in Developing Countries：A Systematic Review and Meta analysis）。该系统评价的主

题为发展中国家小额信贷对女性控制家庭支出的影响研究。该实例较为规范地综合分析了关于小额信贷对女性控制家庭支出的影响的多篇文章，在一定程度上体现了通过系统评价进行经济领域研究的可能性与合理性。

该评价主要分为四部分：背景、方法、结果、研究结论。其中背景部分包括对该评价主题的介绍、小额信贷的影响、本次评价的目的以及相关理论模型等内容。方法部分包括 PICO 模型、文献检索范围以及检索策略、纳入文献的数据提取与编码、定性和定量分析方法等，这部分体现了系统评价的主要流程。结果部分包括检索结果以及检索流程、纳入文献的描述、批判性评价、定性与定量分析的结果。研究结论部分阐释通过本次系统评价得出的结论以及局限性。这四部分的组成体现了系统评价的科学性与严谨性。下面对该系统评价进行解读。

8.1.1 研究背景与目的

近年来，小额信贷作为一种新兴的金融服务，为全球各国的贫困家庭提供了金融支持。区别于传统的金融手段，小额信贷提供金融服务的主要客户群体为贫困人群。各国的小额信贷政策虽有不同，但多数具有以贫困妇女为目标及依赖团体贷款两个特点。该研究的主要目的是分析在发展中国家小额信贷对妇女控制其家庭支出的影响，并深入研究其背景因素和干预机制。该评价采用 PICO 模型对系统评价问题进行构建。P(population/problem)：研究针对接受小额信贷的贫困妇女，并且只考虑中低收入或发展中国家的小额信贷政策。I(intervention/exposure)：针对女性的小额信贷干预包括集体贷款与个人贷款。C(comparison/control)：对照试验中分为接受小额信贷的妇女组别和没有接受小额信贷的妇女组别。O(outcome)：女性控制家庭花费的一些方面。例如小额购买的能力；做大量采购的能力；关于服装、教育、健康、食品、房屋维修支出的决定；购买小牲畜的能力；购买大牲畜的能力；购买土地的能力。

8.1.2 检索策略

本研究检索词可分为 a、b、c 三个部分。其中，a 类关键词为 PICO 模型中的 I；b 类关键词为 PICO 模型中的 P；c 类关键词为 PICO 模型中的 O。关键词如下：

(1) 小额信贷（microcredit、microfinance、microlending、 * credit、 * finance、 * lending、 * loans)。

(2) 女性（women、gender)。

(3) 决策（control、decision-mak * 、empower * 、bargain * 、expense * 、

expenditure＊、spend）。

该研究系统不仅检索了 EBSCO Business Source Premier、Econlit（EBSCO）、Econpapers、IBSS（EBSCO）、JSTOR、PsycINFO（EBSCO）、SocINDEX（EBSCO）、Source OECD、ISI Web of Knowledge 等与发表主题研究相关的数据库，而且检索了 JOLIS、BLDS、LILACS 等网站，以及与小额信贷相关的研究机构（CGAP、Microbanking Bulletin、Microfinance Gateway、Microfinance Network、SEEP）。作为补充，该研究人员还手动检索了自 1980 年到 2011 年 7 月 30 日的相关书籍与期刊（*African Development Review*、*Development in Practice*、*Journal of Development Entrepreneurship*、*Journal of Development Effectiveness*、*ESR Review*、*World Bank Research Observer* 等）。研究人员的检索时间截止到 2011 年 12 月 31 日。检索主要用英文进行，补充使用西班牙文和法文。

8.1.3 文献筛选

该研究的纳入和排除标准主要根据 PICO 原则建立：研究对象为接受小额信贷的妇女；干预措施为中低收入或发展中国家的小额信贷政策；对照组为没有接受小额信贷的妇女；结局指标为女性控制家庭支出的能力，如小额购买能力，大量采购能力，关于服装、教育、健康、食品、房屋维修支出的决定，购买小牲畜的能力，购买大牲畜的能力及购买土地的能力。

由两个系统评价成员背对背独立进行文献检索与筛选，如有争议，则由第三个成员介入讨论解决，检索结果流程图见图 8－1。该系统评价总共纳入文献 29

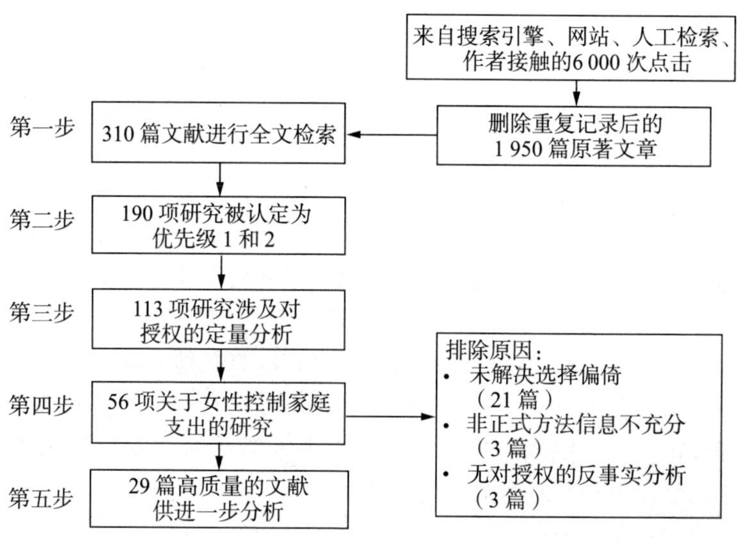

图 8－1 检索结果流程图

篇，通过初次检索得到 310 篇进行全文筛选。通过质量评价去除 120 篇，剩下 190 项研究被认定为优先级 1 和 2；删除纯定性研究 77 篇，剩下 113 篇；再去除非女性控制家庭支出的 57 篇，剩下 56 篇；最后去除选择偏倚的 21 篇、信息不充分 3 篇、非反事实研究 3 篇，最终剩下 29 篇纳入系统评价。

8.1.4 研究质量评价

该系统评价分别从定性和定量两个方面对纳入研究进行了方法学质量评估和理论框架质量评估。研究者从描述性信息、研究框架和质量评估三个方面对纳入研究进行了信息提取与编码。描述性信息包括出版物数据（标题、作者、年份、出版物类型）、地理位置、干预的类型、信用自变量（规格）、团结小组机制（是/否）、客户的特点。研究框架包括研究特点、方法设计、影响妇女决策和控制的家庭支出变量、结果变化的理论机制。质量评估指三位作者编码纳入随机对照试验的效应量，且每项研究由两位达成一致的作者独立编码。

研究小组根据提取的信息建立了包括研究设计、分析方法、国家、干预类型、效应量计算公式、统计显著性度量等相关定量信息的纳入文献数据库，数据库用于方法学质量（偏倚风险）评估和随后的 Meta 分析。

为了评估定量数据分析所依据的理论推理的质量，研究小组从有关女性赋权等理论框架（特别是妇女对家庭支出的控制）、理论框架和经验数据收集之间的一致性，以及关于控制和使用信贷的讨论及数据收集三方面制定了具体的语义量表，评估了小额信贷和妇女对家庭支出的控制的理论框架的质量。

1. 偏倚风险

该系统评价总结了 25 个独立研究中使用的研究设计和分析方法，基于研究设计和分析总体评估各项研究的偏倚风险，并且基于实验设计和分析方法评估威胁的类别。

系统评价从两个维度进行偏倚风险评估：研究设计和统计分析方法、从低效到有效再到高效的威胁。将使用 RCT 和可靠的准实验方法的文献，如回归不连续性、统计学和工具变量等方法，评估为对结果有效性存在低威胁的文献；将使用多变量或双变量方法进行的管道研究，以及仅使用简单多变量方法的小组研究，评估为对结果有效性存在中等威胁的文献；所有其他文献，包括使用多元回归和表格方法的横截面研究，都被列为对结果有效性存在高等威胁的文献。根据实验设计和分析方法，纳入本研究的一半以下（25 个独立研究结果中的 12 个）文献所使用的分析方法都对有效性构成威胁。

偏倚风险评估是对因混杂、溢出、污染以及报告偏倚造成的偏倚风险进行评估的方法。该系统评价所包含的研究中没有一项被评估为偏倚风险较低，大多数

文献具有较高的偏倚风险。其中有 9 篇被评估为具有中等偏倚风险。

2. 理论框架的质量

通过评估文献中包含信息的质量，能够确定小额信贷和妇女对家庭支出的控制之间因果关系的潜在机制。

在该系统评价中，首先考察了小额信贷和妇女对家庭支出的控制的理论框架。结果发现 10 篇文献缺乏关于小额信贷和赋权的理论框架；4 篇使用了一个理论框架来讨论小额信贷和赋权之间的因果关系（但未明确阐述妇女对家庭支出的控制）；15 篇提出了理论框架，也讨论了小额信贷和妇女对家庭支出的控制之间的因果关系。其次考察了理论框架与数据收集和分析之间的联系，其中 18 篇文献没有提出理论框架或未讨论理论框架与数据收集之间的明确关系。最后评估文献是否讨论了小额信贷的使用和控制问题。对贷款使用的控制是控制家庭支出的一个中间步骤，鉴于它在因果链中的潜在重要性，因此对它进行评估。在纳入文献中，有 14 篇文献考虑了女性对贷款使用的控制问题，并提供了有关该问题的数据；有 2 篇文献只提到了这个问题；还有 13 篇文献未提到这个问题。

8.1.5 Meta 分析

该系统评估了 25 篇文献的效应量，并进行了 Meta 分析、敏感性分析和与赋权相关的变量的发表偏倚分析。为了结合不同的分析并考虑所选研究估计方法的多样性，该评价使用了 12 种不同的效应量公式，在不同情况下衡量干预组与对照组相比所增加的权利变量。

Meta 分析包括以下步骤：

- 提取在效应计算中使用的参数。
- 选择每个研究/构建组合使用的效应量公式。
- 计算效果。
- 整理效应规模及合并研究特征。
- 研究多样性的描述。
- 计算每个研究总体效果的“合成”效应。
- 通过亚组或元回归对研究进行 Meta 分析。

根据系统评价中包含的研究报告数据，效应量的计算量将减少，涉及 logit、多项 logit、probit、有序 probit 等估算。

1. 效应量计算

在该系统评价中，首先进行连续结果变量的效应量（ES）计算，然后阐述分类结果变量，最后描述合并依赖效应估计的方法。连续结果变量的影响是从平均和回归角度进行估计，并使用了五种方法来计算基础研究提供的数据组合。

对于使用分类变量作为结果指标的研究，该评价将其分为使用表格和逻辑回归两类。来自前者的效应估计得以较好的体现，而后者以 logit 贝塔系数的指数作为比值的估计值。但该评价并没有进行多项 logit、probit、有序 probit 的效应量估计。

2. 分析单位

该系统评价评估了纳入评价的随机对照试验的分析单位。纳入评价的所有随机对照试验使用适当的分析单位来估计研究的精确度，其中一篇文献对个人层面的参与者进行随机分配，剩余的三篇 RCT 使用集群分配。这几篇文献都使用集群稳健性标准差进行回归来调整对影响的估计。

3. 相关效应

在纳入文献中，大多数文献报告了多重依赖性估计，这意味着它们不是独立的估计。目前有五种可供选择的办法来处理多重成果估计问题，包括：得到所有估计值；放弃一些有明确理由的办法；根据规则减少“离群值”；以某种方式汇集估计值；模拟多样性。本系统评价进行了两次汇总计算，根据逆方差权重估计平均值，并调整结果之间相关性的方差。由于大多数文献发表了不止一个可以用来计算效应量的结果，并且没有指定一个最优的结果，所以该评价使用逆方差权重对研究和赋权维度的效应进行平均。

该评价首先对不同研究进行分类，分为实验研究、准实验研究、除去离群值的准实验研究以及包括离群值的准实验研究。然后对每种研究先进行偏倚风险评估，并使用 Meta 分析对效应值进行合成。最后进行 Meta 回归分析，解释变量为标准差、高偏倚风险、孟加拉国研究、样本量、T 平方统计值、I 平方统计、调整后的 R 平方值。

8.1.6 研究结果

结果表明，没有证据证明小额信贷对个人研究中相关变量产生了影响，这些研究在结果测量方面基本上是一致的。因为可用于分析的文献数量有限，该系统评价没有进行进一步的敏感性分析。虽然该系统评价没有发现存在发表偏倚的统计证据，但 Meta 分析证明，由于内部效应的原因，公布的效应量值可能存在正向偏差。考虑到纳入文献分析的证据，没有证据表明小额信贷对女性控制家庭支出有显著的影响。

8.1.7 案例启示

从该系统评价的总体文献评价结果来看，无论是在方法学质量上还是在理论

框架质量上，纳入的大部分研究都有很大的缺点，说明经济学研究领域文献的不规范问题已经不是个案，亟须补充和完善。研究设计的不规范不可避免地影响研究结果作为决策依据的可信度。

该系统评价在收集所有纳入研究的描述性信息和质量评估后，对纳入文献进行合成。Meta 分析的结果表明，通过控制家庭支出来衡量小额信贷对女性赋权的影响微乎其微，而现有研究中认为其影响显著的研究数量不在少数。值得我们注意的是，研究评估发现，其中效果较为显著的研究具有较高的偏倚风险，并仅产生了较小的效应量。这一现象在一定程度上反映出目前经济学领域研究的又一重大“陷阱”——发表偏倚。具有显著效果的研究成果在发表时往往更容易被人们所认可，因为人们普遍误认为效果不显著的研究成果是没有意义的，而正是这种发表偏倚导致研究者通过各类“模型设计”追求显著的研究结果。系统评价这一研究方法能很好地控制这类偏倚。

此外，该系统评价的主要目的是评估小额信贷对发展中国家妇女控制家庭支出的影响。在考察小额信贷与女性对家庭消费的控制之间的因果关系的背景下，该评价汇总了一系列有趣的行为机制，最重要的是五种不同的情境机制和八种不同的行为形成机制。尽管无法在全球范围内的小额信贷层面上构建更完整的因果理论，但这种具有科学性和明确性的定性分析为后来的研究者提供了较为全面的借鉴框架。

8.2　系统评价案例二：合同农业与小农户收入

本节将展示 Ton 等（2017）发表于 Campbell 数据库的一项对合同农业在提高中低收入国家小农户收入方面的有效性的系统评价研究——《合同农业在提高低收入和中等收入国家小农收入方面的效益：系统评价》（The Effectiveness of Contract Farming for Raising Income of Smallholder Farmers in Low-and Middle-Income Countries：A Systematic Review）。

该评价主要包括背景、纳入和排除、数据分析、结果、研究结论等。其中，背景部分包括对该系统评价主题的介绍、合同农业的定义、该主题目前的研究进展等内容。纳入和排除部分包括文献检索范围和检索策略，以及纳入文献的选择标准等。数据分析部分包括检索结果以及检索流程、纳入文献的描述、批判性评价。结果和研究结论部分展示了 Meta 分析的结果和结论解释。下面对该系统评价进行解读。

8.2.1 研究背景

合同农业是指一家公司和多个农民之间的商业关系。农民和公司之间的固定期限合同安排在生产开始前以口头或书面形式商定，签订合同的公司为农民提供物质或财政资源，同时规定农民可以拥有生产中的产品以及生产工艺，但是给予公司对大部分作物或牲畜的合法所有权。在这种商业模式下，公司预先购买农产品，以换取特定的服务或者其他收益。与传统市场相比，现代市场渠道对价值链协调和可追溯性提出了更高的要求，合同农业是有助于这种价值链协调的制度安排之一。在企业获得土地时面临限制或生产面临高风险的国家，合同农业是完全由企业控制的中央治理系统（如种植园生产等）的替代方案。

尽管合同农业是一种商业举措，但它也被看作克服小农户进入商业市场所面临挑战的一种方式。消费者对产品质量的要求、生产过程中的规模经济以及土地所有权使企业愿意向农民提供合同。同时，合同农业帮助农民参与产品市场，它能够为农民提供投入、信贷或农业推广服务，提高农产品价格，而且农民可以获得关键技术、关键投入和支持服务。这些服务不仅可以由私营公司提供，而且可以由公司、政府和非政府组织合作提供，这种形式往往更加便利。越来越多的公司将合同农业作为向中低收入国家农民采购农产品的首选方式，并依赖合同的方式从最佳供应商处采购产品。

由于对发展中国家合同农业发生率的估计并不可靠，以及各国之间存在显著差异，各国政府没有关于合同农业发生率的可靠数据，因此无法评估其与农业变革的相关性。同时，因合同、农民、产品、买家和制度环境都有差异，所以合同农业间的差异性很大。过去十年间，各国学者都希望能准确评估合同农业对农民的影响，其中很多学者使用准实验研究的方法来评估。该系统评价的目的就是利用这些快速增长的证据提炼出一般性的推论。

8.2.2 研究目的

该系统评价综合了现有研究，以便回答以下两个问题。

问题 1：已知的合同农业对中低收入国家小农户的收入以及粮食安全的效应值为多少？

问题 2：在何种扶持或限制条件下，合同农业制度对提高小农户的收入和保障粮食安全是有效的？

8.2.3 文献检索

2015 年 9 月 30 日至 10 月 21 日，该研究对 Scopus、CAB Abstracts、Econlit、Web of Science、Tropag & Rural 和 Agricola 数据库进行了全面的电子检索，并通过对参考文献进行“滚雪球”式的检索，从其他文献库如 Worldwide Science、联合国粮食及农业组织（FAO）、世界银行（World Bank）、谷歌学术（Google Scholar）中补充检索使研究证据更加充分。研究人员将检索结果上传至 EPPI Reviewer 4，检查相关性并对估计值进行严格分析，将结果汇总以便于进行 Meta 分析。

为尽可能获得全面的研究范围，确定的检索术语主要包括：contract farming; nucleus estate; cooperative; producer organization; pre-harvest agreement; value chain; farm-firm; outgrower; vertical integration。作者期望在这些研究池中找到涵盖合同农业有效性的研究。

根据通过筛选检索到的研究，确定一个提供定量有效性证据的核心文献组（问题 1），为 Meta 分析确定合同农业的经验实例。与这些经验实例相关的研究在特定背景下确定相关的补充信息，从而被用于回答问题 2。

除了电子检索之外，手工检索和“滚雪球”式检索也为本文提供了更多的研究。第一，如果一个数据库的电子检索结果不能导出或者不能以可用的格式导出，该系统评价就在几个互补的数据库中搜索学术或非学术的文献，并在联合国粮食及农业组织、世界银行和国际农业发展基金等组织的数据库中搜索其他灰色文献。第二，在有关这个主题的综述性文章和书籍里提到的参考文献中进行“滚雪球”式搜索。第三，通过搜索引擎（谷歌学术、Scopus、Web of Science）来识别 Meta 分析中引用的研究，如果尚未纳入，则根据纳入和排除标准进行筛选，再使用“滚雪球”式检索进行前向引用跟踪，筛选所有新纳入研究的参考文献，以用于相关研究。第四，利用专门进行系统评价的网站上的链接和信息介绍，联系关键资源人员以补充缺失、未发表或未完成的研究。第五，为了回答问题 2，本文检索了涉及相同合同制度和背景的额外资料，这些资料是 Meta 分析研究的重点，能够补充关于背景特征和合同模式的信息，而这些信息对在 Meta 分析中研究经验实例的积极因素和消极障碍是必需的。此外，作者使用谷歌学术对每一个实例的合同农业名称、合同公司名称和实例发生的地理位置分别进行检索，并进一步检查检索到的文件，以寻找其他有用的参考资料。

8.2.4 纳入和排除标准

为 Meta 分析选择的每项研究都需要解决反事实问题，即使用一个比较组来

模拟没有合同农业的农民的预期情况。理想情况下，在评估净效应时，农民的其他特征非常相似，唯一的区别为是否有合同。由于公司倾向于向具有特定特征的农民提供合同，并且农民是否接受合同可以自行选择，因此需要使用经济计量方法来可靠地评估合同农业的净效应。

被纳入评价的研究需要分析干预措施对小农户收入水平以及粮食安全的影响。然而，所有研究中只有一项研究将粮食安全作为结果变量，其他研究都集中在收入效应上，因此，该评价的重点是合同农业的收入效应。该评价采用 Meta 分析研究这一结果。

研究纳入标准如下：遵循 PICOS 格式（参与者、干预措施、比较、结果、研究设计）；所选研究是用于确定定量和定性分析所依据的经验实例；同样的研究能够回答问题 1（有效性的证据）和问题 2（有效性的能动和限制条件）。

文章只纳入了涉及合同安排的研究，即一家公司向农民提供的服务的价格接近产品的价格。在筛选过程中，以下相关研究被排除在外：

（1）无服务提供条款的合同安排，这排除了远期销售和价格对冲等商业合同。

（2）合同制度仅涉及市场营销，如集体营销、营销委员会和超市首选供应商。

（3）传统的共享种植安排，如向承租农民提供投入，并为业主提供土地，以换取作物价值减去费用的约定份额。

检索得到 8 529 项独立研究，进行全文筛选后，发现共有 195 项研究与合同农业有关。我们排除了所有没有研究合同农业效应的文献，余下的文献组被称为核心组，由 75 篇提供了合同农业对小农户影响的定量结果的文献构成。在核心组的 75 项研究中，大多数研究不符合方法学和计量经济学严谨性的标准，因此将其排除在 Meta 分析之外。最终，该 Meta 分析基于 22 项研究的数据，涵盖 28 个合同农业的经验实例，其中有两个没有足够的数据用于 Meta 分析，见图 8－2。研究中包含 7 471 名受访者。

8.2.5 Meta 分析结果

作者对报告了收入效应的研究进行 Meta 分析。基于显著性水平和效应值，作者发现用于 Meta 分析的核心组存在发表偏倚。所有研究都至少报告了一个具有显著正收入效应的经验实例。研究结果表明，合同农业的收入效应可能存在无显著影响的研究，但在学术文献中并未发表。同时研究还受到幸存者偏差的干扰，所有研究都是在某一时间段评估合同安排的有效性的横截面研究，但是只有在合同安排一直存在许多年的情况下才被纳入，这意味着文献中没有包含已经停

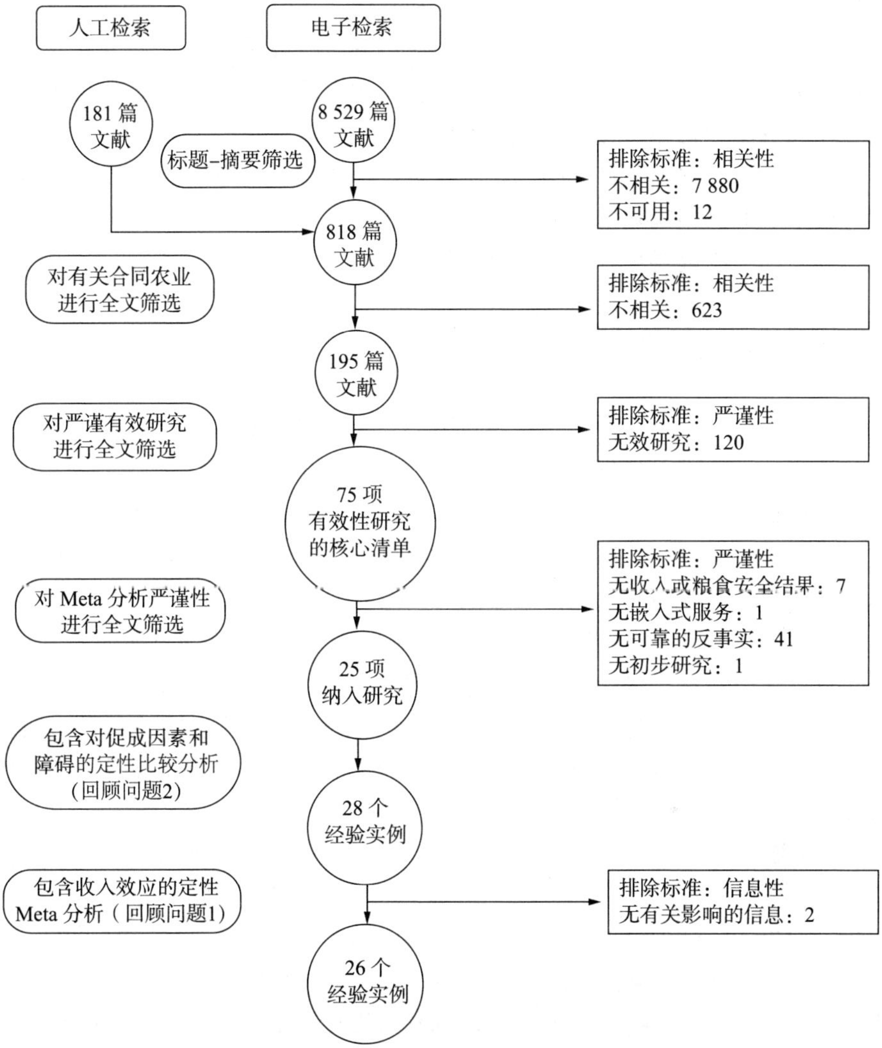

人工检索

电子检索

181 篇文献

8 529 篇文献

标题–摘要筛选

排除标准：相关性
不相关：7 880
不可用：12

818 篇文献

对有关合同农业进行全文筛选

排除标准：相关性
不相关：623

195 篇文献

对严谨有效研究进行全文筛选

排除标准：严谨性
无效研究：120

75 项有效性研究的核心清单

对 Meta 分析严谨性进行全文筛选

排除标准：严谨性
无收入或粮食安全结果：7
无嵌入式服务：1
无可靠的反事实：41
无初步研究：1

25 项纳入研究

包含对促成因素和障碍的定性比较分析(回顾问题2)

28 个经验实例

包含收入效应的定性 Meta 分析（回顾问题1)

排除标准：信息性
无有关影响的信息：2

26 个经验实例

图 8－2　文献筛选流程图

止运作的合同。本文发现的发表偏倚和幸存者偏差使得合同农业的收入效应有所变化。

一项旨在分析合同农业对粮食安全影响的研究报告了一个正向的结果，签订了合同的饥荒期持续时间比未签订合同时低 8%(95%置信区间为 0～15%)。对 22 项研究的 Meta 分析发现，合同农业的平均收入效应具有较高的异质性。

通过 Meta 分析计算每个研究中的平均收入效应可以发现，签订合同的农民的收入比未签订合同的农民的收入增加了 62%(95%置信区间为 40%～87%)。由于发表偏倚的存在，合同农业的真正效果尽管仍然远远高于非合同农业，但是比预想中的低得多。当我们认为这些研究在总体上能代表持续的合同农业时，总的平均收入效应约为 38%(95%置信区间为 23%～54%)。

在几乎三分之二的研究中，签订农业合同的农民被证明拥有比同地区农民更多的土地和财富。正如研究中提到的那样，对这一现象的一个合理解释是，随着农场规模的扩大和农民签订合同，农民在生产和收获过程中抵抗各种风险的能力增强，交易成本也相应降低。但是通过四项研究还发现，签订了合同的农民拥有的土地面积比平均值要小，这使得收入效应变得相对较低。

8.2.6 研究结论

合同农业是一个综合性概念，涵盖了广泛的合同类型。这种差异性使得很难对这一主题的已发表文献得出一般性结论。同时这些研究有明显的发表偏倚，所有研究都包含了至少一个合同农业具有正向显著的收入效应的案例。此外，由于研究中固有的研究设计限制，这些研究在结果上都存在向上的偏差。缺乏对“失败措施”的研究导致高估了合同农业的有效性。

然而，Meta 分析的结果表明，合同农业需要为农民提供明确的激励措施，以便在农民自由签订或退出合同时能够长期存在。对此作者提出了这样的一个假设：较高的收入提升可能是农民继续与公司签订合同，同时遵守公司在营销、生产和质量控制方面规定的先决条件。因此，为了保证合同农业的吸引力，并且防止农民退出合同，需要给农民提供较好的福利。

合同农业要想保持有效性和可持续性，需要做好切实的展望和周密的规划。面向从业者的文献表明，合同农业头几年的失败风险很高，并强调在订立合同时需要进行适应性管理和设立解决争端的机制。尽管平均来看，合同农业的收入效应不会像 Meta 分析中预期的那样高，但 Meta 分析表明，随着时间的推移，合同农业可以较大程度地提升收入效应。研究的所有案例中，除了印度尼西亚的油棕合同之外，农民都是可以选择退出合同的，因此，那些收入效应提升不明显的合同可能会消失或被修改，因此合同不太可能会对小农户的福祉产生负面的影响。

合同农业是一种可能对希望获得在传统（现货）市场无法获得的服务和投资，或希望进入报酬更高市场的农民有吸引力的制度安排。能够订立农业合同的农民往往不是所在地区最贫穷的农民。公司和农民都面临对方不遵守合同的风险。拥有土地较多或较富裕的农民可以更好地应对这种风险，因此更有可能参与合同农业。这意味着合同农业更适合相对富裕的农民。对于一年生作物，特别是在公司和农民之间没有合作社作为中介的情况下，溢价似乎是一揽子服务的必要组成部分，以便为农民带来更高的收入。

8.2.7　案例启示

该实例研究了合同农业中的两个重要问题，即合同农业对中低收入国家小农户的收入以及粮食安全有什么影响？在何种扶持或限制条件下，合同农业制度对提高小农户的收入和保障粮食安全是有效的？作者以严谨的方式对所纳入研究的文献进行系统评价，同时也考虑到了在现实中富裕农民更多参与合同农业的问题，得出平均来看收入效应不会像系统评价分析中预期的那样高的结论。

系统评价这一研究方法来源于医学研究，目前在国外的社会科学研究领域已经得到了广泛的应用，发展已然较为成熟。但是在国内，尤其是经济学研究领域，这一方法的应用依然较少。通过案例分析可以看出，系统评价这一方法在经济学研究中的应用前景广阔，其最大的优点在于通过扎实地收集整理前期研究资料，为某一研究问题提供全面的研究现状展示，其通过严谨、标准的制作步骤，如问题构建、文献检索、质量评价、纳入和排除，对该研究领域大量的研究证据进行综合，并通过翔实的数据提取、分析对该领域的研究结论给出较为科学的分析报告。

近年来，随着实验经济学的兴起，越来越多的经济学家开始关注田野实验和微观经济研究。在田野实验获取经济研究数据的过程中，研究者往往会面临经济伦理问题而不能扩大研究样本，此时研究者可于多地同时进行田野实验，再对实验结果以前瞻性系统评价方法进行证据合成，该方法既能克服实验经济学的伦理问题又能解决样本量不足的问题。在其他微观经济研究中，研究者选取系统评价方法亦能很好地解决单一研究样本量不足的问题，以科学的合成方法得到研究证据，对经济现象和经济理论做出更具信服力的解释。

在宏观经济方面，系统评价非常适合以下三方面的研究：各类经济调控、政府干预、政策措施（产业政策、公共政策）实施的证据生成与证据评价；社会福利、国际发展（贫困、健康、卫生、难民）、社会公平领域中与医疗、健康、卫生、福利相关的政策实施效果和影响评价；各类准自然实验类的政策效果评估，如房地产调控和限购政策效果评价、生育政策效果评估等。

可以看出，将循证方法应用于经济学领域的研究虽然面临着较大的挑战，但是该方法在经济学领域中的应用前景相当广阔。

8.3　系统评价案例三：证据差距地图

本节的案例选取于3ie机构的Lopez-Avila等（2017）发表的《农业创新：一个证据差距地图》（Agricultural Innovation：An Evidence Gap Map）。

8.3.1　什么是证据差距地图?

证据差距地图（evidence and gap maps，EGMs）可以理解为某个特定领域的证据专题信息集，通过收集现有的和正在进行的针对某一领域政策效果的系统评价和影响估计等研究，来展示这一领域的研究成果。证据差距地图是一个二维的可视化表格，每个格子里为各项研究的干预措施和结局指标组合，不同的标注反映不同研究的特色，包括其评估的方案类型和衡量结果等，通过图形化展示对干预措施或倡议的影响具有强、弱或不存在证据的领域，告诉我们“有效”（what works）研究和各领域研究的差距。

一个完成的证据差距地图会附有一份描述性报告，以总结研究人员、政策制定者和从业人员等利益相关者的证据。证据差距地图对于决策机构和研究人员都是很好的工具，决策者和从业者可以利用 EGMs 寻找证据，为其政策决定和发展计划提供支撑。而对于捐助者和研究者，EGMs 会告诉用户哪里没有高质量的证据，为其委托和开展研究提供战略方向，明晰研究领域的空白所在。就像 Campbell 协作网所定义的：EGMs 所展示的是有何种证据存在，而非证据表明了什么。

8.3.2　研究背景

农业部门在国际发展中发挥着十分重要的作用。农业可以促进经济增长、粮食安全、减贫、可持续土地管理、减缓气候变化以及低收入和中等收入国家小农户生计的全面改善。农业生产的创新是帮助改善农民生计的最佳做法和提升技术的关键。虽然有许多农业技术可供使用，但发展中经济体的小农户的采用率仍然很低。无法有效传播知识仍然是阻碍许多农民采用更有成效的方法的挑战。农民在价值链上也面临着不同的制约因素，包括缺乏财政资源和基础设施或市场效率低下，这些都会限制农民提高生产力和后续福祉的能力。

该证据差距地图整合了影响评估的证据，涉及旨在提高农民生产力和福祉的农业投入、实践和计划。具体而言，包括影响评估、系统评价、农业培训评估，以及财务计划、机构安排和投入的影响。纳入的研究和评论着眼于结果，例如投入和实践的采用、生产力、消费和可持续土地管理等。该案例根据评估结果对纳入的研究进行绘制，并通过地理位置和研究设计进一步描述研究的特征，对所包含的系统评价进行了严格的评估，最终确定了 308 项影响评估、6 项系统评价和 2 项系统评审协议，并将其映射到 16 个干预和 15 个结果类型的矩阵框架上。这些研究在 58 个低收入和中等收入国家进行，其中最显著的分

散在撒哈拉以南非洲地区（179 个研究）、南亚地区（46 个）、拉丁美洲和加勒比地区（35 个）。

该证据差距地图确定了农业部门内部评估的主要差距，特别是干预措施、成果、地理位置、捐助者、研究类型和目标人群等。其结果旨在为政策决策和战略方法提供信息以促进农业发展并建立证据基础，主要从以下三方面进行证据展示：

- 展示干预措施及其相应结果的证据组合。
- 证据缺口（没有或很少研究和评论的单元格）。
- 有足够多影响评估的证据单元格，以支持系统评价的需要。

8.3.3 文献筛选

纳入该证据差距地图的初始研究共有 34 060 篇文章，广泛涉及农业促进发展的类别。经过初步排查重复检索，排除了 4 811 篇文章，对留下的 29 249 篇文章进行标题和摘要筛选，根据 PICOS 框架①将研究纳入或排除。在此阶段，作者排除了 28 468 篇文章，另有 10 篇未找到全文，留下了 771 篇文章进行全文评估。使用矩阵框架进行编码，在二次筛选和手动交叉参考后，最终产生了 316 篇文章。在该证据差距地图中包括 308 项影响评估、6 项系统评价和 2 项系统评审协议（见图 8－3）。

8.3.4 证据差距地图设计

1. 理论依据

对大多数小农户来说，投资和新技术的选择应用是具有挑战性的。由于缺乏投资和技术应用，农民从农业部门中获利的竞争潜力往往较低。创新的滞后使小农户及其家庭更容易陷入贫困和粮食不安全状态，而能力的缺乏更使其不能应对这些情况。

图 8－4 展示了农业创新产生影响的实现路径机理。通过简单的投资或推广服务可以向农民提供新做法和技术。推广服务旨在向农民传授有关农业投入和实践的知识，假设有足够的信息传播，农民就可以了解现有的做法和投入，以及它们的优缺点，这将对产量、收入、家庭消费、水和土地管理、市场准入和农村就业等中间成果产生影响。在此基础上，通过适当的金融中介及其他机构中介和市

---

① 人口：纳入涉及农村农民和低收入及中等收入国家的研究，排除涉及非农人口和农业实验的研究；干预措施：知识传播、金融、机构安排、投资和实践；对照：使用对照组来衡量计划的因果效应；结果：知识和行为、生产率、社会成果、环境成果、成本-效益研究设计。

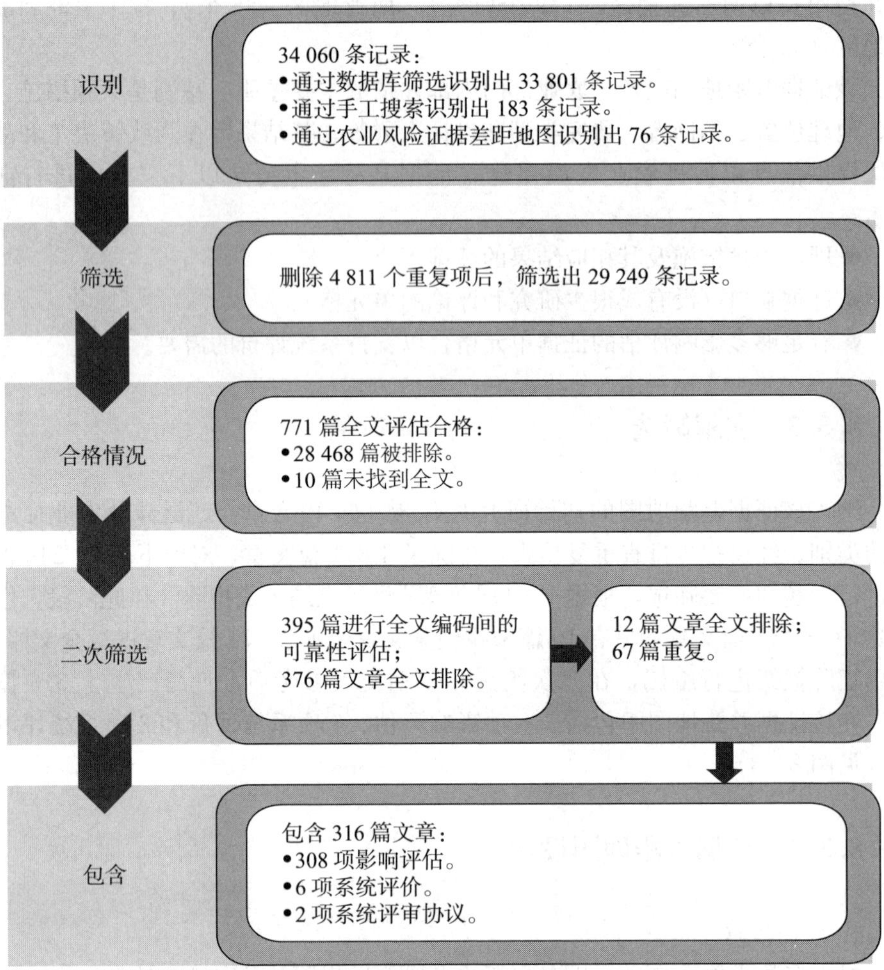

识别

34 060 条记录：
- 通过数据库筛选识别出 33 801 条记录。
- 通过手工搜索识别出 183 条记录。
- 通过农业风险证据差距地图识别出 76 条记录。

筛选

删除 4 811 个重复项后，筛选出 29 249 条记录。

合格情况

771 篇全文评估合格：
- 28 468 篇被排除。
- 10 篇未找到全文。

二次筛选

395 篇进行全文编码间的可靠性评估；
376 篇文章全文排除。

12 篇文章全文排除；
67 篇重复。

包含

包含 316 篇文章：
- 308 项影响评估。
- 6 项系统评价。
- 2 项系统评审协议。

图 8－3　文献筛选流程图

场联系，可以使农村获得良好的基础设施以及利益相关者和政府行动者的支持，并进一步扩大这些成果的影响。

这些中间结果的变化可能会带来长期影响，例如：可持续的土地和水管理做法；改善家庭福利，包括改善农民及其家庭的健康、教育和粮食安全；提高妇女在家庭和社区一级的地位；金融稳定；农民的恢复力。如果能够改变农民的行为，从而长期采用和持续使用新做法，将会实现这些长期影响。通过提供农业创新（知识、投资）和基础设施支持（金融支持），农民将获得关于以有效和可持续的方式利用投入的最佳做法的知识。这不仅使农民在农业生产方面得到改善，而且在财政回报、农民福祉和环境影响等方面均会产生溢出效应。

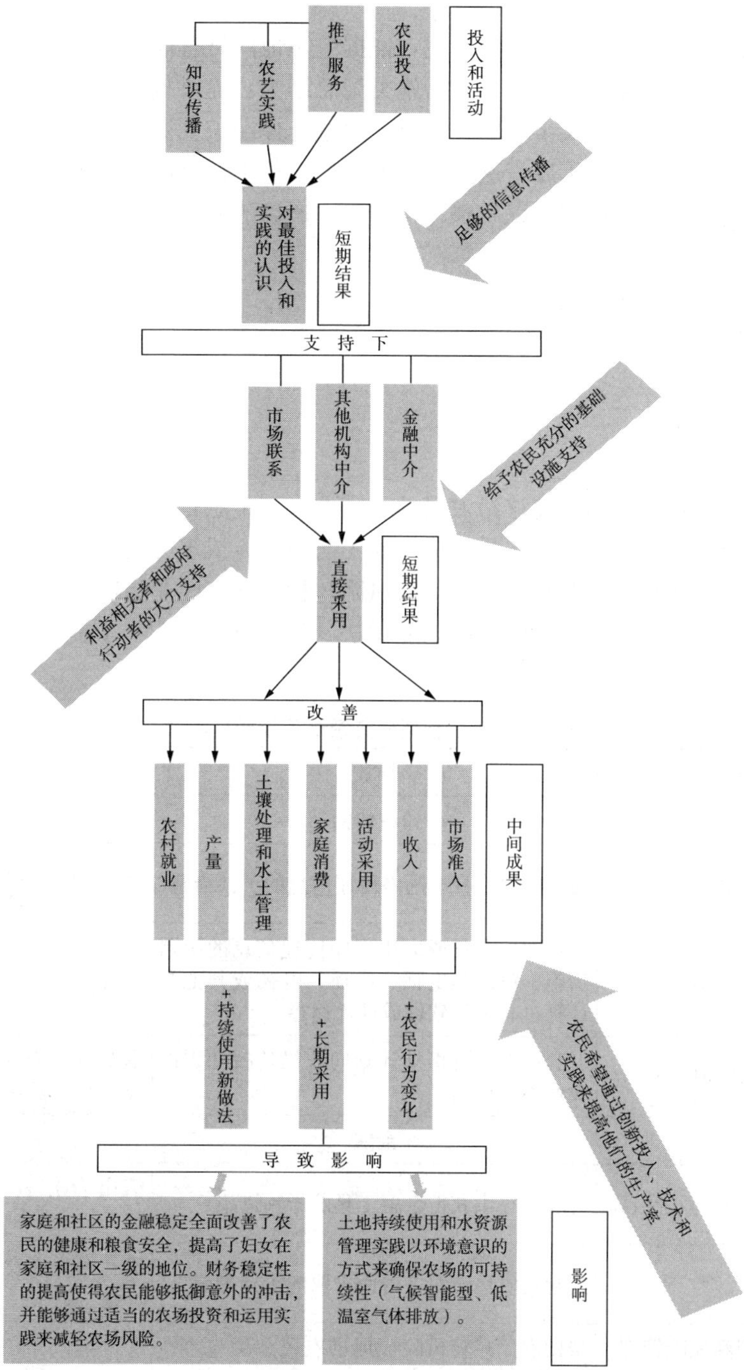

知识传播
农艺实践
推广服务
农业投入
投入和活动

足够的信息传播

对最佳投入和实践的认识
短期结果

支持下

市场联系
其他机构中介
金融中介

给予农民充分的基础设施支持

利益相关者和政府行动者的大力支持

直接采用
短期结果

改善

农村就业
产量
土壤处理和水土管理
家庭消费
活动采用
收入
市场准入
中间成果

+持续使用新做法
+长期采用
+农民行为变化

农民希望通过创新投入、技术和实践来提高他们的生产率

导致影响

家庭和社区的金融稳定全面改善了农民的健康和粮食安全，提高了妇女在家庭和社区一级的地位。财务稳定性的提高使得农民能够抵御意外的冲击，并能够通过适当的农场投资和运用实践来减轻农场风险。

土地持续使用和水资源管理实践以环境意识的方式来确保农场的可持续性（气候智能型、低温室气体排放）。

影响

图 8-4　农业创新机理图

2. 干预措施

基于理论分析以及初步文献综述，证据差距地图将有助于鼓励农民采用改进的投入和做法来提高生产率，干预措施类型总结为：提供投入、推广服务、金融中介和其他机构中介以及市场联系四类。通过选择涵盖农业不同方面直至生产阶段的干预措施，可以缩小属于这一广泛范围的大量干预措施。如本报告方法部分所述，干预类别不断更新，以反映筛选过程中产生的其他证据，便于捕获最相关的类别。

干预措施分为四大类：

- 知识传播。
- 金融。
- 机构安排。
- 投资和实践。

知识传播对应于知识转移给农民的不同方式。金融是指为克服农村金融市场的缺点而制订的计划。机构安排对应于农民与另一方或多方之间建立的安排，以促进农业生产和创新，并帮助农民应对风险。投资和实践是指向农民提供一揽子投入（如种子）和向农民介绍新的农业做法（如灌溉）。表 8－1 提供了所使用的每个子类别的描述。

表 8－1　农业创新研究领域干预措施汇总

子类别	描述	例子
知识传播		
社交网络和同行学习	通过农民的社交网络传递信息的干预措施	让当地倡导者参与、同行之间进行交流
信息和通信技术	通过通信设备或应用程序传递信息的干预措施，可以是电话、广播、电视或其他与计算机有关的软件或硬件途径	短信提醒
示范地和培训	一套旨在通过培训计划向农民传授知识的农业推广措施	示范地、农民土地日、公共推广服务
金融		
转让、信贷和激励措施	为农民提供获得金融工具的干预措施	信用合作社、对等赠款、代金券和现金转移
保险	为帮助农民应对冲击而采取的干预措施	天气保险或农作物损失计划
金融知识和风险管理咨询	帮助农民减轻风险或促进农民金融包容性的干预措施	—

续表

子类别	描述	例子
机构安排		
农业认证	向农民提供质量或工艺认证的干预措施	认证计划、有机认证
合作社和农民联合会	通过农民组织促进农业生产和创新的安排	以农民为基础的组织，特别是以市场为导向的组织
合同农业	买方与农民签署协议，为农产品的生产和销售创造条件	承包耕种、转租、市场需求计划表
土地所有权和产权	干预措施包括提供土地所有权或购置权指南	土地所有权
社区基础设施	旨在促进农业生产力和创新的公共工程	灌溉、流域开发、农村电气化和道路
投资和实践		
种子	涉及提供种子的干预措施，其目的是促进生产、提高效率或减少风险	高产种子、杂交种、转基因、耐候性强
肥料和化工产品	涉及提供化肥或其他化学品的干预措施，其目的是促进生产、提高效率或减少风险	有机肥料、农药
农具和牲畜	涉及利用或更新工具或牲畜的干预措施，目的是促进生产、提高效率或减少风险	机械、镰刀、更好的牲畜品种
种植技术和实践	向农民介绍新的提高效率或提高产量的种植技术或做法	行间种植、轮作、作物多样化
土地管理实践	向农民介绍促进土地可持续使用的做法，以帮助提高土壤质量或避免退化	营养物质、土壤肥力、土壤流失、水管理、作物多样化、农林业

3. 结局指标

表 8－2 列出了广泛的结局指标及其定义。这些结局指标取自在该专题领域的研究中通常报告的测量效应，并且在类似概念下进行分组。每个成果类别都反映了机理分析，涵盖了与干预活动相关的一系列子类别。与干预措施类别一致，结局指标也根据文献和发展进行分类。其涵盖五大类：

● 知识和行为。

● 生产力。

● 社会结果。

● 环境成果。

● 成本-效益分析。

表 8-2　农业创新研究领域结局指标汇总

子类别	描述
知识和行为	
知识	农民通过方案、干预措施、个人经验、计划或市场联系获得有关最佳做法、投入和市场条件的信息，利用获得的知识为农业和财政决策提供信息
采用投入、实践和金融工具	获取和使用农业投入、做法、基础设施服务和金融工具，以提高产量或减轻农业风险
溢出效应	干预措施对不属于目标受益者的社区或家庭产生的积极或消极影响
生产力	
土地	农业产出，以每公顷或生产单位的收益衡量
就业	农民和家庭成员在农业和非农业活动中的就业状况，包括农户劳动力需求的所有变化（不包括为就业而迁移的人）和使用童工的变化
时间利用（效率）	衡量农民和家庭成员在与农业有关的活动以及农业以外的活动（有偿和无偿）上所用的时间，如从事家庭经营、参与家务劳动、学校活动和教育以及休闲机会等
收入	家庭的农业和非农业收入，包括可能从与农业有关的活动中获得的任何利润
农业投资	农业支出，以及投资于投入、工具和牲畜并采用最佳做法（促进农业生产力和土地的可持续性）的农民倡议
社会结果	
家庭资产	家庭内的资产所有权，包括牲畜的所有权
消费和粮食保障	家庭成员消费的食物数量，以获得充足的、安全的、有营养的食物
储蓄	未花费或储蓄的收入
妇女权力（地位）	衡量妇女或女童在家庭或社区中的作用，指标包括：家庭决策、教育机会、经济独立和决策、避孕机构、社会资本和资产所有权
环境成果	
可持续的土地管理	使用旨在综合管理土地、水、生物多样性和其他环境资源的做法和技术，以满足人类需求，同时确保生态系统服务和生计的长期可持续性。在此背景下，农业的可持续性被定义为以不依赖化学农药、合成肥料、转基因种子或其他可能使土壤、水或其他自然资源退化的做法的方式生产作物和使用动物。可持续农业的例子包括轮作和保护性耕作等做法
温室气体排放	测量可归因于农业活动的温室气体排放量，包括测量碳、氮和钾的百分比以及土壤氢离子浓度指数（PH）值

续表

子类别	描述
成本-效益分析	
成本-效益分析	包括方案的成本-效益分析的研究

8.3.5 统计分析

为了更加全面地说明证据差距地图的发现，研究者对纳入文献使用的方法、分布的地理位置、对异质性的影响、研究的出版年份，以及主要证据缺口等进行了更为系统的统计分析。

1. 研究方法

最常用的方法是倾向评分匹配（PSM），有162项研究采用了此方法。其次是方法学，如随机对照试验（RCT）、双重差分（DID）和工具变量（IV），每种约有65项研究。最少使用的方法是回归不连续性设计（RDD），只有6项研究。有65项研究在“其他”类别下编码，包括固定效应和内源性转换回归；固定效应主要与IV结合使用，而内源性转换回归估计通常单独进行或与PSM一起进行以解决内生性。在一些情况下，使用了多种方法来估计该计划的影响，最常见的是PSM和DID（31项研究），其次是RCT和IV（21项研究）。从时间分布上看，2008年的研究数量有了较大增长，从2006年的5项研究增加到2008年的14项研究。从2009年开始，已有研究数量逐步增加，2014年达到55项研究。随机对照试验的数量从2012年的7个增加到2014年的13个，平均每年有20项研究使用PSM。这表明，尽管近年来使用随机对照试验的研究数量有所增加，但仍有大部分证据来自PSM。

根据干预措施划分的研究类别方面，研究最多的干预类别是134项研究的投资和实践，而研究最少的干预类别是67项研究的知识传播。在此基础上，该研究又对各干预类别的子项目分别进行了分类统计，并以相同的步骤对结局指标及结局指标的子类别进行了统计分析。

2. 研究分布的地理特征

证据差距地图研究的地理分布范围涵盖58个中等收入或低收入国家。撒哈拉以南非洲地区有179项研究，南亚地区有46项研究，拉丁美洲有35项研究。虽然撒哈拉以南非洲地区和南亚地区在影响评估总数方面是人口最多的两个地区，但值得注意的是，在这些地区进行评估的国家中几乎没有多样性。在撒哈拉以南非洲地区，埃塞俄比亚（34项研究）和肯尼亚（24项研究）的研究数量是赞比亚（7项研究）或坦桑尼亚（9项研究）等邻国的两倍以上，这与社会和经济人口统计数据类似。这种模式在南亚地区也可以看到，印度的影响评估数量（23 项研究）几乎是其经济发达的邻国的两倍。

3. 其他分析

证据差距地图还对纳入研究进行了亚组分析、捐助来源分析。研究结果表明：大约三分之一的研究进行了亚组分析（316 项研究中有 98 项）。用于异质性分析的最常见类别是性别（54 项研究）、贫困（49 项研究）和教育（31 项研究）。农民的性别是不同干预措施中亚组分析的最常见类别，在知识传播的情况下，农民的性别和其他类别之间的差异变得尤为突出，其中有 15 项研究基于农民的性别进行亚组分析，7 项进行教育分析，5 项进行贫困分析。在投入和实践的情况下，有相同数量的研究对农民的性别和贫困进行分析，其中一半通过教育进行分析。对于制度安排，也会出现类似的研究分歧。

值得注意的是，在 316 项影响评估研究中，只有 181 项报告了研究捐赠者的信息。对于这 181 项研究报告的信息，美国国际开发署是主要捐助者，有 39 项研究；其次是比尔及梅琳达·盖茨基金会，共有 19 项研究。这些捐助者主要支持事前影响评估，特别是比尔及梅琳达·盖茨基金会和世界银行。比尔及梅琳达·盖茨基金会支持了 19 项评估，其中 12 项是事前评估。世界银行支持了 16 项影响评估，其中 14 项是事前评估。

8.3.6 研究结论

研究结果表明，影响评估的最大组合集中在投入和实践的干预措施，以及与生产率相关的结果如产量和收入上。尽管围绕涉及某种形式的教育或培训的活动计划了大量干预措施，但很少有研究衡量知识的转移方式。

研究者发现成本-效益和溢出效应测量的证据存在差距，还观察到使用实验方法的差距。与随机设计（66 项研究）相比，绝大多数研究使用准实验方法，特别是倾向评分匹配（162 项研究）。大多数影响评估是在完成所研究的计划之后进行的。研究结果还表明，只有三分之一的研究包括亚组分析，其中大部分是在贫困和性别方面进行的，忽略了与人口相关的特征，例如年龄、贫困或识字率。

完整的证据差距地图最终呈现于图 8－5 中。通过对证据差距地图的分析可以发现，未来的研究应从以下三个方面进行努力。首先，需要使用实验方法进行更多评估，需要在程序实施的同时设计更多评估。绝大多数干预措施都是在项目完成后进行的，不考虑随机化的可能性，并使倾向得分与最常见的识别策略相匹配。通过这种方法获得的结果需要在更大的假设下进行解释，有时会降低其稳健性。其次，需要在影响评估的同时进行更多的成本-效益分析。现有研究仍然缺乏关于激励农民采用新技术的最有效方法的证据。最后，高度集中在农村地区的

贫困经济体需要更多的证据，而食品工业是经济增长的主要推动力。专注于拉丁美洲的研究受到限制，研究的重点是与金融中介及其他机构中介以及市场联系相关的干预措施。证据差距地图对农业创新领域的研究虽然不是详尽地进行展示，但这些与农业创新相关的影响评估已经指出了一些关键领域。

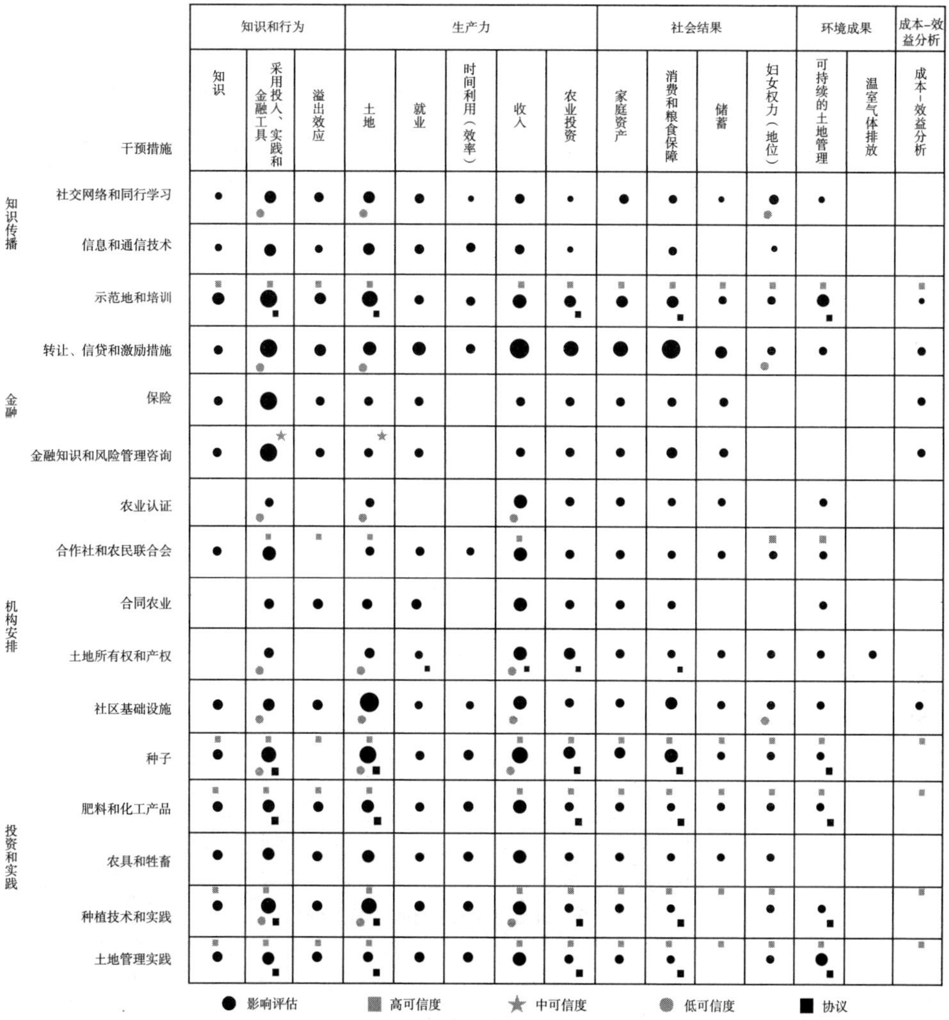

		知识和行为			生产力					社会结果				环境成果		成本–效益分析
	干预措施	知识	采用投入、实践和金融工具	溢出效应	土地	就业	时间利用（效率）	收入	农业投资	家庭资产	消费和粮食保障	储蓄	妇女权力（地位）	可持续的土地管理	温室气体排放	成本–效益分析
知识传播	社交网络和同行学习	●	●	●	●	●	●	●	●	●	●	●	●	●		
	信息和通信技术	●	●	●	●	●	●	●	●		●		●			
	示范地和培训	●	●	●	●	●	●	●	●	●	●	●	●	●		●
金融	转让、信贷和激励措施	●	●	●	●	●	●	●	●	●	●	●	●	●		●
	保险	●	●	●	●	●		●	●	●	●	●				●
	金融知识和风险管理咨询	●	●	●	●	●		●	●	●	●	●				●
机构安排	农业认证		●		●			●	●	●	●	●		●		
	合作社和农民联合会	●	●	■	●	●	●	●	●	●	●	●	●	●		
	合同农业		●	●	●	●		●	●	●	●			●		
	土地所有权和产权		●		●	●		●	●	●	●	●	●	●	●	
	社区基础设施	●	●	●	●	●	●	●	●	●	●	●	●	●		●
投资和实践	种子	●	●	■	●	●	●	●	●	●	●	●	●	●		■
	肥料和化工产品	●	●	●	●	●	●	●	●	●	●	●	●	●		■
	农具和牲畜	●	●	●	●	●	●	●	●	●	●	●	●			
	种植技术和实践	●	●	●	●	●	●	●	●	●	●	■	●	●		■
	土地管理实践	●	●	●	●	●	●	●	●	●	●	■	●	●		■

● 影响评估　■ 高可信度　★ 中可信度　● 低可信度　■ 协议

图 8-5　农业创新研究领域证据差距地图

资料来源：https：//gapmaps. 3ieimpact. org/evidence-maps/agricultural-innovation.

注：图中不同形状代表不同的研究信度。形状大小代表该类型研究的数量，即形状越大，数量越多。

8.3.7　案例启示

从案例中证据差距地图的制作过程可以看出，一个证据差距地图的证据可能是全球的，也可能是某一特定地区的。它应该涵盖各种不同类型的证据，既包含一次研究，也包含系统评价等再研究。证据差距地图要能够全面系统地反映某一研究领域的研究现状，关键在于建立合理的地图框架。如果证据差距地图所包含的干预措施和结局指标的现有类型在相关研究领域中被广泛接受，那么它们将更加有用。在制作的过程中，全面的文献检索和明确的排除标准也是直接决定证据差距地图是否贴近实际的关键。

为了实现上述要求，一个预先制定的协议和一个全程提供帮助的咨询委员会是必不可少的，根据 Campbell 协作网和 3ie 的要求，每个证据差距地图制作团队都将配备一个由该领域的专家、政策制定者以及国际和国家研究组织组成的专家咨询委员会，这个咨询委员会提供关于发展研究的框架、数据库和组织的建议来源，可以帮助研究者确认关键利益相关者并审查报告。本节提供了一个简单的证据差距地图制作流程，供读者参考（见图 8-6）。

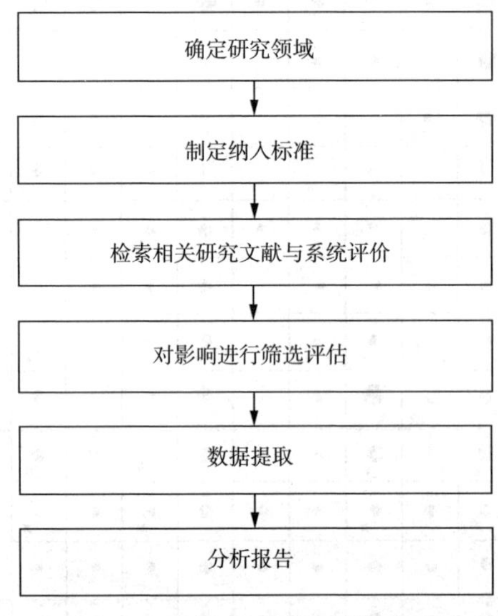

图 8-6　证据差距地图制作流程图

本章小结

系统评价与证据差距地图都是目前循证领域重要的研究方法，它们从一定意义上讲都是对某一领域的研究进行检索，然后对文献进行综合评价的过程。它们有异又有同，为了与之前章节所展示的系统评价进行区分，我们特意制作了表 8-3，从研究流程等方面对证据差距地图与系统评价进行了对比。

表 8-3　系统评价与证据差距地图的异同

	系统评价	证据差距地图	比较
问题设定	通常仅限于单一干预，并且结果范围有限。指定用 PICOS 原则指导研究纳入标准	具有跨行业或子行业的广泛干预范围，在因果链中包含全方位的结果。指定用 PICOS 原则指导研究纳入标准	证据差距地图的范围比系统评价更广泛
检索策略	对符合纳入标准（而非排除标准）的初级研究进行全面和系统的检索	全面和系统地搜索符合纳入标准（而不是排除标准）的系统评价和初级研究	方法没有区别。证据差距地图寻找系统评价和初级研究
筛选	确定的研究筛选了纳入和排除标准	确定的研究筛选了纳入和排除标准	无
编码和数据提取	对研究、干预特点、调节变量等的编码和对效应值、相关统计数的提取	编码有限的研究和干预特征	证据差距地图要求编码的数据少于系统评价
批判性评价	使用关键评估工具评估纳入研究的质量	可能无法进行批判性评估，但建议进行评估	证据差距地图的批判性评估是可选的
证据综合	证据的统计或叙述综合	无	证据差距地图没有综合证据
报告	系统报告证据	证据差距地图可用图形表示，可进行描述性地图概述	系统评价总结了证据所说的内容。证据差距地图仅总结了可用的证据
使用	为政策和实践提供信息	为研究重点和研究经费提供信息	系统评价是为政策提供信息，证据差距地图主要是为研究重点提供信息

系统评价是一种广泛用于证据合成的研究方法。在传统的经济学研究中，由于研究样本量较小或研究假设脱离实际，单一的研究可能存在误差，难以得到科学可靠的结果。系统评价对不同研究之间的差异进行比较，通过翔实的分析评价对相似研究进行合并。与传统的经济学研究范式相比，系统评价具有尽可能综合更多可能性使研究结果更贴近于实际的优势。

证据差距地图是近年来新兴的研究方法，研究资源的配置是研究者在选题过程中的重要参考方向。如果与一个选题相关的研究课题已经足够多且研究足够透彻，则该选题失去了一定的研究价值，这就要求研究人员掌握其研究领域的研究现状，正如中国谚语所说："不能只低头拉车，不抬头看路。"传统的经济学研究中也有文献综述类的研究方法，能为研究者提供某研究领域的研究现状。证据差距地图之所以优于这类方法，是因为其经过了严谨科学的评价归纳，不仅从前期研究成果的层面进行归纳，而且对前期研究质量进行了可视化展示。

可以看出，不管是系统评价还是证据差距地图，合理的选题与清晰的 PICOS 设定都是研究正确的前提，同时全面系统的检索及清晰的纳入和排除标准也是必不可少的，前期的规范性和严谨性使其作为证据的级别要高于普通的文献综述类研究。系统评价与证据差距地图的研究方法和理念对传统经济学研究范式是很好的补充和完善。

第九章 最后的思考

现代经济学受到批评的主要原因之一是，经济学似乎是在把常识中的某些观点用公式重新表达，以及证明并不需要证明的东西，或者与现实脱节，因为经济学家需要弄出这些抽象的东西方可应用他们的形式化技术。经济学建模得出的任何结果都有其局限性，需要基于事实的判断力（巴克豪斯，2018）。循证经济学的出现是库恩意义上的经济学“范式转换”（Guyatt 和 Rennie，2002），缩短了经济学研究与实践的距离，克服了现代经济学的这一重大缺陷。本章首先基于全书讨论的循证经济学框架，探讨循证经济学的科学性与实践性。然后，从证据实践的视角，对循证经济学实践指南进行思考，并以循证教育学和循证心理学为例对当前循证社会科学领域的循证实践指南进行介绍。最后，本章对循证经济学在循证实践运动和大数据时代的未来发展进行探讨，并说明循证经济学目前面临的一些争论和质疑。

9.1 循证经济学的科学性与实践性

随着医学领域中“基于最佳证据的实践”的循证理念在社会科学领域的不断运用和延伸，社会科学得以进一步“科学化”。循证社会科学研究在近年来发展迅速，尤其在管理学、心理学、教育学等学科取得了很大进展，形成了十多个新兴交叉学科，如循证管理学、循证心理治疗和循证教育学等。在这些学科中产生循证的原因在于它们都具有人文学科的共同软肋：理论不能直接指导实践，实践不能深刻表达理论，且其研究对象都是复杂的社会人（柳春艳，2018）。那么，经济学作为一门社会科学，它是否也能与循证理念、思想与方法恰当地融合，迈向“科学化”的进程？

从循证的视角重新审视经济思想和经济理论的演进历程，我们发现经济学的发展是由最佳的经济研究、经济学家的个人经验、时代背景与重大事件，以及实践对象的意愿结合推动的，经济学研究的本质就是基于当前可得的最佳证据帮助个人、企业、政府和国家等经济主体做出趋近于最优的选择和决策。然而，经济学发展至今仍存在着研究本身科学性不足和研究结果与实践割裂等问题，因此如何将循证理念、思想和方法内嵌于经济学，实现经济学的科学性和经济实践的有效性是本书的主旨。

本书创新性地提出了循证经济学这一新兴交叉学科，从理论基础、实践框架、应用前景三个层面全方位地阐释了循证经济学。在理论基础层面，从循证医学到循证社会科学，通过分析循证社会科学的研究进展和未来展望，以及循证经济学的产生、研究现状与发展前景，重点阐述了循证经济学的理论渊源和分析范式，包括证据演化史、概念与内涵、分析框架和证据链；在实践框架层面，从证据的来源、证据的生产、证据的评价和证据的实践四个环节勾勒了循证经济学的“全证据链”，为循证经济学提供了切实可行的操作方法；在应用前景层面，深入解读了三个循证经济学实例，并从学科定位与发展、实践指南的构想以及未来发展三个方面思考了循证经济学的发展前景。

本书的前三章为理论基础部分。第一章介绍了循证社会科学的产生和发展，循证的理念与方法为社会科学的“科学化”挑战提供了行之有效的应对之策，心理、教育、管理、社会等领域的循证社会科学研究层出不穷，在经济学领域也焕发出生机，为社会科学领域的各类实践问题提供了大量科学的决策证据；第二章论证了循证与经济学融合的必要性和可行性，循证经济学通过发挥其研究方法的优势，可以对现代经济学的局限性进行强有力的补充，循证经济学研究的不断增多和发展将充分发挥经济学指导经济现实、优化经济决策的作用；第三章分析了循证经济学的理论渊源并搭建了分析范式，经济思想史本质上就是经济学证据的演化史，循证经济学指基于当前可得的最佳证据做决策的经济学，它包括研究理念、实践路径和方法论三个层面，四方主体动态模型为循证经济学提供了一个完整的分析框架，经济学全证据链为循证经济学研究刻画了科学的方位图谱。第四章到第七章为实践框架部分，具体说明了经济学“全证据链”的每一环节。第四章介绍了经济学证据源，随着学科的不断发展和完善以及新技术的出现，证据的来源越来越广泛，其大致可以分为基于经验的证据源、基于事实的证据源、基于实验的证据源和基于研究文献的证据源四类；第五章详细阐述了不同来源证据源的生产方法，不仅包括传统循证的系统评价和 Meta 分析等方法，而且包括实证

分析、数学模型、案例分析等经典的经济学研究方法；第六章从证据的分类、分级、推荐、报告规范等步骤重塑了经济学证据的评价流程，由于独特的学科属性，经济学证据的评价有其独特的方法，分析证据实践的成效和方法是“证据链”的落脚点；第七章从宏观和微观两个层面给出了英国、美国、加拿大、中国等国家和一些国际学术组织的循证实践，以及企业决策和其他微观决策中的证据实践。第八章和第九章为应用前景部分。第八章就小额信贷对女性控制家庭支出的影响、合同农业在提高低收入和中等收入国家小农收入方面的有效性以及证据差距地图这三个循证经济学实例进行解读，为经济学研究者提供了循证方法论启示；第九章对全书进行总结，并结合大数据的背景对循证经济学未来的发展进行思考和讨论。

循证科学是一个涉及研究者、实践者、实践对象与管理者四个方面的理论体系，本书从这四个方面构建了循证经济学的分析框架即四方主体动态模型。循证经济学由研究者、管理者、实践者（决策者和实施者）、实践对象四位一体的研究架构组成。研究者在考虑研究成果实践和转化的前提下，利用多元化的证据源生产证据，推动经济学研究的科学化；管理者运用科学标准的循证方法，对现有经济学研究证据进行整合与评估从而得到高质量证据，促进研究者研究的规范性和实践者实践的科学性；实践者指政策制定者和政策实施者，在考虑到决策实施的时代背景、文化背景、人文环境和实践对象偏好等因素的基础上，运用高质量证据尽可能做出科学决策；实践对象是接受政策的主体，实践者做出决策后根据实践对象的反馈进一步修补和完善决策，形成“最佳证据”，优化经济政策效果。要推动经济学的循证进程，必须使研究者、实践者、管理者、实践对象四者达到动态平衡。

证据作为循证理念的关键，也是循证经济学的核心。与循证医学不同，循证经济学中的证据有生产前的证据源与生产后的证据源之分，对不同类型的证据源运用各类经济学研究方法处理后得到的研究证据即经济学证据。本书用大量的篇幅详细阐述了经济学证据的来源、生产、评价和实践这一前后衔接、相互贯通的全证据链。证据源是全证据链的基础，不仅包括研究文献，而且包括个人经验、企业行为、田野调查、大数据等，覆盖了当前能获得的所有来源。本书提炼出基于经验的证据源、基于事实的证据源、基于实验的证据源和基于研究文献的证据源这四大类来源。证据生产是对不同的证据源运用不同的生产方式加以处理，得到可供实践者和管理者使用的证据，证据生产方式不仅包括循证传统意义上的系统评价，而且包括演绎分析、数学模型、案例分析、实证研究、云计算等，涵盖了现有的经济学研究方法和技术应用；证据评价是运用高质量证据指导实践的关键环节，分为证据分类分级与证据质量评价两个步骤，对证据进行分类后根据一定的标准建立分级体系，再对每一类证据运用不同类别的工具进行质量评价，评估证据的有效性、科学性和推荐级别；证据实践是证据转化和应用的关键，经济主体综合考虑各种证据做出决策；循证实践指南代表高质量转化证据，为经济决策和政策制定提供推荐意见，9.2 节将探讨循证经济学实践指南。

循证方法源于医学领域，基于自然科学但又与自然科学不同，已受到社会科学领域许多学者的青睐。将循证方法应用于经济学，构建包括研究者、实践者、管理者和实践对象的四方主体动态模型以及基于“全证据链”的运行机制，将有助于发挥循证方法在经济学中的效用价值。循证经济学不是对循证医学和循证社会科学的简单引用，而是创造性应用、创新性发展。循证经济学带来了一种全新的系统科学理念，不仅有具体的理论框架，而且有完整的操作方法。它并没有脱离主流经济学的轨道，而是对当代经济学研究和经济决策的一种有益补充和全新拓展。当然，作为一种研究理念和方法论，循证经济学是一次创新性构建，在发展过程中还有许多问题需要注意。循证经济学的科学性和可行性还需要大量理论研究者和实践者的关注与实验，汲取其他循证社会学科的营养，探索循证和经济学融合的可行之处，助推循证经济学早日落地开花。

9.2 循证经济学实践指南的构想

临床实践指南（clinical practice guidelines，CPGs）是循证医学临床实践的重要组成部分，指针对特定临床情况系统制定的、帮助临床医师和患者做出恰当处理的指导意见或推荐建议（Field 和 Lohr，1992）。临床实践指南帮助临床工作者将高质量临床证据转化为临床实践的指导意见，对临床领域的实践做出了实质性改变。当前，循证社会科学实践指南正处于起步阶段，循证经济学实践指南更是一片空白。实践指南源于证据、指导实践，是经济学全证据链的最终环节，也是循证经济学发展的趋势与方向。

9.2.1 循证社会科学实践指南发展现状

随着循证理念在社会科学领域不断推广，循证教育学和循证心理学在实践中取得了良好的效果，实践指南也层出不穷。专家学者基于循证医学证据分级标准开展了循证教育学的证据分级标准构建，并为实施循证教育制定了相对固定的框架，编制了大量的教育指南和手册（杨文登，2012）。由美国教育科学研究所管理的有效教学策略网（WWC）为一线教育工作者提供有效的证据，并为教育工作者提供解决具体问题的实践指南。此外，美国循证项目及实践注册系统（NREPP）为美国公众提供心理健康服务，同时为临床医生提供相关治疗方法，

临床工作者可以在 NREPP 网站上检索干预方法（杨文登等，2016）。由美国心理学会儿童与青少年临床心理学协会赞助的有效儿童治疗网（ECT）将互联网和循证治疗结合起来，重点关注儿童与青少年的心理健康，为 11 类心理和行为障碍提供相应的治疗手册和实践指南（杨文登，2017）。

这些实践指南提供了一系列解决特定问题的方案，对提升教育者和心理临床工作者的专业技能有很大的帮助。然而，在大多数循证社会科学交叉学科，比如循证管理学、循证图书馆学、法循证学中，还未产生系统的循证实践指南，有待进一步研究和挖掘。

9.2.2　对循证经济学实践指南的思考

如第三章所述，在经济学中，循证实践指南是基于最佳证据，对各种经济决策的成本和效益进行综合比较，并对各种政策干预的利弊进行全面权衡后，提供给决策主体以解决某些问题的推荐意见的文件。推荐意见告诉经济证据管理者、经济政策制定者和实践对象“应该做什么”，它指导我们在影响资源利用和经济决策的不同干预之间做出选择。指南旨在为有限资源条件下的供需双方及其他利益相关者做出知情决策提供各种推荐意见，为经济主体的循证实践提供具有可行性和实用性的指导方案。证据实践的有效性和指南的实施效果将影响证据来源、生产和评价过程，应通过证据来源的再开发、证据生产方法的再创新以及证据评价标准的再升级优化和提升证据链。

目前国内有学者对精准扶贫工作的循证经济学实践指南制定进行了思考。研究者申请扶贫项目，开展相关的扶贫调查，出版和发布与扶贫有关的报告、论文、专著等，为循证精准扶贫实践提供了证据。在信息化条件下，基层实践者可以通过获取全国证据库，结合实践中遇到的具体问题和扶贫工作经验，在国家精准扶贫框架和相关扶贫政策的支持下，获取相关的扶贫证据和方案，开展精准扶贫实践工作。同时，在实施循证精准扶贫措施一段时间后，通过政府购买的形式，委托具有评估资格的第三方独立机构对循证精准扶贫的实践手段和实践效果进行详细评估，如贫困家庭、贫困个人的生产和生活条件是否得到改善，改善程度如何，是否具有可持续脱贫潜力等，并且将结果反馈给研究者和管理者，以制定精准扶贫实践指南。根据实践者的实践结果，扶贫研究者和管理者可以通过扶贫评价机制调整和补充扶贫指南和政策。作为精准扶贫政策的制定者，中央政府和地方政府都可以通过评价机制对扶贫政策和扶贫指南进行适当调整，以引导研究者的研究方向、研究领域和具体研究问题，指导基层实践者的扶贫实践（戴小文等，2016）。

完善循证经济学全证据链，从企业经济行为、区域发展决策、经济政策制定和全球治理等领域构建循证经济学实践指南是未来的发展趋势。循证经济学实践指南的制定可以根据规划、成立制定小组、构建问题、选择结局指标、证据检索和综合、证据评价、提出推荐意见、形成和发表、实施与评价等步骤进行（世界卫生组织，2013）。规划是指南制定的第一步，首先要明确该指南的需求者、实施者和制定目的，在界定指南的纳入与排除内容后确定指南范围，并确定详细的实施计划，考虑在现有证据的基础之上完成指南的时间安排和资金支持。在做好前期规划后，成立专门的制定小组，根据每个小组成员的技能、专业、兴趣确定每个成员的职责与分工。构建指南所要解决的问题是至关重要的一步，这对最终推荐意见的形成有巨大影响，最好用 PICO 或 PICOS 结构构建问题，有助于文献系统检索从而增强需求者的指南可获得性。在确定好问题后，结局指标的选择也决定了指南的价值，取得一个理想的效果与结局是指南的最终目的。检索并提取所有与问题相关的证据是极其困难的，对当前证据检索和综合的最高效方式就是制作一篇系统评价。我们需要对得到的综合证据进行质量评价并形成证据总结。指南制定小组在这些证据总结的基础上进行讨论并形成推荐意见，推荐意见的提出必须基于当前可得的最佳经济学证据。制定好的指南发表后，需要出台实施策略和配套文件或工具用以促进指南实施，得到的实践反馈和实施效果可以进一步修正和完善指南。

9.3 循证经济学未来可期

循证理念从医学领域逐渐浸入社会科学研究中，再延伸到经济学领域，要实现循证理念和经济学的完全契合，还有很长的路要走。循证实践在经济学研究的知识发现与转化上发挥着重要的支撑作用，大数据也为循证经济学的发展提供了助力，在不久的将来，循证经济学必将影响到经济学的研究与实践形态。

9.3.1 应用最佳证据决策的循证实践新时代

从经济思想史的演化来看，经济学的“科学化”途径主要效仿自然科学的研究方法和研究过程，经历了前实证主义阶段、实证主义阶段、证伪主义阶段、历史主义阶段到实验经济学、行为经济学、博弈论与信息经济学竞相发展的阶段，各种实证研究的设计理念、统计方法逐渐成为主流。然而，这主要是研究领域的“科学化”，相比研究领域的“科学化”进程，经济学实践领域的“科学化”程度明显不足，经济学理论难以形成可直接应用于实践的“技术”。科研领域和实践领域在思维方式、价值理念、成果运用方式、决策时效性等方面存在极大差异，

如何成功实现科学研究成果向管理实践领域的知识转化，是经济学证据实践的关键。

循证实践（evidence-based practice，EBP）源于医学，旨在通过在临床实践和医学教育过程中更加系统地使用证据，弥补医学研究和临床实践之间的鸿沟（Rousseau 和 Gunia，2016）。国内已有研究者从循证实践角度对图书馆情报科学（王翩然等，2016）、教育学（周加仙，2017）、社会工作（李全利，2018）等领域进行了一些探究，但将循证实践运用于经济学领域还处于起步阶段。在经济学领域，目前一些文献探讨了循证实践在精准扶贫中的作用，认为循证实践有助于提高扶贫工作精准度，为保证精准扶贫攻坚阶段的减贫效果提供了新的科学工具（戴小文等，2018）。如何借助最佳证据在推动经济学领域循证实践的同时促进经济学本身的快速发展，是当前循证经济学实践的一大难题。

任何科学理论的形成都应该基于实践的合理性（袁利平和温双，2018）。循证经济学的证据应该基于经济实践问题的需要，产生于实践，又指导实践，通过“实践、认识、再实践、再认识”的过程形成最贴近于事实的最佳证据。实践是生产证据的目的，也是检验证据有效性的直接标准。基于最佳证据开展循证实践是生产经济学证据的价值所在，也是实现循证经济学发展的重要路径。经济主体做出基于最佳证据的经济决策应该摒弃主观臆断的做法，积极探索与识别证据，结合专业智慧与相关证据开展实践。循证经济学的四方主体动态模型是一个统一的整体，在实现研究者、管理者、决策者和实践对象的有机协调和合作的基础上，才有可能使得各方主体形成合力，共同致力于循证经济学的发展。通过循证实践的开展，研究者在自身学术素养的基础上，从实践者和实践对象的情境中寻找经济学研究的来源，生产证据；管理者根据经济社会发展需求，根据研究者的证据、实践者的情境以及实践对象的反馈制定评估经济学证据的标准，助推高质量证据的形成；实践者结合自身实践经验，根据研究者生产的证据、管理者制定的实践指南和实践对象的反馈情况制定和实施基于最佳证据的经济决策。

理论发展与方法学的进步相互依存、相互促进，既有助于经验观察和知识的确立，也得益于经验观察和由此产生的知识（袁振国，2017）。应用最佳证据的循证实践必须基于“全证据链”展开，循证经济学的相关主体都将成为证据的直接相关者。研究证据将实现其真正的价值，再也不用被搁置。同时，管理者将再次研究和评估研究证据，高质量的证据将被纳入专门的数据库，通过建设证据平台建立系统的证据网络；实践者可以通过严谨客观的程序获得经济活动、经济项目和经济政策的可靠、有效证据。通过循证实践建立覆盖全面的证据网络，实践者高效应用研究证据，实现科学研究成果向管理实践领域的知识转化，以及经济学理论与循证实践的有机结合。

9.3.2 大数据时代经济学证据的整合与发展

经济学作为研究社会经济活动的学科，其涉及范围极为广阔。近几十年，实验经济学、行为经济学、博弈论、信息经济学等交叉学科如雨后春笋般“破土而出”，不断推动经济学方法论的多元化、计量化和规范化。伴随着互联网时代的到来，数据“大爆炸”将会给未来的经济学研究带来全新的机遇和挑战。大数据具有数据体量巨大、类型繁多、处理速度快、流通灵活和准确性高等特点。在大数据背景下，经济学中的证据来源不再具有单一性和独立性。从前古典时期到未来，大数据可以高效地完成最佳研究证据的整合、筛选与完善，并通过云计算、人工智能等技术手段对置于不同时代背景和重大事件下的经济学研究证据、实践者和管理者的个人经验、实践对象的价值观与偏好进行深度数据挖掘和机器学习，最终得出高质量、精准并接近于事实的可靠证据。大数据时代的到来给传统经济学插上了腾飞的翅膀，有助于政策制定者做出完全信息下贴合实际的最优决策，达到理想的政策效果。

正是基于经济学的思维工具与技术属性，循证理念和方法才能在经济学领域生根发芽，大数据、云计算等新兴技术才能与经济学研究方法完美契合，构成具有循证思维和数据驱动特征的经济学证据“金字塔”，见图 9－1（魏丽莉等，2018）。

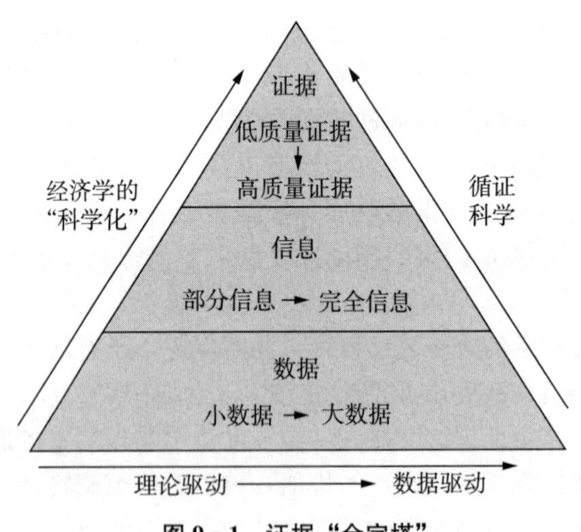

图 9－1　证据“金字塔”

在人类自然改造和制度变革的历史长河中，认知水平在相当长的时期内受制于数据积累程度与信息提取方式。农业时代，人们主要靠文字记载和简单数学工具等进行数据积累，数据与信息之间的联系是间接的；或者说，人们认知事物是

通过经验观察，以因果关系作为判断依据和准则的，这种思维模式贯穿于几千年的农业文明中。进入工业化时代，人们积累数据的方法和手段发生了质的变化，事物因果关系的揭示过程被逐级科学化，以公理或定律的形式广泛运用于科研和实践。尽管如此，信息与数据之间的联系仍然是间接的，人们对事物的认知基于因果关系，但经验观察的成分越来越少。以亚当·斯密在《国富论》中提出的“经济人”概念为分析起点，之后形成的理性选择理论便是一种典型的因果思维模式在经济理论研究中的反映。从亚当·斯密之后到现在，经济研究中所选用的样本数据依然是基于观察收集的“小数据”，所能提供的信息也只是符合经济学假设的不完全信息；而互联网和人工智能时代的“大数据”具有极大量、多维度和完备性等特征，大数据有可能提供完全信息，信息也可以通过大数据的相关性得到甄别和处理。

信息是证据的来源，也是决定证据质量的关键因素。传统经济学中“小数据”只提供部分信息，证据来源单一、片面，证据生产方式也只能选择与不完全证据来源相适应的研究方法，生产出的证据质量提升空间较大；互联网时代“大数据”提供完全信息，证据来源全面、多维，循证理念与方法在经济学中的应用保证了证据生产方式的科学性与高效性，生产出的决策证据质量更优，级别更高。大数据的出现扩展了证据的“原料”来源，提高了证据的全面性和适用性；循证方法的科学性与可重复性优化了证据生产方式，让证据产生于“无菌环境”，确保证据的高质量。经济决策者应基于高质量的证据和管理经验，综合考虑客观条件、情境因素和实践对象的意愿做出决策，循证实践与知识转化是经济学证据发展的最终目的。

从数据到证据是经济学从规范到实证，不断走向科学化的过程，也是循证理念、思想和方法的规范性与科学性的集中体现。从经济学的发展历程来看，经济学研究范式可以分为三种：理论驱动研究范式、模型驱动研究范式和数据驱动研究范式。它们分别是指以文字表述、数学模型和数据挖掘为主要方式，对社会经济现象进行描述，通过逻辑推理得出研究结论和经济证据，进而归纳出隐藏在社会经济规律背后的研究规范（崔俊富等，2016）。

理论驱动以文字表述为主，它在人类文明的前中期居于主导地位。理论驱动研究范式并不代表放弃对数学模型、数据挖掘的运用，受数学技术、计量技术发展的限制，在人类文明前中期漫长的历程中，文字表述是当时主要的经济学研究工具，理论驱动是主流经济学研究范式。随着人类文明的发展，特别是随着数据量的扩大及数学技术的进步，忽视数据的价值而仅仅依靠文字进行经济学研究显得不合时宜，基于当时数据量和数学技术的经济学模型开始出现。模型驱动研究步骤包括选定模型的组成变量、建立模型的基本假设、模型的模拟与求解、实证检验与分析结论。客观而言，模型驱动研究范式有一定合理性，并在很长一个时

期内推动经济学研究向前发展。到了互联网时代，运用大数据来分析因果关系以求更优的决策证据成为可能。可以预见，经济学研究范式由理论驱动向数据驱动的转变是经济学"科学化"的必经之路，也为循证经济学提供了巨大的发展空间。

总之，在大数据时代，我们可以依据循证经济学的分析框架，构建一个包含"研究者及其证据"、"管理者及其评估标准"、"实践者的决策经验"、"实践对象的特征"、"文化和偏好"以及"最佳循证经济学决策"等数据的循证经济学系统，这些大数据由云计算和人工智能进行分析和管理，再通过平台进行统一调度，提供给需要的研究者、管理者、实践者和实践对象。经过实践的证据又会形成新证据，进一步优化循证经济学系统，以最可靠的证据推动最有效的实践。

9.3.3 循证经济学面临的争论与质疑

循证经济学的产生与发展时间年限较短，但发展速度很快，短短几十年间，循证经济学已经在国内外取得了极大的进步，影响力日渐强劲。2016 年，美国经济学会权威期刊《美国经济评论》发表了题为《行为经济学：过去、现在和未来》的文章，其作者认为全面接受循证经济学的时代已经到来。行为经济学作为经济学学科发展中的新兴学科，其发展并不是对传统经济学研究范式的颠覆和革命，而是回归实证研究的本质，从某种程度上来说，行为经济学也是循证经济学的另一种表现。循证经济学以循证理念为基础，超越了传统经济学的研究范式，是一种借助先进统计技术、各类实验等新方法的研究范式。这反映出经济学研究目前正将注意力转向人类本身，这是新理论发展浪潮的初级阶段，也是一门新兴学科成长壮大的最好阶段。

循证经济学以证据链为线索，分别在研究者、实践者、管理者、实践对象四方面取得了一定的研究成果，但任何新兴学科的发展都有其缺陷与不足，学科的进步需要直面学术界的争论与质疑。循证经济学尚未形成完善的理论体系使得部分学者还不能完全认可并接受它。循证实践作为新生事物，也的确存在着不少问题。如 K. B. 亚当斯等曾谈道：循证经济学在理念方面，存在着对循证医学模式直接生搬硬套、证据分级标准过于严格、对循证经济学理念的构建不足等问题；在实施方面，存在着证据分级方法不完善、数据库建立与完善不足、应用实践经验不够等问题。甚至有学者认为循证实践只是一种吸引公众眼球的手段，它最终将消失，循证经济学也是如此。从现有研究证据来看，学术界目前对循证经济学的争论和质疑主要表现在证据本身的问题、经济决策的实践效果、方法的使用甚至滥用三个方面。

关于证据本身存在的问题，Hansen（2019）认为证据本身其实很少能说明

问题，需要将证据构建为模型或概念框架来加以解释，由于宏观经济现象的动态性和复杂性，以及研究者的主观性，根据同样的证据构建不同的模型通常会产生不一致的结论，隐含在其后的政策建议也就不相同。也就是说，证据本身并不蕴含所有问题的答案，并且我们面临的许多问题基本上都是动态问题。对于知识有限的人类，哪怕已经初步掌握机器学习的技术，仍无法根据证据做出精准的评估和实施准确的政策。

关于经济决策的实践效果，Thyer 和 Pignotti（2011）认为循证经济决策不同于医学模型，循证医学的治疗方案是指对于具有特定症状的病人应该使用某一给定的治疗方案，而在其他学科的循证决策中，特定的决策并不存在，需要考虑许多其他方面的因素。循证经济学的研究证据仅仅针对“平均化研究对象”的情况来指导实践，而对于某些特殊的“研究对象”而言，可能达不到想要的实践效果，甚至会对实践对象产生一定的伤害。经济现象中个体的特殊性与差异性十分明显，如果仅仅以一般性的研究证据指导复杂的经济实践，反而会失去循证理念的本质意义。

目前对研究方法的质疑主要针对 Meta 分析方法以及证据分级方法。目前循证经济学的相关研究较少考虑到经济学研究的特殊性，在研究方法中过于依赖循证医学的方法模式，作为其研究结果的证据的科学性有待考量。Pawson（2006）对 Meta 分析方法做出批评，认为结合不同研究的数据会产生误导或不可靠的结果，并认为“现实主义综合”是理解理论的更好方式，能够采用适当的目标政策来解决不断演变的社会问题。虽然 Meta 分析研究的热度催生了大批运用该方法的文章，但文章的质量参差不齐，对实践做出的贡献难以衡量（Siontis，2013），Ioannidis（2016）对此现象进行了批判，指出目前有大量不必要的、具有误导性的、冲突的系统评价和 Meta 分析，对实际工作并无帮助，有些甚至是有害的，因此强调系统评价和 Meta 分析类文章的出版应该有所调整，尽可能使出版的文章为实践提供高质量的证据。同时，目前循证经济学的研究仅单纯以方法是否严格来规定研究证据质量的级别，忽视了研究对象的特殊性、风险与效益、成本与效益等因素，使得证据分级不够科学，应该探索适合经济学的证据分级体系。

参考文献

[1] 阿尔弗雷德·S. 艾克那. 经济学为什么还不是一门科学. 苏通，等译. 北京：北京大学出版社，1990.

[2] 陈强. 如何做实证研究：以经济学实证论文为例. 中国研究生，2015 (3)：27-32.

[3] 陈薇，方赛男，刘建平，陈可冀. 国际循证医学证据分级体系的发展与现状. 中国中西医结合杂志，2017 (12)：1413-1419.

[4] 陈耀龙，杨克虎，田金徽，Qaseem A. 循证实践指南的制定：国际经验与中国实践. 兰州大学学报（医学版），2016 (1)：29-35.

[5] 崔俊富，邹一南，陈金伟. 大数据时代的经济学研究：数据驱动范式. 广东财经大学学报，2016 (1)：4-12.

[6] 崔卫国，王建丰. 社会科学学导论. 北京：中国社会科学出版社，2002.

[7] 戴小文，曾维忠，庄天慧. 循证实践：一种新的精准扶贫机制与方法学探讨. 四川师范大学学报（社会科学版），2016 (3)：131-137.

[8] 戴小文，曾维忠，庄天慧. 循证实践在精准扶贫工作中的应用. 西北农林科技大学学报（社会科学版），2018 (2)：57-62.

[9] 杜祖贻. 社会科学的科学本质. 上海：上海辞书出版社，2012.

[10] 何大安. 互联网应用扩张与微观经济学基础——基于未来"数据与数据对话"的理论解说. 经济研究，2018 (8)：177-192.

[11] 何雪松. 证据为本的实践的兴起及其对中国社会工作发展的启示. 华东理工大学学报（社会科学版），2004（1）：13－18.

[12] 何永江. 经济学方法论与学术论文写作. 北京：中国经济出版社，2011.

[13] 亨特，等. 社会科学导论. 北京：世界图书出版公司北京公司，2012.

[14] 金培. 试论经济学的域观范式——兼议经济学中国学派研究. 管理世界，2019（2）：7－10.

[15] 靳英辉，吴世文，拜争刚，曾宪涛. 系统评价与Meta分析的内涵及价值. 同济大学学报（医学版），2019（1）：105－111.

[16] 卡尔·波普尔. 猜想与反驳：科学知识的增长. 傅季重，等译. 上海：上海译文出版社，2005.

[17] 李东. 蔡剑. 决策支持系统与知识管理系统. 北京：中国人民大学出版社，2005.

[18] 李华伟，董小美，左美云. 知识管理的理论与实践. 北京：华艺出版社，2002.

[19] 李全利. 循证实践：社会工作介入民生治理精细化的价值定位. 河南师范大学学报（哲学社会科学版），2018（2）：30－36.

[20] 李枭鹰. 文献综述：学术创新的基石. 学位与研究生教育，2011（9）：38－41.

[21] 李幼平，杨晓妍. 我国公共卫生领域的循证决策与管理——挑战与探索. 中国循证医学杂志，2008（11）：945－950.

[22] 李志生，陈晨，林秉旋. 卖空机制提高了中国股票市场的定价效率吗？——基于自然实验的证据. 经济研究，2015（4）：165－177.

[23] 梁建，刘芳舟，樊景立. 中国管理研究中的量表使用取向（2006—2015）：关键问题与改进建议. 管理学（季刊），2017（2）：41－63.

[24] 林毅夫. 论经济学方法. 北京：北京大学出版社，2005.

[25] 刘建平. 循证医学. 北京：人民卫生出版社，2018.

[26] 刘庄. 田野实验：社会科学研究新方法. 中国社会科学报，2015（7）.

[27] 柳春艳. 教育技术学：从循证走向智慧教育. 中国电化教育，2018（10）：40－48.

[28] 陆蓉，蒋南平，陈彦斌，陈建东，李卓. 经济学论文的思想性与技术性关系笔谈. 经济理论与经济管理，2013（10）：7－16.

[29] 罗杰·E. 巴克豪斯. 经济学是科学吗？现代经济学的成效、历史与方法. 苏丽文，译. 上海：格致出版社，2018.

[30] 罗俊，汪丁丁，叶航，陈叶烽. 走向真实世界的实验经济学——田野实

验研究综述. 经济学（季刊），2015（3）：853-884.

[31] 马克布·劳格. 经济学方法论. 北京：北京大学出版社，1990.

[32] 毛其淋，许家云. 贸易政策不确定性与企业储蓄行为——基于中国加入WTO的准自然实验. 管理世界，2018（5）：10-27.

[33] 钱颖一. 理解现代经济学. 经济社会体制比较，2002（2）：1-12.

[34] 区耀荣，蒋敏娟. 当代中国公共政策科学化面临的问题、挑战与改革途径探析. 公共政策，2015（1）：63-67.

[35] 世界卫生组织. 世界卫生组织指南制定手册. 杨克虎，等译. 兰州：兰州大学出版社，2013.

[36] 孙凤. 医学研究报告规范解读. 北京：北京大学医学出版社，2015.

[37] 王家良，刘鸣. 循证医学. 北京：人民卫生出版社，2001.

[38] 王翩然，徐建华，俞碧飏. 循证图书馆信息实践（EBLIP）研究综述. 情报学报，2016（1）：98-112.

[39] 王小卫. 经济学方法：十一位经济学家的观点. 上海：复旦大学出版社，2006.

[40] 王学军，王子琦. 从循证决策到循证治理：理论框架与方法论分析. 图书与情报，2018（3）：18-27.

[41] 魏丽莉，王馨雅，杨克虎. 从理论驱动到数据驱动：循证视角下经济学证据的演化与发展. 图书与情报，2018（6）：25-32.

[42] 魏丽莉，张晶，斯丽娟，杨克虎. 循证经济学的逻辑推演、范式变革与发展前景. 图书与情报，2018（3）：28-34.

[43] 魏丽莉. 经济思想史. 北京：机械工业出版社，2018.

[44] 闻华，张瑜. 解构管理学理论的大师：菲佛. 新远见，2012（2）：88-92.

[45] 闻华. 循证管理的先行者. 管理学家，2011（10）：65-79.

[46] 翁鸿，王颖，李柄辉，曾宪涛. 系统评价与 Meta 分析的类型及制作步骤. 同济大学学报（医学版），2019（2）：248-253.

[47] 肖金川，任飞，刘郁. 主要英文经济学期刊论文计量方法分析. 世界经济，2014（1）：148-160.

[48] 谢拉·C. 道. 经济学方法论. 杨培雷，译. 上海：上海财经大学出版社，2005.

[49] 谢贞发，张玮. 中国财政分权与经济增长——一个荟萃回归分析. 经济学（季刊），2015（2）：435-452.

[50] 许志峰，李德深，马万里. 社会科学史. 北京：中国展望出版社，1989.

[51] 杨克虎，李秀霞，拜争刚. 循证社会科学研究方法：系统评价与 Meta

分析. 兰州：兰州大学出版社，2018.

[52] 杨克虎. 循证社会科学的产生、发展与未来. 图书与情报，2018 (3)：1-10.

[53] 杨文登，宋艳，王孟成. 如何实施循证心理治疗：以美国循证项目与实践注册系统为例. 中国临床心理学杂志，2016 (6)：1154-1156，1119.

[54] 杨文登，叶浩生. 社会科学的三次“科学化”浪潮：从实证研究、社会技术到循证实践. 社会科学，2012 (8)：107-116.

[55] 杨文登. 美国心理健康教育的循证实践：理论、实施及启示. 外国教育研究，2017 (6)：54-67.

[56] 杨文登. 社会工作的循证实践：西方社会工作发展的新方向. 广州大学学报（社会科学版)，2014 (2)：50-59.

[57] 杨文登. 循证教育学理论及其实践——以美国有效教学策略网为例. 宁波大学学报（教育科学版)，2012 (4)：5-10.

[58] 杨文登. 循证实践：一种新的实践形态?. 自然辩证法研究，2010 (4)：106-110.

[59] 杨文登. 循证心理健康服务. 北京：商务印书馆，2017.

[60] 袁浩斌. 循证护理中质性研究的 Meta 整合方法. 护理学杂志，2012 (21)：67-69.

[61] 袁利平，温双. 基于循证实践框架的核心素养生成. 陕西师范大学学报（哲学社会科学版)，2018 (4)：157-166.

[62] 袁振国. 实证研究是教育学走向科学的必要途径. 华东师范大学学报（教育科学版)，2017 (3)：4-17.

[63] 约翰・布德鲁，瑞文・杰苏. 变革创造价值：人力资源循证式管理. 北京：中国电力出版社，2012.

[64] 张才明. 大数据颠覆传统决策模式. 中国经贸，2013 (6)：24-25.

[65] 张慧，田旭，卞薇，等. JBI 循证卫生保健中心简介. 中国循证医学杂志，2016 (12)：1477-1480.

[66] 张鸣明，刘婷兰. Campbell 协作网：为公共卫生决策及教育提供最佳证据的国际协作组织. 中华医学教育杂志，2003 (2)：61-62.

[67] 张维迎. 反思经济学 (2). 光明网，2014-05-06.

[68] 赵坤，郭君钰. Campbell 图书馆简介. 中国循证医学杂志，2015 (1)：120-124.

[69] 周加仙. 走向循证教育决策与实践. 外国中小学教育，2017 (6)：9-16.

[70] Acemoglu D.，Laibson D.，List J. *Economics* (Global Edition). Pearson Schweiz Ag，2015.

[71] Ann W., Wegrich K. *Handbook of Public Policy Analysis*. CRC Press, 2007: 43-62.

[72] Ashcroft R. Doing the Best We Can-Review of Archie Cochrane's Effectiveness and Efficiency: Random Reflections on Health Services. *Biosocieties*, 2007 (2): 141-145.

[73] Ashworth K., Walker R. Analyzing Social Security Provisions: The Case for Longitudinal Data, in House Report. London: DSS, 1998 (38).

[74] Aveyard H., Sharp P. *A Beginner's Guide to Evidence-Based Practice in Health and Social Care* (2nd Ed). Mcgraw-Hill Education, New York, 2013.

[75] Bentham J., Hildreth R. Principles of Legislation. *The American Journal of Nursing*, 1965 (12): 1-87.

[76] Bertrand M., Mullainathan S. Are Emily and Greg More Employable than Lakisha and Jamal? A Field Experiment on Labor Market Discrimination. *American Economic Review*, 2004 (4): 991.

[77] Brown C. Advancing Policy Makers Expertise in Evidence-Use: A New Approach to Enhancing the Role Research Can Have in Aiding Educational Policy Development. *Journal of Educational Change*, 2014, 15: 19-36.

[78] Chalmersi A. *Systematic Reviews*. London: BMJ Publications, 1995.

[79] Chetty R., Adam Looney, Kory Kroft. Salience and Taxation: Theory and Evidence. *American Economic Review*, 2009 (4): 1145.

[80] David Zussman. Evidence-Based Policy Making: Some Observations of Recent Canada Experience. *Social Policy Journal of New Zealand*, 2003, 20: 63-71.

[81] Dozois D. J. A., et al. The CPA Presidential Task Force on Evidence-Based Practice of Psychological Treatments. *Canadian Psychology*, 2014 (3): 153-160.

[82] Duvendack M., Mader P. Impact of Financial Inclusion in Low-and Middle-Income Countries. Campbell Collaboration, 2019.

[83] Eccles M., Clapp Z., Grimshaw J., et al. North of England Evidence Based Guidelines Development Project: Methods of Guideline Development. *British Medical Journal*, 1996, 312: 760-762.

[84] Field M. J., Lohr K. N. *Guidelines for Clinical Practice: From Development to Use*. Washington DC: National Academy Press, 1992.

[85] Garbero A. IFAD Research Series No. 33 - The Impact of the Adoption of CGIAR's Improved Varieties on Poverty and Welfare Outcomes: A Systematic

Review，2019.

[86] Glass G. V. Primary，Secondary and Meta-analysis of Research. *Educational Researcher*，1976（10）：3－8.

[87] Gurevitch J. Meta-Analysis and the Science of Research Synthesis. *Nature*，2018，555：175－182.

[88] Guyatt G. H.，Rennie D. *Users' Guides to the Medical Literature：A Manual for Evidence-Based Clinical Practice*. Chicago：AMA Press，2002.

[89] Haluk Soydan. Applying Randomized Controlled Trials and Systematic Reviews in Social Work Research. *Research on Social Work Practice*，2008，（4）：311－318.

[90] Hansen L. P. Purely Evidence-Based Policy Doesn't Exist. 2019.

[91] Harkin S. Why Putting Evidence before Equations Would Make Economics More Like Science. *World Finance*，2010－10－21.

[92] Heinrich C. Evidence-Based Policy and Performance Management Challenges and Prospects in Two Parallel Movements. *The American Review of Public Administration*，2007（3）：255－277.

[93] Husereau D.，Drummond M.，Petrou S.，et al. Consolidated Health Economic Evaluation Reporting Standards（CHEERS）Statement. *Pharmacoeconomics*，2013（5）：361－367.

[94] Ioannidis J. P. A. The Mass Production of Redundant，Misleading，and Conflicted Systematic Reviews and Meta-Analyses. *The Milbank Quarterly*，2016（3）：485－514.

[95] Ioannidis J. P. A. Why Most Published Research Findings Are False. *PLOS Medicine*，2005（8）：696－701.

[96] Joffe M. Can Economics Be Evidence Based? Royal Economic Society，2014－04.

[97] Keynes J. M. On the Theory of A Monetary Economy. *Nebraska Journal of Economics & Business*，1963（2）：7－9.

[98] List F. The National System of Political Economy. Wikiquote，2019.

[99] Lopez-Avila D.，Husain S.，Bhatia R.，Nath M.，Vinaygyam R. M. Agricultural Innovation：An Evidence Gap Map. *International Initiative for Impact Evaluation*，2017（12）.

[100] Lund H.，Brunnhuber K.，Juhl C. Robinson K.，et al. Towards Evidence Based Research. *British Medical Journal*（Online），2016，355.

[101] Macdonald G. M. Developing Evidence Based Practice in Child Protection. *Child Psychology and Psychiatry*，1998（1）：1－23.

[102] Mahrer A., et al. Evidence-Based Practice in Psychology: Report of the APA Presidential Task Force on Evidence-Based Practice. *American Psychologist*, 2006 (4): 271 - 285.

[103] Moher D., Pham B. Does Quality of Reports of Randomized Trials Affect Estimates of Intervention Efficacy Reported in Meta-Analyses. *Lancet*, 1998, 352: 13 - 16.

[104] Moher D., Liberati A., Tetzlaff J., et al. Preferred Reporting Items for Systematic Reviews and Meta-Analyses: The PRISMA Statement. *British Medical Journal*, 2009, 339: 2535.

[105] Normand R. What Works the Shaping of the European Politics of Evidence. *Policy Travelling from Health to Education*. 2016 (3): 95 - 123.

[106] Nutley S., Web J. Evidence and the Policy Process. In *What Work Evidence Based Policy and Practice in Public Services*. Bristol: The Policy Press, 2000.

[107] Pawson R. Evidence-Based Policy: In search of A Method. ESRC UK Center for Evidence-Based-Policy and Practice, Working Paper, University of London, 2001.

[108] Pawson R. *Evidence-Based Policy: A Realist Perspective*. London: SAGE Publications, 2006.

[109] Pawson R. Evidence-Based Policy: The Promise of "Realist Synthesis". *Evaluation*, 2002 (8): 340 - 358.

[110] Reiss J. Evidence-Based Economics. *Analyse & Kritik*, 2004, 26: 346 - 352.

[111] Reiss J. *Error in Economics: Towards A More Evidence-Based Methodology*. Routledge, 2016.

[112] Richard H. Thaler. Behavioral Economics: Past, Present, Future. *The American Review*, 2016 (7): 1577 - 1600.

[113] Robert Boruch，芮宁．从 RCT 到证据分级评价系统：循证实践在社会科学领域的发展现状．中国循证医学杂志，2009（1）：12 - 18.

[114] Rosenberger R. S., Rost K. Reporting Guidelines for Meta-Regression Analysis in Economics. *Journal of Economic Surveys*, 2013 (2): 390 - 394.

[115] Rousseau D. M., Gunia B. C. Evidence-Based Practice: The Psychology of EBP Implementation. *Annual Review of Psychology*, 2016 (1): 667 - 692.

[116] Sackett D. L., Rosenberg W. M., Gray J. A., et al. Evidence Based Medicine: What It Is and What It Isn't. *British Medical Journal*, 1996, 312: 3 - 5.

[117] Saurama E., Julkunen I. Approaching Practice Research in Theory and Practice. *Social Work & Social Sciences Review*, 2011 (2): 57 - 75.

［118］ Sculpher M. J. ， Pang F. S. ， Manca A. ， et al. Generalisability in Economic Evaluation Studies in Healthcare：A Review and Case Studies. *Health Technology Assessment*， 2004 （49）： 1 - 192.

［119］ Shemilt I. ， Mugford M. ， Byford S. ， et al. *Cochrane Handbook for Systematic Reviews of Interventions*： *Cochrane Book Series*. John Wiley & Sons， Ltd， 2008.

［120］ Shemilt I. Evidence-Based Decisions and Economics： Health Care， Social Welfare， Education and Criminal Justice. *Manual Therapy*， 2010 （6）： 196 - 200.

［121］ Siontis K. C. ， Hernandez-Boussard T. ， Ioannidis J. P. A. Overlapping Meta-Analyses on the Same Topic： Survey of Published Studies. *British Medical Journal*， 2013 ， 347： 4501.

［122］ Spitzer W. O. ， Bayne J. R. D. ， Charron K. C. ， et al. Canadian Task Force on the Periodic Health Examination： The Periodic Health Examination. *Canadian Medical Association Journal*， 1979 （9）： 1193 - 1254.

［123］ Stanley T. D. ， Jarrell S. B. Meta-Regression Analysis： A Quantitative Method of Literature Surveys. *Journal of Economic Surveys*， 1989 （3） .

［124］ Strategic Policy Making Team Cabinet Office. Professional Policy Making for the Twenty First Century. 1999.

［125］ Thaler R. H. Behavioral Economics： Past， Present， Future. *The American Review*， 2016 （7）： 1577 - 1600.

［126］ Thomas G. ， Pring R. *Evidence-Based Practice in Education*. Open University Press， New York， 2004.

［127］ Thyer B. A. ， Pignotti M. Evidence-Based Practices Do Not Exist. *Clinical Social Work*， 2011， 39： 328.

［128］ Ton G. ， Desiere S. ， Vellema W. ， Weituschat S. ， D'Haese M. The Effectiveness of Contract Farming for Raising Income of Smallholder Farmers in Low-and Middle-Income Countries： A Systematic Review. *Campbell Systematic Reviews*， 2017， 13.

［129］ Tong A. ， Flemming K. ， McInnes E. ， et al. Enhancing Transparency in Reporting the Synthesis of Qualitative Research： ENTREQ. *BMC Medical Research Methodology*， 2012 （1）： 181.

［130］ Vaessen J. ， Rivas A. ， Duvendack M. ， et al. The Effects of Microcredit on Women's Control over Household Spending in Developing Countries： A Systematic Review and Meta-analysis. *Campbell Systematic Reviews*， 2012 （8）.

附　录

一、Campbell 图书馆循证经济学系统评价一览表

序号	出版日期	研究领域	题目
1	2008 年 8 月 21 日	Social welfare（社会福利）	Opportunities provision for preventing youth gang involvement for children and young people (7－16)
2	2012 年 12 月 13 日	Education（教育）	Indicated truancy interventions：effects on school attendance among chronic truant students
3	2012 年 9 月 1 日	Social welfare（社会福利）	Behavioural and cognitive-behavioural group-based parenting programmes for early-onset conduct problems in children aged 3 to 12 years
4	2012 年 11 月 1 日	Education，International development（教育，国际发展）	Interventions in developing nations for improving primary and secondary school enrolments
5	2013 年 9 月 2 日	Education，International development（教育，国际发展）	Post-basic technical and vocational education and training (TVET) interventions to improve employability and employment of TVET graduates in low-and middle-income countries
6	2014 年 1 月 2 日	International development（国际发展）	The impact of land property rights interventions on investment and agricultural productivity in developing countries
7	2014 年 12 月 19 日	International development（国际发展）	Effects of decentralized forest management (DFM) on deforestation and poverty in low-and middle-income countries

续表

序号	出版日期	研究领域	题目
8	2014年12月19日	International development (国际发展)	Effects of payment for environmental services (PES) on deforestation and poverty in low-and middle-income countries
9	2015年9月1日	International development (国际发展)	Community-based rehabilitation for people with disabilities in low-and middle-income countries
10	2015年9月1日	International development (国际发展)	The effects of training, innovation and new technology on African smallholder farmers' economic outcomes and food security
11	2015年11月2日	International development (国际发展)	Economic self-help group programs for improving women's empowerment
12	2016年1月4日	Social welfare (社会福利)	Advocacy interventions to reduce or eliminate violence and promote the physical and psychosocial well-being of women who experience intimate partner abuse
13	2016年1月4日	International development (国际发展)	The impacts of business support services for small and medium enterprises on firm performance in low-and middle-income countries
14	2016年3月23日	Education, International development (教育，国际发展)	Parental, community and familial support interventions to improve children's literacy in developing countries
15	2016年7月1日	International development (国际发展)	Interventions for promoting reintegration and reducing harmful behaviour and lifestyles in street-connected children and young people
16	2016年9月27日	International development (国际发展)	Deworming and adjuvant interventions for improving the developmental health and well-being of children in low-and middle-income countries
17	2016年11月15日	International development (国际发展)	Community monitoring interventions to curb corruption and increase access and quality of service delivery in low-and middle-income countries
18	2017年1月20日	Education (教育)	The relationship between teacher qualification and the quality of the early childhood care and learning environment
19	2017年2月15日	Social welfare (社会福利)	12-step programs for reducing illicit drug use
20	2017年3月1日	International development (国际发展)	Effects of certification schemes for agricultural production on socio-economic outcomes in low-and middle-income countries

续表

序号	出版日期	研究领域	题目
21	2017年8月28日	Education（教育）	"No Excuses" charter schools for increasing math and literacy achievement in primary and secondary education
22	2017年10月16日	Education（教育）	The "Tools of the Mind" curriculum for improving self-regulation in early childhood
23	2017年12月21日	International development（国际发展）	The effectiveness and efficiency of cash-based approaches in emergencies
24	2017年12月21日	International development（国际发展）	Vocational and business training to improve women's labour market outcomes in low-and middle-income countries
25	2018年1月9日	Crime and justice，Education（司法犯罪，教育）	School-based interventions for reducing disciplinary school exclusion
26	2018年5月28日	International development（国际发展）	Agricultural input subsidies for improving productivity，farm income，consumer welfare and wider growth in low-and lower-middle-income countries
27	2018年10月4日	Education，Social Welfare（教育，社会福利）	Recovery schools for improving behavioral and academic outcomes among students in recovery from substance use disorders
28	2019年1月7日	International development，Methods（国际发展，方法学）	Impact of financial inclusion in low-and middle-income countries

二、3ie循证科学相关文献一览表

序号	年份	研究领域	类型	题目
1	2009	Education（教育）	Impact evaluation（影响评估）	Getting girls into school：a development benefit for all
2	2009	Education（教育）	Impact evaluation（影响评估）	Special needs education：towards more inclusive
3	2009	Education（教育）	Impact evaluation（影响评估）	Food for thought：are school feeding programmes effective in improving educational outcomes?
4	2009	Education（教育）	Impact evaluation（影响评估）	We all need more education：what can be done to reduce teacher absenteeism?

续表

序号	年份	研究领域	类型	题目
5	2009	Environment (环境)	Impact evaluation (影响评估)	Indoor air pollution: there is no smoke without fire
6	2009	Governance (管治)	Impact evaluation (影响评估)	Public works: an effective safety net for the poor?
7	2009	Health (健康)	Impact evaluation (影响评估)	Climate change: effective ways of cutting greenhouse gas emissions
8	2009	Health (健康)	Impact evaluation (影响评估)	Health insurance for the poor: myth or reality
9	2009	Health (健康)	Impact evaluation (影响评估)	Financing better health care for all
10	2009	Health (健康)	Systematic reviews (系统评价)	Behaviour change intervention to prevent HIV among women living in low-and middle-income countries
11	2009	Humanitarian (人道主义)	Working paper (工作论文)	Impact evaluation in the post-disaster setting
12	2009	Water, sanitation and hygiene (水资源、公共卫生和环境保护)	Impact evaluation (影响评估)	Water to save lives
13	2009	Water, sanitation and hygiene (水资源、公共卫生和环境保护)	Impact evaluation (影响评估)	Running water, working toilets and safe hygiene practices
14	2009	Water, sanitation and hygiene (水资源、公共卫生和环境保护)	Systematic review (系统评价)	Water, sanitation and hygiene interventions to combat childhood diarrhoea in developing countries
15	2010	Agricultural (农业)	Impact evaluation (影响评估)	Fair and square: better market share, more benefits through fairtrade
16	2010	Education (教育)	Impact evaluation (影响评估)	Subsidising education: are school vouchers the solution?
17	2010	Education (教育)	Impact evaluation (影响评估)	Education for all: how to pass the 2015 grade?
18	2010	Education (教育)	Impact evaluation (影响评估)	Conditional cash transfer programmes: a magic bullet to improve people's health and education?

续表

序号	年份	研究领域	类型	题目
19	2010	Environment (环境)	Working paper (工作论文)	Impact evaluation and interventions to address climate change: a scoping study
20	2010	Governance (管治)	Systematic reviews (系统评价)	Interventions to promote social cohesion in Sub-Saharan Africa
21	2010	Health (健康)	Systematic reviews (系统评价)	Access to health: how to reduce child and maternal mortality?
22	2011	Governance (管治)	Impact evaluation (影响评估)	How to turn the tide on corruption?
23	2011	Health (健康)	Systematic reviews (系统评价)	The impact of daycare programs on child health, nutrition and development in developing countries: a systematic review
24	2011	Health (健康)	Systematic reviews (系统评价)	Community-based intervention packages for reducing maternal morbidity and mortality and improving neonatal outcomes
25	2012	Agricultural (农业)	Systematic review (系统评价)	Zero child hunger: breaking the cycle of malnutrition
26	2012	Water, sanitation and hygiene (水资源、公共卫生和环境保护)	Systematic review (系统评价)	Willingness to pay for cleaner water in less developed countries: systematic review of experimental evidence
27	2012	Water, sanitation and hygiene (水资源、公共卫生和环境保护)	Systematic review (系统评价)	Safe drinking water: who is willing to pay the price?
28	2013	Education (教育)	Impact evaluation (影响评估)	The promise of preschool in Africa: a randomized impact evaluation of early childhood development in rural Mozambique
29	2013	Education (教育)	Impact evaluation (影响评估)	Ready for school
30	2013	Education (教育)	Systematic review (系统评价)	Quality education for all children?
31	2013	Education (教育)	Systematic review (系统评价)	Interventions in developing nations for improving primary and secondary school enrolments

续表

序号	年份	研究领域	类型	题目
32	2013	Education（教育）	Working paper（工作论文）	Quality education for all children? What works in education in developing countries
33	2013	Environment（环境）	Impact evaluation（影响评估）	Truth telling by third-party audits and the response of polluting firms：experimental evidence from India
34	2013	Health（健康）	Systematic reviews（系统评价）	Slum upgrading strategies and their effects on health and socio-economic outcomes
35	2013	Health（健康）	Systematic reviews（系统评价）	Focus on female genital mutilation
36	2014	Agricultural（农业）	Impact evaluation（影响评估）	A randomised evaluation of the effects of an agricultural insurance programme on rural households' behaviour：evidence from China
37	2014	Agricultural（农业）	Impact evaluation（影响评估）	Does marginal cost pricing of electricity affect the groundwater pumping behaviour of farmers? Evidence from India
38	2014	Agricultural（农业）	Systematic review summary（系统评价摘要）	Farmer field schools：from agricultural extension to adult education
39	2014	Education（教育）	Systematic review summary（系统评价摘要）	Farmer field schools：from agricultural extension to adult education
40	2014	Governance（管治）	Impact evaluation（影响评估）	Social and economic impacts of tuungane：final report on the effects of a community-driven reconstruction programme in the Democratic Republic of Congo
41	2014	Governance（管治）	Impact evaluation（影响评估）	The GoBifo project evaluation report：assessing the impacts of community-driven development in Sierra Leone
42	2014	Health（健康）	Impact evaluation（影响评估）	Scaling up male circumcision service provision：results from a randomised evaluation in Malawi
43	2014	Health（健康）	Impact evaluation（影响评估）	Paying for performance in China's battle against anaemia
44	2014	Health（健康）	Replication paper（复制性研究）	Reanalysis of health and educational impacts of a school-based deworming program in western Kenya part 1 and 2：pure replication and alternative analyses
45	2016	Humanitarian（人道主义）	Learning summary（学习总结）	Early implementation lessons from 3ie-supported impact evaluations of humanitarian assistance

续表

序号	年份	研究领域	类型	题目
46	2014	Humanitarian (人道主义)	Scoping paper (范围论文)	What evidence is available and what is required in humanitarian assistance?
47	2014	Public finance (公共财政)	Impact evaluation (影响评估)	No margin, no mission? Evaluating the role of incentives in the distribution of public goods in Zambia
48	2014	Social protection (社会保障)	Impact evaluation (影响评估)	Impact evaluation of the non-contributory social pension programme 70 y más in Mexico
49	2014	Social protection (社会保障)	Impact evaluation (影响评估)	The impact of daycare on maternal labour supply and child development in Mexico
50	2014	Social protection (社会保障)	Systematic review (系统评价)	Services for street-connected children and young people in low-and middle-income countries: a thematic synthesis
51	2014	Replication programme on financial services for the poor (贫困群体金融服务复制计划)	Replication paper (复制性研究)	Reanalysis of health and educational impacts of a school-based deworming program in western Kenya part 1 and 2: pure replication and alternative analyses
52	2015	Agricultural (农业)	Impact evaluation (影响评估)	Smallholder access to weather securities in India: demand and impact on production decisions
53	2015	Agricultural (农业)	Impact evaluation (影响评估)	Assessing the impact of farmer field schools on fertiliser use in China
54	2015	Agricultural (农业)	Impact evaluation (影响评估)	Enhancing food production and food security through improved inputs
55	2015	Agricultural (农业)	Impact evaluation (影响评估)	Providing collateral and improving product market access for smallholder farmers: a randomised evaluation of inventory credit in Sierra Leone
56	2015	Agricultural (农业)	Systematic review (系统评价)	The effects of training, innovation and new technology on African smallholder farmers' wealth and food security
57	2015	Agricultural (农业)	Systematic review (系统评价)	Why targeting matters: a systematic review of farmer field schools targeting
58	2015	Agricultural (农业)	Replication paper (复制性研究)	Recalling extra data: a replication study of finding missing markets
59	2015	Agricultural (农业)	Replication paper (复制性研究)	The long and short of returns to public investments in fifteen Ethiopian villages

续表

序号	年份	研究领域	类型	题目
60	2015	Education (教育)	Impact evaluation (影响评估)	Validation of hearing screening procedures in Ecuadorian schools
61	2015	Education (教育)	Impact evaluation (影响评估)	The impact of mother literacy and participation programmes on child learning: evidence from a randomised evaluation in India
62	2015	Education (教育)	Impact evaluation (影响评估)	Impact of malaria control and enhanced literacy instruction on educational outcomes among school children in Kenya: a multi-sectoral, prospective, randomised evaluation
63	2015	Education (教育)	Impact evaluation (影响评估)	A wide angle view of learning: evaluation of the CCE and LEP programmes in Haryana, India
64	2015	Education (教育)	Systematic review (系统评价)	Interventions for improving learning outcomes and access to education in low-and middle-income countries: a systematic review
65	2015	Education (教育)	Systematic review (系统评价)	The effects of school-based decision making on educational outcomes in low and middle income contexts
66	2015	Education (教育)	Evidence gap maps (证据差距地图)	Youth and transferable skills: an evidence gap map
67	2015	Education (教育)	Replication paper (复制性研究)	Fighting corruption does improve schooling: a replication study of a newspaper campaign in Uganda
68	2015	Education (教育)	范围论文 (Scoping paper)	The state of evidence on the impact of transferable skills programming on youth in low-and middle-income countries
69	2015	Environment (环境)	Impact evaluation (影响评估)	Impacts of payments for ecosystem services programme in Mexico
70	2015	Environment (环境)	Systematic reviews (系统评价)	Payment for environmental services for reducing deforestation and poverty in low-and middle-income countries: a systematic review
71	2015	Environment (环境)	Systematic reviews (系统评价)	Decentralised forest management for reducing deforestation and poverty in low-and middle-income countries: a systematic review
72	2015	Governance (管治)	Impact evaluation (影响评估)	An impact evaluation of information disclosure on elected representatives' performance: evidence from rural and urban India

续表

序号	年份	研究领域	类型	题目
73	2015	Health（健康）	Impact evaluation（影响评估）	The SASA! study：a cluster randomised trial to assess the impact of a violence and HIV prevention programme in Kampala，Uganda
74	2015	Health（健康）	Impact evaluation（影响评估）	Validation of hearing screening procedures in Ecuadorian schools
75	2015	Health（健康）	Impact evaluation（影响评估）	Impact of malaria control and enhanced literacy instruction on educational outcomes among school children in Kenya：a multi-sectoral，prospective，randomised evaluation
76	2015	Health（健康）	Systematic reviews（系统评价）	The identification and measurement of health-related spillovers in impact evaluations
77	2015	Health（健康）	Systematic reviews（系统评价）	Community-based rehabilitation for people with disabilities in low-and middle-income countries
78	2015	Health（健康）	Replication paper（复制性研究）	Male circumcision and HIV acquisition：reinvestigating the evidence from young men in Kisumu，Kenya
79	2015	Health（健康）	Replication paper（复制性研究）	Walking on solid ground：a replication study on Piso Firme's impact
80	2015	Health（健康）	Replication paper（复制性研究）	The impact of India's JSY conditional cash transfer programme：a replication study
81	2015	Health（健康）	Scoping paper（范围论文）	Engaging communities for increasing immunisation coverage：what do we know?
82	2015	Infrastructure（基础设施）	Impact evaluation（影响评估）	Shelter from the storm：upgrading housing infrastructure in Latin American slums
83	2015	Infrastructure（基础设施）	Replication paper（复制性研究）	The long and short of returns to public investments in fifteen Ethiopian villages
84	2015	Livelihoods（生计）	Replication paper（复制性研究）	The effects of land titling on the urban poor：a replication of property rights for the poor
85	2015	Public finance（公共财政）	Replication paper（复制性研究）	Fighting corruption does improve schooling：a replication study of a newspaper campaign in Uganda
86	2015	Social protection（社会保障）	Impact evaluation（影响评估）	What happens once the intervention ends? The medium-term impacts of a cash transfer programme in Malawi
87	2015	Social protection（社会保障）	Impact evaluation（影响评估）	Can e-governance reduce capture of public programmes? Experimental evidence from India's employment guarantee scheme in Bihar

续表

序号	年份	研究领域	类型	题目
88	2015	Social protection (社会保障)	Impact evaluation (影响评估)	A youth wage subsidy experiment for South Africa
89	2015	Social protection (社会保障)	Impact evaluation (影响评估)	Assessing long-term impacts of conditional cash transfers on children and young adults in rural Nicaragua
90	2015	Social protection (社会保障)	Systematic review (系统评价)	Policing interventions for targeting interpersonal violence in developing countries: a systematic review
91	2015	Water, sanitation and hygiene (水资源、公共卫生和环境保护)	Impact evaluation (影响评估)	What works in expanding the use of chlorine dispensers to purify water? Impact evidence from Kenya
92	2015	Water, sanitation and hygiene (水资源、公共卫生和环境保护)	Impact evaluation (影响评估)	Can disgust and shame lead to cleaner water and more handwashing? Impact evidence from Bangladesh
93	2015	Water, sanitation and hygiene (水资源、公共卫生和环境保护)	Impact evaluation (影响评估)	Does building more toilets stop the spread of disease? Impact evidence from India
94	2015	Water, sanitation and hygiene (水资源、公共卫生和环境保护)	Systematic review summary (系统评价摘要)	What factors affect sustained adoption of safe water, hygiene and sanitation technologies?
95	2015	Replication programme on financial services for the poor (贫困群体金融服务复制计划)	Replication paper (复制性研究)	The impact of India's JSY conditional cash transfer programme: a replication study
96	2015	Replication programme on financial services for the poor (贫困群体金融服务复制计划)	Replication paper (复制性研究)	Recalling extra data: a replication study of finding missing markets

续表

序号	年份	研究领域	类型	题目
97	2015	Replication programme on financial services for the poor (贫困群体金融服务复制计划)	Replication paper (复制性研究)	The impact of India's JSY conditional cash transfer programme: a replication study
98	2015	Replication programme on financial services for the poor (贫困群体金融服务复制计划)	Replication paper (复制性研究)	The long and short of returns to public investments in fifteen Ethiopian villages
99	2016	Agricultural (农业)	Impact evaluation (影响评估)	Making networks work for policy: evidence from agricultural technology adoption in Malawi
100	2016	Agricultural (农业)	Impact evaluation (影响评估)	Sustainability of impact: dimensions of decline and persistence in adopting a biofortified crop in Uganda
101	2016	Agricultural (农业)	Systematic review (系统评价)	The impact of land property rights interventions on investment and agricultural productivity in developing countries: a systematic review
102	2016	Agricultural (农业)	Systematic review (系统评价)	What is the evidence on smallholder agriculture interventions in Africa?
103	2016	Agricultural (农业)	Systematic review summary (系统评价摘要)	Effects of training, innovation and new technology on African smallholder farmers' economic outcomes and food security
104	2016	Education (教育)	Impact evaluation (影响评估)	Estimating the impact and cost-effectiveness of expanding secondary education in Ghana
105	2016	Education (教育)	Impact evaluation (影响评估)	Evaluating the impact of vocational education vouchers on out-of-school youth in Kenya
106	2016	Education (教育)	Impact evaluation (影响评估)	Evaluating the effectiveness of computers as tutors in China
107	2016	Education (教育)	Impact evaluation (影响评估)	Removing barriers to higher education in Chile: evaluation of peer effects and scholarships for test preparation
108	2016	Education (教育)	Systematic review (系统评价)	Parental, community and familial support for children's literacy in developing countries

续表

序号	年份	研究领域	类型	题目
109	2016	Education（教育）	Systematic review（系统评价）	What is the impact of education programmes on children's learning and school participation?
110	2016	Education（教育）	Systematic review（系统评价）	Do programmes outside the formal education system improve children's literacy in developing countries?
111	2016	Education（教育）	Systematic review summary（系统评价摘要）	The impact of education programmes on learning and school participation in low-and middle-income countries
112	2016	Education（教育）	Evidence gap maps（证据差距地图）	What evidence do we have on transferable skills programming for youth in low-and middle-income countries?
113	2016	Environment（环境）	Impact evaluation（影响评估）	A triple win? The impact of Tanzania's joint forest management programme on livelihoods，governance and forests
114	2016	Environment（环境）	Evidence gap maps（证据差距地图）	Forest conservation gap map
115	2016	Environment（环境）	Evidence gap maps（证据差距地图）	Land-use change and forestry programmes：evidence on the effects on greenhouse gas emissions and food security
116	2016	Environment（环境）	Evidence gap maps（证据差距地图）	Examining the evidence base for forest conservation interventions
117	2016	Health（健康）	Impact evaluation（影响评估）	Exploring the impacts of providing economics incentives to increase voluntary medical male circumcision
118	2016	Health（健康）	Impact evaluation（影响评估）	Can peers and other influencers increase voluntary medical male circumcision uptake?
119	2016	Health（健康）	Impact evaluation（影响评估）	Impact of mobile message reminders on tuberculosis treatment outcomes in Pakistan
120	2016	Health（健康）	Impact evaluation（影响评估）	Improving maternal and child health in India：evaluating demand and supply strategies
121	2016	Health（健康）	Impact evaluation（影响评估）	Sustainability of impact：dimensions of decline and persistence in adopting a biofortified crop in Uganda
122	2016	Health（健康）	Impact evaluation（影响评估）	Thirty-five years later：evaluating the impacts of a child health and family planning programme in Bangladesh
123	2016	Health（健康）	Systematic reviews（系统评价）	Factors affecting uptake of voluntary and community-based health insurance schemes in low-and middle-income countries

续表

序号	年份	研究领域	类型	题目
124	2016	Health (健康)	Systematic reviews (系统评价)	Supplementary feeding for improving the health of disadvantaged infants and young children: a systematic review
125	2016	Health (健康)	Systematic reviews (系统评价)	Does community-based rehabilitation improve lives of people with disabilities?
126	2016	Health (健康)	Systematic reviews (系统评价)	Measuring spillovers matters
127	2016	Health (健康)	Systematic reviews (系统评价)	Identification and measurement of health-related spillovers in impact evaluations
128	2016	Health (健康)	Evidence gap maps (证据差距地图)	Adolescent sexual and reproductive health: an evidence gap map
129	2016	Health (健康)	Scoping paper (范围论文)	Adolescent sexual and reproductive health: scoping the impact of programming in low-and middle-income countries
130	2016	Humanitarian (人道主义)	Systematic reviews (系统评价)	Cash-based approaches in humanitarian emergencies
131	2016	Humanitarian (人道主义)	Learning summary (学习总结)	Early implementation lessons from 3ie -supported impact evaluations of humanitarian assistance
132	2016	Infrastructure (基础设施)	Systematic review (系统评价)	Effects and mechanisms of market-based reforms on access to electricity in developing countries: a systematic review
133	2016	Livelihoods (生计)	Impact evaluation (影响评估)	The impact of earned and windfall cash transfers on livelihoods and conservation in Sierra Leone
134	2016	Public finance (公共财政)	Impact evaluation (影响评估)	Property tax experiment in Pakistan: incentivising tax collection and improving performance
135	2016	Public finance (公共财政)	Systematic review (系统评价)	The effects of microcredit on women's control over household spending
136	2016	Public finance (公共财政)	Replication paper (复制性研究)	Mobile money and its impact on improving living conditions in Niger: a replication study
137	2016	Public finance (公共财政)	Replication paper (复制性研究)	Power to the people: a replication study of a community-based monitoring programme in Uganda
138	2016	Social protection (社会保障)	Working paper (工作论文)	Examining the evidence on the effectiveness of India's rural employment guarantee act

续表

序号	年份	研究领域	类型	题目
139	2016	Social protection (社会保障)	Impact evaluation (影响评估)	The impact of earned and windfall cash transfers on livelihoods and conservation in Sierra Leone
140	2016	Social protection (社会保障)	Impact evaluation (影响评估)	The effect of conditional transfers on intimate partner violence: evidence from northern Ecuador
141	2016	Social protection (社会保障)	Impact evaluation (影响评估)	The effect of transfers and preschool on children's cognitive development in Uganda
142	2016	Social protection (社会保障)	Systematic review (系统评价)	Youth gang violence and preventative measures in low-and middle-income countries: a systematic review (Part Ⅱ)
143	2016	Social protection (社会保障)	Systematic review (系统评价)	Youth gang membership and violence in low-and middle-income countries: a systematic review (Part Ⅰ)
144	2016	Social protection (社会保障)	Systematic review (系统评价)	Do self-help groups empower women? Evidence from a systematic review
145	2016	Social protection (社会保障)	Systematic review (系统评价)	What works in addressing the needs of street-connected children and young people
146	2016	Water, sanitation and hygiene (水资源、公共卫生和环境保护)	Impact evaluation (影响评估)	Effectiveness of a rural sanitation programme on diarrhoea, soil-transmitted helminth infection and malnutrition in India
147	2016	Water, sanitation and hygiene (水资源、公共卫生和环境保护)	Systematic review (系统评价)	What factors impact the effectiveness of emergency WASH interventions?
148	2016	Water, sanitation and hygiene (水资源、公共卫生和环境保护)	Systematic review summary (系统评价摘要)	Identification and measurement of health-related spillovers in impact evaluations
149	2017	Agricultural (农业)	Impact evaluation (影响评估)	Insuring farmers against weather shocks: evidence from India
150	2017	Agricultural (农业)	Systematic review (系统评价)	The effectiveness of contract farming in improving smallholder income and food security in low-and middle-income countries: a mixed-method systematic review
151	2017	Agricultural (农业)	Systematic review (系统评价)	Effects of certification schemes for agricultural production on socio-economic outcomes in low-and middle-income countries: a systematic review

续表

序号	年份	研究领域	类型	题目
152	2017	Agricultural (农业)	Systematic review (系统评价)	Does agricultural certification improve well-being?
153	2017	Agricultural (农业)	Systematic review summary (系统评价摘要)	Effectiveness of agricultural certification schemes for improving socio-economic outcomes in low-and middle-income countries
154	2017	Agricultural (农业)	Evidence gap maps (证据差距地图)	Agricultural innovation：an evidence gap map
155	2017	Agricultural (农业)	Evidence gap maps (证据差距地图)	Understanding financial agricultural risk for smallholder farmers in developing countries：what do we know and not know?
156	2017	Agricultural (农业)	Evidence use (证据应用)	Using evidence to inform the scale-up and adoption of biofortified orange sweet potato in Uganda
157	2017	Agricultural (农业)	Evidence use (证据应用)	Evidence-informed policy change：improved access to groundwater in west Bengal，India
158	2017	Agricultural (农业)	Scoping paper (范围论文)	Understanding financial risks for smallholder farmers in low-and middle-income countries：what do we know and not know?
159	2017	Agricultural (农业)	Programme overview (项目概述)	Assessing the impact of agricultural risk insurance programmes on smallholder farmers
160	2017	Education (教育)	Impact evaluation (影响评估)	Impact of free availability of public childcare on labour supply and child development in Brazil
161	2017	Education (教育)	Impact evaluation (影响评估)	Estimating the effects of a low-cost early stimulation and parenting education programme in Mexico
162	2017	Education (教育)	Impact evaluation (影响评估)	Evaluating the impact of computer-assisted instruction and learning in China
163	2017	Education (教育)	Systematic review (系统评价)	Interventions to improve the labour market outcomes of youth：a systematic review of training，entrepreneurship promotion，employment services and subsidized employment interventions
164	2017	Education (教育)	Evidence gap maps (证据差距地图)	Mapping the evidence on science，technology，innovation and partnerships for development
165	2017	Education (教育)	Scoping paper (范围论文)	Assessing the evidence base on science，technology，innovation and partnerships for accelerating development outcomes in low-and middle-income countries

续表

序号	年份	研究领域	类型	题目
166	2017	Environment (环境)	Evidence gap maps (证据差距地图)	Mapping what we know about the effects of agriculture, land-use change and forestry programmes
167	2017	Governance (管治)	Impact evaluation (影响评估)	Do incentives improve tax collectors' performance and increase tax collection in Pakistan?
168	2017	Governance (管治)	Evidence gap maps (证据差距地图)	Mapping the evidence on state-society relations
169	2017	Governance (管治)	Evidence gap maps (证据差距地图)	State-society relations in low-and middle-income countries: an evidence gap map
170	2017	Health (健康)	Impact evaluation (影响评估)	Integrating HIV testing with EPI: a second chance to protect infants
171	2017	Health (健康)	Impact evaluation (影响评估)	Improving maternal and child health in India
172	2017	Health (健康)	Impact evaluation (影响评估)	Impact of the Uddeepan programme on child health and nutrition in India
173	2017	Health (健康)	Impact evaluation (影响评估)	Encouraging Kenyan men to use HIV self-test kits
174	2017	Health (健康)	Impact evaluation (影响评估)	Encouraging HIV testing among truck drivers in Kenya
175	2017	Health (健康)	Impact evaluation (影响评估)	Promoting partner and couples HIV testing using self-test kits in Kenya
176	2017	Health (健康)	Impact evaluation (影响评估)	Can mobile message reminders help in treating TB in Pakistan?
177	2017	Health (健康)	Impact evaluation (影响评估)	Better obstetrics in rural Nigeria: evaluating the midwives service scheme
178	2017	Health (健康)	Evidence gap maps (证据差距地图)	Intimate partner violence prevention: an evidence gap map
179	2017	Health (健康)	Evidence gap maps (证据差距地图)	Mapping the evidence on social, behavioural and community engagement for reproductive, maternal, newborn, child and adolescent health
180	2017	Health (健康)	Systematic reviews (系统评价)	Community-based health insurance: how to promote effective and equitable coverage?
181	2017	Health (健康)	Evidence gap maps (证据差距地图)	Mapping what we know about intimate partner violence

续表

序号	年份	研究领域	类型	题目
182	2017	Health（健康）	Evidence gap maps（证据差距地图）	Social, behavioural and community engagement interventions for reproductive, maternal, newborn and child health: an evidence gap map
183	2017	Health（健康）	Replication paper（复制性研究）	Stretching HIV treatment: a replication study of task shifting in South Africa
184	2017	Health（健康）	Replication paper（复制性研究）	Cash transfers and HIV/HSV-2 prevalence: a replication of a cluster randomized trial in Malawi
185	2017	Health（健康）	Replication studies（复制性研究）	Replicating influential HIV impact studies: lessons learned and next steps
186	2017	Health（健康）	Evidence use（证据应用）	Using evidence to prevent violence against women in Uganda
187	2017	Public finance（公共财政）	Systematic review（系统评价）	Community monitoring interventions to curb corruption and increase access and quality of service delivery in low-and middle-income countries
188	2017	Social protection（社会保障）	Impact evaluation（影响评估）	Household and economy-wide impacts of a public works programme in Ethiopia
189	2017	Social protection（社会保障）	Impact evaluation（影响评估）	General equilibrium impact assessment of the productive safety net program in Ethiopia
190	2017	Social protection（社会保障）	Impact evaluation（影响评估）	What is the impact of a community-managed conditional cash transfer programme in Tanzania?
191	2017	Social protection（社会保障）	Impact evaluation（影响评估）	Does skilling Moroccan youth help them become employed?
192	2017	Social protection（社会保障）	Impact evaluation（影响评估）	The productive safety net programme in Ethiopia: impacts on children's schooling, labour and nutritional status
193	2017	Social protection（社会保障）	Impact evaluation（影响评估）	The impact of youth skills training on the financial behaviour, employability and educational choice in Morocco
194	2017	Social protection（社会保障）	Systematic review（系统评价）	Interventions to improve the labour market for adults living with physical and/or sensory disabilities in low-and middle-income countries: a systematic review
195	2017	Social protection（社会保障）	Systematic review（系统评价）	Interventions to improve the labour market outcomes of youth: a systematic review of training, entrepreneurship promotion, employment services and subsidized employment interventions

续表

序号	年份	研究领域	类型	题目
196	2017	Social protection（社会保障）	Systematic review（系统评价）	Creating active labour markets：how to improve employment outcomes for young women and men
197	2017	Water，sanitation and hygiene（水资源、公共卫生和环境保护）	Working paper（工作论文）	Evaluating advocacy：an exploration of evidence and tools to understand what works and why
198	2017	Water，sanitation and hygiene（水资源、公共卫生和环境保护）	Scoping paper（范围论文）	Promoting latrine use in India
199	2017	Water，sanitation and hygiene（水资源、公共卫生和环境保护）	Systematic review（系统评价）	Promoting handwashing and sanitation behaviour change in low-and middle-income countries：a mixed-method systematic review
200	2017	Water，sanitation and hygiene（水资源、公共卫生和环境保护）	Systematic review（系统评价）	Handwashing and sanitation behaviour change in WASH interventions
201	2017	Water，sanitation and hygiene（水资源、公共卫生和环境保护）	Systematic review summary（系统评价摘要）	Short-term WASH interventions in emergency responses in low-and middle-income countries
202	2017	Replication programme on HIV prevention（艾滋病毒传播预防方案）	Replication paper（复制性研究）	Stretching HIV treatment：a replication study of task shifting in South Africa
203	2017	Replication programme on HIV prevention（艾滋病毒传播预防方案）	Replication paper（复制性研究）	Cash transfers and HIV/HSV-2 prevalence：a replication of a cluster randomized trial in Malawi
204	2018	Agricultural（农业）	Impact evaluation（影响评估）	Impact of voice reminders to reinforce harvest aggregation services training for farmers in Mali
205	2018	Agricultural（农业）	Impact evaluation（影响评估）	Impact evaluation of the smallholder dairy commercialization programme in Kenya

续表

序号	年份	研究领域	类型	题目
206	2018	Agricultural（农业）	Impact evaluation（影响评估）	Impact evaluation of the Menabe and Melaky development programme in Madagascar
207	2018	Agricultural（农业）	Impact evaluation（影响评估）	The impact of adopting risk-reducing，drought-tolerant rice in India
208	2018	Agricultural（农业）	Impact evaluation（影响评估）	Does information on agricultural technology encourage adoption?
209	2018	Agricultural（农业）	Impact evaluation（影响评估）	Evaluating agricultural information dissemination in western Kenya
210	2018	Agricultural（农业）	Systematic review（系统评价）	Agricultural input subsidies for improving productivity，farm income，consumer welfare and wider growth in low-and middle-income countries：a systematic review
211	2018	Agricultural（农业）	Evidence gap maps（证据差距地图）	Mapping the evidence on agricultural innovation programmes
212	2018	Agricultural（农业）	Evidence gap maps（证据差距地图）	Mapping the evidence on financial instruments for agricultural risk mitigation
213	2018	Agricultural（农业）	Replication paper（复制性研究）	Savings revisited：a replication study of a savings intervention in Malawi
214	2018	Agricultural（农业）	Learning summary（学习总结）	Managing and implementing impact evaluations：lessons from 3ie agricultural innovation grants
215	2018	Education（教育）	Impact evaluation（影响评估）	Impacts of breakthrough's school-based gender attitude change programme in Haryana，India
216	2018	Education（教育）	Impact evaluation（影响评估）	Evaluation of centres of infant development：an early year's intervention in Colombia
217	2018	Education（教育）	Impact evaluation（影响评估）	Impact evaluation of the conditional cash transfer program for secondary school attendance in Macedonia
218	2018	Governance（管治）	Impact evaluation（影响评估）	Can the wounds of war be healed? Experimental evidence on reconciliation in Sierra Leone
219	2018	Governance（管治）	Impact evaluation（影响评估）	How should Tanzania use its natural gas? Citizens' views from a nationwide deliberative poll
220	2018	Governance（管治）	Working paper（工作论文）	Does community-driven development build social cohesion or infrastructure?
221	2018	Governance（管治）	Working paper（工作论文）	Community-driven development：does it build social cohesion or infrastructure? A mixed method evidence synthesis

续表

序号	年份	研究领域	类型	题目
222	2018	Health（健康）	Impact evaluation（影响评估）	Community-based distribution of oral HIV self-testing kits：experimental evidence from Zambia
223	2018	Health（健康）	Impact evaluation（影响评估）	What works to increase HIV testing for female sex workers in Kenya，Uganda and Zambia
224	2018	Health（健康）	Impact evaluation（影响评估）	Investigating the feasibility of HIV self-testing in Zambia
225	2018	Health（健康）	Impact evaluation（影响评估）	Direct provision versus facility collection of HIV tests：impacts of self-testing among female sex workers in Uganda
226	2018	Health（健康）	Impact evaluation（影响评估）	Impacts of community delivery of antiretroviral drugs in Dar es Salaam，Tanzania
227	2018	Health（健康）	Impact evaluation（影响评估）	Increasing female sex worker HIV testing：effects of peer educators and HIV self-tests in Zambia
228	2018	Health（健康）	Impact evaluation（影响评估）	Nourishing the future：targeting infants and their caregivers to reduce undernutrition in rural China
229	2018	Health（健康）	Impact evaluation（影响评估）	Improving midday meal delivery and encouraging micronutrient fortification among children in India
230	2018	Health（健康）	Impact evaluation（影响评估）	A low-cost patient appointment and tracking system for ART at reproductive and child health clinics in Tanzania
231	2018	Health（健康）	Impact evaluation（影响评估）	Age at marriage，women's education，and mother and child outcomes in Bangladesh
232	2018	Health（健康）	Replication paper（复制性研究）	Preventing HIV and HSV-2 through improving knowledge and attitudes：a replication study of a multicomponent intervention in Zimbabwe
233	2018	Health（健康）	Replication paper（复制性研究）	PEPFAR and adult mortality：a replication study of HIV development assistance effects in Sub-Saharan African countries
234	2018	Health（健康）	Replication paper（复制性研究）	When to start ART? A replication study of timing of antiretroviral therapy for HIV-1-associated Tuberculosis
235	2018	Humanitarian（人道主义）	Impact evaluation（影响评估）	Impacts of the world food programme's interventions to treat malnutrition in Niger
236	2018	Humanitarian（人道主义）	Impact evaluation（影响评估）	Impact evaluation of the world food programme's moderate acute malnutrition treatment and prevention programmes in Sudan

续表

序号	年份	研究领域	类型	题目
237	2018	Humanitarian (人道主义)	Impact evaluation (影响评估)	Impact evaluation of WFP's programs targeting moderate acute malnutrition in humanitarian situations in Chad
238	2018	Humanitarian (人道主义)	Working paper (工作论文)	What works to improve nutrition and food security in the Sahel?
239	2018	Humanitarian (人道主义)	Working paper (工作论文)	Synthesis of impact evaluations of the world food programme's nutrition interventions in humanitarian settings in the Sahel
240	2018	Livelihoods (生计)	Impact evaluation (影响评估)	Poverty and empowerment impacts of the Bihar rural livelihoods project in India
241	2018	Public finance (公共财政)	Impact evaluation (影响评估)	Evaluating the economic impacts of rural banking: experimental evidence from southern India
242	2018	Social protection (社会保障)	Impact evaluation (影响评估)	Impact evaluation of the Philippine special program for employment of students
243	2018	Social protection (社会保障)	Systematic review (系统评价)	Vocational and business training to improve women's labour market outcomes in low-and middle-income countries
244	2018	Water, sanitation and hygiene (水资源、公共卫生和环境保护)	Evidence gap maps (证据差距地图)	Water, sanitation, and hygiene (WASH) evidence gap map: 2018 update
245	2018	Water, sanitation and hygiene (水资源、公共卫生和环境保护)	Evidence gap maps (证据差距地图)	Mapping the evidence on WASH promotion in communities, schools and health facilities
246	2018	Water, sanitation and hygiene (水资源、公共卫生和环境保护)	Systematic review (系统评价)	Using a life-cycle approach to target WASH policies and programmes in South Asia and Sub-Saharan Africa
247	2018	Philippines (菲律宾)	Impact evaluation (影响评估)	Impact evaluation of the Philippine special program for employment of students
248	2018	Uganda (乌干达)	Impact evaluation (影响评估)	Do revolving funds generate self-employment and increase incomes for the poor? Experimental evidence from Uganda's youth livelihood programme
249	2018	Uganda (乌干达)	Impact evaluation (影响评估)	Impact evaluation of youth-friendly family planning services in Uganda

续表

序号	年份	研究领域	类型	题目
250	2018	Uganda (乌干达)	Impact evaluation (影响评估)	Impact of the school facilities grant on access and learning achievements in the primary education sector in Uganda
251	2018	Replication programme on financial services for the poor (贫困群体金融服务复制计划)	Replication paper (复制性研究)	Savings revisited: a replication study of a savings intervention in Malawi
252	2018	Replication programme on financial services for the poor (贫困群体金融服务复制计划)	Replication paper (复制性研究)	Thou shalt be given ... but how? A replication study of a randomized experiment on food assistance in northern Ecuador
253	2018	Replication programme on HIV prevention (艾滋病毒传播预防方案)	Replication paper (复制性研究)	Preventing HIV and HSV-2 through improving knowledge and attitudes: a replication study of a multicomponent intervention in Zimbabwe
254	2018	Replication programme on HIV prevention (艾滋病毒传播预防方案)	Replication paper (复制性研究)	PEPFAR and adult mortality: a replication study of HIV development assistance effects in Sub-Saharan African countries
255	2019	Agricultural (农业)	Impact evaluation (影响评估)	Capacity building of smallholder dairy farmers in Kenya through extension services and market linkages
256	2019	Governance (管治)	Systematic reviews (系统评价)	Does incorporating participation and accountability improve development outcomes? Meta-analysis and framework synthesis
257	2019	Health (健康)	Impact evaluation (影响评估)	Impacts of removing user fees for maternal health services on universal health coverage in Kenya
258	2019	Health (健康)	Other evaluation (其他评估)	Collaborative community checklists for immunisation: a feasibility and acceptability study in rural Myanmar
259	2019	Humanitarian (人道主义)	Impact evaluation (影响评估)	The impact of food assistance on food insecure populations during conflict in Mali

续表

序号	年份	研究领域	类型	题目
260	2019	West Africa capacity-building and impact evaluation（西非能力建设和影响评估）	Programme overview（项目概述）	West Africa capacity-building and impact evaluation program
261	2019	Agricultural（农业）	Evidence gap map（证据差距地图）	Agricultural risk and mitigation gap map
262	2019	Education（教育）	Evidence gap map（证据差距地图）	Primary and secondary education evidence gap map
263	2019	Environment（环境）	Evidence gap map（证据差距地图）	Land use change and forestry
264	2019	Humanitarian（人道主义）	Evidence gap map（证据差距地图）	Evidence for peacebuilding evidence gap map

三、国际农业发展基金（IFAD）循证科学相关文献一览表

序号	国家	现状	项目与计划名称	批准日期	持续时间
1	Albania（阿尔巴尼亚）	Closed（结项）	Mountain to Markets Programme	2008 年 9 月 11 日	2008—2014 年
2	Albania（阿尔巴尼亚）	Closed（结项）	Programme for Sustainable Development in Rural Mountain Areas	2005 年 12 月 13 日	2005—2013 年
3	Albania（阿尔巴尼亚）	Closed（结项）	Mountain Areas Development Programme	1999 年 12 月 9 日	1999—2007 年
4	Albania（阿尔巴尼亚）	Closed（结项）	Small-scale Irrigation Rehabilitation Project	1994 年 12 月 6 日	1994—2002 年
5	Albania（阿尔巴尼亚）	Closed（结项）	Northeastern Districts Rural Development Project	1993 年 12 月 2 日	1993—2002 年
6	Angola（安哥拉）	Ongoing（进行中）	Agricultural Recovery Project	2017 年 9 月 8 日	2017—2021 年
7	Angola（安哥拉）	Ongoing（进行中）	Smallholder Agriculture Development and Commercialization Project in Cuanza Sul & Huila Provinces	2017 年 4 月 10 日	2017—2024 年

续表

序号	国家	现状	项目与计划名称	批准日期	持续时间
8	Angola（安哥拉）	Ongoing（进行中）	Artisanal Fisheries and Aquaculture Project	2015 年 4 月 10 日	2015—2021 年
9	Angola（安哥拉）	Closed（结项）	Market-oriented Smallholder Agriculture Project	2007 年 9 月 13 日	2007—2016 年
10	Angola（安哥拉）	Closed（结项）	Northern Fishing Communities Development Programme	1997 年 9 月 4 日	1997—2007 年
11	Angola（安哥拉）	Closed（结项）	Northern Region Foodcrops Development Project	1995 年 12 月 7 日	1995—2006 年
12	Angola（安哥拉）	Closed（结项）	Malanje Smallholder Sector Rehabilitation Project	1989 年 12 月 5 日	1989—1993 年
13	Azerbaijan（阿塞拜疆）	Ongoing（进行中）	Integrated Rural Development Project	2011 年 5 月 11 日	2011—2019 年
14	Azerbaijan（阿塞拜疆）	Closed（结项）	Rural Development Project for the North-West	2007 年 12 月 13 日	2007—2014 年
15	Azerbaijan（阿塞拜疆）	Closed（结项）	North-East Development Project	2004 年 9 月 9 日	2004—2011 年
16	Azerbaijan（阿塞拜疆）	Closed（结项）	Rural Development Programme for Mountainous and Highland Areas	2000 年 9 月 13 日	2000—2008 年
17	Azerbaijan（阿塞拜疆）	Closed（结项）	Farm Privatization Project	1997 年 4 月 29 日	1997—2003 年
18	Brazil（巴西）	Ongoing（进行中）	Rural Sustainable Development Project in the Semi-arid Region of Bahia	2013 年 12 月 11 日	2013—2020 年
19	Brazil（巴西）	Ongoing（进行中）	Policy Coordination and Dialogue for Reducing Poverty and Inequalities in Semi-Arid Northeast Brazil	2013 年 12 月 11 日	2013—2020 年
20	Brazil（巴西）	Ongoing（进行中）	Rural Business for Small Producers Project	2012 年 9 月 21 日	2012—2021 年
21	Brazil（巴西）	Ongoing（进行中）	Productive Development and Capacity-Building Project	2012 年 9 月 21 日	2012—2020 年
22	Brazil（巴西）	Ongoing（进行中）	Cariri and Seridó Sustainable Development Project (PROCASE-Paraiba)	2009 年 12 月 17 日	2009—2020 年
23	Brazil（巴西）	Ongoing（进行中）	Semi-arid Sustainable Development Project in the State of Piauí (Viva o Semiarido)	2009 年 9 月 15 日	2009—2021 年

续表

序号	国家	现状	项目与计划名称	批准日期	持续时间
24	Brazil（巴西）	Closed（结项）	Rural Communities Development Project in the Poorest Areas of the State of Bahia	2006 年 4 月 20 日	2006—2012 年
25	Brazil（巴西）	Closed（结项）	Sustainable Development Project for Agrarian Reform Settlements in the Semi-Arid North-East	1998 年 12 月 3 日	1998—2009 年
26	Brazil（巴西）	Closed（结项）	Community Development Project for the Rio Gaviao Region	1995 年 12 月 7 日	1995—2005 年
27	Brazil（巴西）	Closed（结项）	Low-income Family Support Project in the Semi-arid Region of Sergipe State	1993 年 12 月 2 日	1993—2002 年
28	Brazil（巴西）	Closed（结项）	Ceara Second Rural Development Project	1980 年 12 月 4 日	1980—1987 年
29	Burundi（布隆迪）	Ongoing（进行中）	Project to Support Agricultural and Rural Financial Inclusion in Burundi	2017 年 9 月 2 日	2017—2024 年
30	Burundi（布隆迪）	Ongoing（进行中）	Value Chain Development Programme Phase Ⅱ	2015 年 9 月 15 日	2015—2021 年
31	Burundi（布隆迪）	Ongoing（进行中）	National Programme for Food Security and Rural Development in Imbo and Moso	2014 年 9 月 17 日	2014—2020 年
32	Burundi（布隆迪）	Ongoing（进行中）	Value Chain Development Programme	2010 年 4 月 22 日	2010—2021 年
33	Burundi（布隆迪）	Ongoing（进行中）	Agricultural Intensification and Value-enhancing Support Project	2009 年 4 月 30 日	2009—2020 年
34	Burundi（布隆迪）	Closed（结项）	Livestock Sector Rehabilitation Support Project	2007 年 4 月 18 日	2007—2013 年
35	Burundi（布隆迪）	Closed（结项）	Transitional Programme of Post Conflict Reconstruction	2004 年 9 月 9 日	2004—2013 年
36	Burundi（布隆迪）	Closed（结项）	Rural Recovery and Development Programme	1999 年 4 月 28 日	1999—2010 年
37	Burundi（布隆迪）	Closed（结项）	Ruyigi Rural Resources Management Project	1993 年 9 月 15 日	1993—2001 年
38	Burundi（布隆迪）	Closed（结项）	Bututsi Agro-Pastoral Development Project	1988 年 11 月 29 日	1988—2003 年
39	Burundi（布隆迪）	Closed（结项）	Integrated Rural Development Project/ Ngozi Ⅲ	1981 年 9 月 8 日	1981—1989 年

续表

序号	国家	现状	项目与计划名称	批准日期	持续时间
40	Burundi（布隆迪）	Closed（结项）	East Mpanda Rural Development Project	1979年12月18日	1979—1992年
41	China（中国）	Ongoing（进行中）	Innovative Poverty Reduction Programme: Specialised Agribusiness Development in Sichuan and Ningxia	2018年9月13日	2018—2024年
42	China（中国）	Closed（结项）	Jiangxi Mountainous Areas Agribusiness Promotion Project	2014年12月16日	2014—2020年
43	China（中国）	Ongoing（进行中）	Qinghai Liupan Mountain Area Poverty Reduction Project	2015年9月15日	2015—2020年
44	China（中国）	Ongoing（进行中）	Sustaining Poverty Reduction through Agribusiness Development in South Shanxi	2018年5月17日	2018—2023年
45	China（中国）	Closed（结项）	Shiyan Smallholder Agribusiness Development Project	2013年12月11日	2013—2019年
46	China（中国）	Closed（结项）	Yunnan Agricultural and Rural Improvement Project	2012年12月13日	2012—2018年
47	China（中国）	Closed（结项）	Hunan Agricultural and Rural Infrastructure Improvement Project	2012年9月27日	2012—2017年
48	China（中国）	Closed（结项）	Guangxi Integrated Agricultural Development Project	2011年12月13日	2011—2017年
49	China（中国）	Closed（结项）	Sichuan Post-Earthquake Agriculture Rehabilitation Project	2009年4月30日	2009—2012年
50	China（中国）	Closed（结项）	Dabieshan Area Poverty Reduction Programme（DAPRP）	2008年12月17日	2008—2015年
51	China（中国）	Closed（结项）	Inner Mongolia Autonomous Region Rural Advancement Programme	2007年12月13日	2007—2013年
52	China（中国）	Closed（结项）	Xinjiang Uygur Autonomous Region Modular Rural Development Programme	2006年12月14日	2006—2014年
53	China（中国）	Closed（结项）	South Gansu Poverty-Reduction Programme	2005年9月8日	2005—2012年
54	China（中国）	Closed（结项）	Rural Finance Sector Programme	2004年4月21日	2004—2010年
55	China（中国）	Closed（结项）	Environment Conservation and Poverty-Reduction Programme in Ningxia and Shanxi	2002年12月11日	2002—2010年

续表

序号	国家	现状	项目与计划名称	批准日期	持续时间
56	China（中国）	Closed（结项）	West Guangxi Poverty-Alleviation Project	2000年12月7日	2000—2008年
57	China（中国）	Closed（结项）	Qinling Mountain Area Poverty-Alleviation Project	1999年12月8日	1999—2007年
58	China（中国）	Closed（结项）	Wulin Mountains Minority-Areas Development Project	1998年12月10日	1998—2007年
59	China（中国）	Closed（结项）	Southwest Anhui Integrated Agricultural Development Project	1997年9月11日	1997—2003年
60	China（中国）	Closed（结项）	Northeast Sichuan and Qinghai/Haidong Integrated Agricultural Development Project	1996年12月11日	1996—2002年
61	China（中国）	Closed（结项）	Jiangxi/Ganzhou Integrated Agricultural Development Project	1995年12月6日	1995—2001年
62	China（中国）	Closed（结项）	Qinghai/Hainan Prefecture Agricultural Development Project	1994年12月5日	1994—2000年
63	China（中国）	Closed（结项）	Yunnan-Simao Minorities Area Agricultural Development Project	1993年9月15日	1993—2000年
64	China（中国）	Closed（结项）	Jilin Low-lying Land Development Project	1992年4月14日	1992—1997年
65	China（中国）	Closed（结项）	Shanxi Integrated Agricultural Development Project	1991年4月4日	1991—1997年
66	China（中国）	Closed（结项）	Shandong/Yantai Agricultural Development Project	1989年12月7日	1989—1996年
67	China（中国）	Closed（结项）	Sichuan Livestock Development Project	1988年11月30日	1988—1993年
68	China（中国）	Closed（结项）	Guangdong Integrated Freshwater Fish Farming Project	1986年12月3日	1986—1992年
69	China（中国）	Closed（结项）	Rural Credit Project	1984年9月11日	1984—1988年
70	China（中国）	Closed（结项）	Hebei Agricultural Development Project	1982年9月15日	1982—1988年
71	China（中国）	Closed（结项）	Northern Pasture and Livestock Development Project	1981年4月22日	1981—1988年

续表

序号	国家	现状	项目与计划名称	批准日期	持续时间
72	India (印度)	Ongoing (进行中)	Fostering Climate Resilient Upland Farming Systems in the North East (Mizoram and Nagaland States)	2017年12月11日	2017—2024年
73	India (印度)	Ongoing (进行中)	Andhra Pradesh Drought Mitigation Project	2016年12月14日	2016—2022年
74	India (印度)	Ongoing (进行中)	Odisha Particularly Vulnerable Tribal Groups Empowerment and Livelihoods Improvement Programme	2015年4月22日	2015—2024年
75	India (印度)	Ongoing (进行中)	Livelihoods and Access to Markets Project	2014年4月8日	2014—2022年
76	India (印度)	Ongoing (进行中)	Jharkhand Tribal Empowerment and Livelihoods Project	2012年9月21日	2012—2021年
77	India (印度)	Ongoing (进行中)	Integrated Livelihood Support Project	2011年9月13日	2011—2020年
78	India (印度)	Closed (结项)	Post-Tsunami Sustainable Livelihoods Programme for the Coastal Communities of Tamil Nadu	2005年4月19日	2005—2020年
79	India (印度)	Closed (结项)	Convergence of Agricultural Interventions in Maharashtra's Distressed Districts Programme	2009年4月30日	2009—2018年
80	India (印度)	Closed (结项)	Women's Empowerment and Livelihoods Programme in the Mid-Gangetic Plains	2006年12月14日	2006—2015年
81	India (印度)	Closed (结项)	Mitigating Poverty in Western Rajasthan Project	2008年4月24日	2008—2017年
82	India (印度)	Closed (结项)	Tejaswini Rural Women's Empowerment Programme	2005年12月13日	2005—2018年
83	India (印度)	Closed (结项)	Livelihoods Improvement Project in the Himalayas	2003年12月18日	2003—2012年
84	India (印度)	Closed (结项)	Orissa Tribal Empowerment and Livelihoods Programme	2002年4月23日	2002—2016年
85	India (印度)	Closed (结项)	Livelihood Security Project for Earthquake-Affected Rural Households in Gujarat	2001年9月12日	2001—2009年

续表

序号	国家	现状	项目与计划名称	批准日期	持续时间
86	India (印度)	Closed (结项)	National Microfinance Support Programme	2000年5月4日	2000—2009年
87	India (印度)	Closed (结项)	Jharkhand-Chhattisgarh Tribal Development Programme	1999年4月29日	1999—2012年
88	India (印度)	Closed (结项)	North Eastern Region Community Resource Management Project for Upland Areas	1997年4月29日	1997—2016年
89	India (印度)	Closed (结项)	Rural Women's Development and Empowerment Project	1996年12月5日	1996—2005年
90	India (印度)	Closed (结项)	Mewat Area Development Project	1995年4月12日	1995—2004年
91	India (印度)	Closed (结项)	Andhra Pradesh Participatory Tribal Development Project	1994年4月19日	1994—2002年
92	India (印度)	Closed (结项)	Maharashtra Rural Credit Project	1993年4月6日	1993—2002年
93	India (印度)	Closed (结项)	Andhra Pradesh Tribal Development Project	1991年4月4日	1991—1998年
94	India (印度)	Closed (结项)	Tamil Nadu Women's Development Project	1989年4月26日	1989—1998年
95	India (印度)	Closed (结项)	Orissa Tribal Development Project	1987年12月3日	1987—1997年
96	India (印度)	Closed (结项)	Second Uttar Pradesh Public Tubewells Project	1983年4月21日	1983—1990年
97	India (印度)	Closed (结项)	Madhya Pradesh Medium Irrigation Project	1981年12月17日	1981—1987年
98	India (印度)	Closed (结项)	Sundarban Development Project	1980年12月3日	1980—1988年
99	India (印度)	Closed (结项)	Rajasthan Command Area Development and Settlement Project	1979年12月19日	1979—1988年
100	India (印度)	Closed (结项)	Bhima Command Area Development Project	1979年9月18日	1979—1984年
101	Jordan (约旦)	Ongoing (进行中)	Small Ruminants Investment and Graduating Households in Transition Project	2017年9月8日	2017—2023年

续表

序号	国家	现状	项目与计划名称	批准日期	持续时间
102	Jordan（约旦）	Ongoing（进行中）	Rural Economic Growth and Employment Project	2014 年 9 月 13 日	2014—2021 年
103	Jordan（约旦）	Closed（结项）	Agricultural Resource Management Project-Phase Ⅱ	2004 年 12 月 2 日	2004—2015 年
104	Jordan（约旦）	Closed（结项）	Yarmouk Agricultural Resources Development Project	1999 年 4 月 29 日	1999—2008 年
105	Jordan（约旦）	Closed（结项）	National Programme for Rangeland Rehabilitation and Development-Phase Ⅰ	1997 年 12 月 4 日	1997—2005 年
106	Jordan（约旦）	Closed（结项）	Agricultural Resource Management Project in the Governorates of Karak & Tafilat	1995 年 12 月 6 日	1995—2003 年
107	Jordan（约旦）	Closed（结项）	Income Diversification Project	1993 年 4 月 6 日	1993—2001 年
108	Jordan（约旦）	Closed（结项）	Small Farmers Credit Project	1982 年 12 月 10 日	1982—1992 年
109	Jordan（约旦）	Closed（结项）	Cooperative Development of Rainfed Agriculture Project	1981 年 9 月 8 日	1981—1990 年

四、Web of Science 循证经济学相关文献一览表

序号	年份	期刊	题目
1	1997	JAMA：The Journal of the American Medical Association	Users' guides to the medical literature. XIII. How to use an article on economic analysis of clinical practice. A. Are the results of the study valid? Evidence-based medicine working group
2	1997	JAMA：The Journal of the American Medical Association	Users' guides to the medical literature. XIII. How to use an article on economic analysis of clinical practice. B. What are the results and will they help me in caring for my patients? Evidence-based medicine working group
3	1998	International Journal of Clinical Practice	The economic implications of implementing evidence-based diabetic treatment strategies
4	1998	Annals of Oncology	Critical reviews of economic analyses in order to make health care decisions for cancer

续表

序号	年份	期刊	题目
5	2000	American Journal of Preventive Medicine	Methods for systematic reviews of economic evaluations for the guide to community preventive services
6	2000	Health Economics	Evidence-based medicine and health economics：a case study of end stage renal disease
7	2000	Health Economics	Economic evaluation of communicable disease interventions in developing countries：a critical review of the published literature
8	2001	British Medical Journal	Summarising economic evaluations in systematic reviews：a new approach
9	2001	American Journal of Health Promotion	The effect of disease prevention and health promotion on workplace productivity：a literature review
10	2002	The Journal of Mental Health Policy and Economics	Incorporating economic analysis in evidence-based guidelines for mental health：the profile approach
11	2002	Jama-Journal of the American Medical Association	Quality of systematic reviews of economic evaluations in health care
12	2002	American Journal of Preventive Medicine	Increasing diabetes self-management education in community settings：a systematic review
13	2002	Medical Care	Searching literature databases for health care economic evaluations—how systematic can we afford to be?
14	2002	American Journal of Preventive Medicine	Reviews of evidence on interventions to prevent dental caries，oral and pharyngeal cancers，and sports-related craniofacial injuries
15	2002	Medical Decision Making	Health economic evaluations：the special case of end-stage renal disease treatment
16	2003	American Journal of Preventive Medicine	Methods for conducting systematic reviews of the evidence of effectiveness and economic efficiency of interventions to promote healthy social environments
17	2003	Health Policy	Regulating the economic evaluation of pharmaceuticals and medical devices：a European perspective
18	2004	Health Technology Assessment	Review of guidelines for good practice in decision-analytic modelling in health technology assessment
19	2004	American Journal of Managed Care	Genetic testing and pharmacogenomics：issues for determining the impact to healthcare delivery and costs
20	2004	Quality of Life Research	Using the effect size to model change in preference values from descriptive health status

续表

序号	年份	期刊	题目
21	2004	Child Care Health and Development	The effect of income inequality and macro-level social policy on infant mortality and low birthweight in developed countries: a preliminary systematic review
22	2004	Health Technology Assessment	Systematic review and economic evaluation of a long-acting insulin analogue, insulin glargine
23	2005	International Journal of Technology Assessment in Health Care	Systematic review of economic evidence on stroke rehabilitation services
24	2005	International Journal of Technology Assessment in Health Care	Criteria list for assessment of methodological quality of economic evaluations: consensus on health economic criteria
25	2005	Health Technology Assessment	The effectiveness and cost-effectiveness of pimecrolimus and tacrolimus for atopic eczema: a systematic review and economic evaluation
26	2005	Health Technology Assessment	Clinical effectiveness and cost-effectiveness of drotrecogin alfa (activated) (Xigris) for the treatment of severe sepsis in adults: a systematic review and economic evaluation
27	2005	Health Technology Assessment	Clinical and cost-effectiveness of electroconvulsive therapy for depressive illness, schizophrenia, catatonia and mania: systematic reviews and economic modelling studies
28	2005	International Journal of Technology Assessment in Health Care	Health-care decision-making processes in Latin America: problems and prospects for the use of economic evaluation
29	2005	Annals of Internal Medicine	Challenges in systematic reviews of economic analyses
30	2005	Health Technology Assessment	Cervical screening programmes: can automation help? Evidence from systematic reviews, an economic analysis and a simulation modelling exercise applied to the UK
31	2006	Injury-International Journal of the Care of the Injured	Critical appraisal of the orthopaedic literature: therapeutic and economic analysis
32	2006	European Heart Journal	Clinical and cost-effectiveness of left ventricular assist devices as a bridge to heart transplantation for people with end-stage heart failure: a systematic review and economic evaluation
33	2006	Journal of Parenteral and Enteral Nutrition	Enteral nutrition and oral nutrition supplements: a review of the economics literature

续表

序号	年份	期刊	题目
34	2006	Sexually Transmitted Diseases	The costs of treating curable sexually transmitted infections in low-and middle-income countries：a systematic review
35	2007	Value in Health	The methodological quality of economic evaluations of guideline implementation into clinical practice：a systematic review of empiric studies
36	2007	Journal of Sexual Medicine	The burden of testosterone deficiency syndrome in adult men：economic and quality-of-life impact
37	2007	Journal of the American Medical Informatics Association	Systematic review of home telemonitoring for chronic diseases：the evidence base
38	2007	European Journal of Health Economics	Systematic review of economic evaluations and cost analyses of guideline implementation strategies
39	2007	Nervenheilkunde	Cost-of-illness in neurological diseases in Germany
40	2008	Radiation Protection Dosimetry	Childhood leukaemia and socioeconomic status：what is the evidence?
41	2008	American Journal of Preventive Medicine	Methods for conducting systematic reviews of evidence on effectiveness and economic efficiency of interventions to increase screening for breast，cervical，and colorectal cancers
42	2008	Health Technology Assessment	A systematic review of the clinical effectiveness and cost-effectiveness and economic modelling of minimal incision total hip replacement approaches in the management of arthritic disease of the hip
43	2008	Colorectal Disease	Systematic review of economic evaluations of laparoscopic surgery for colorectal cancer
44	2008	Radiotherapy and Oncology	Cost-effectiveness of particle therapy：current evidence and future needs
45	2008	Pharmacoeconomics	Pharmacoeconomic evaluations of pharmacogenetic and genomic screening programmes：a systematic review on content and adherence to guidelines
46	2009	Health Technology Assessment	Systematic review of the clinical effectiveness and cost-effectiveness of oesophageal Doppler monitoring in critically ill and high-risk surgical patients
47	2009	Health Technology Assessment	Spinal cord stimulation for chronic pain of neuropathic or ischaemic origin：systematic review and economic evaluation

续表

序号	年份	期刊	题目
48	2009	Health Technology Assessment	Systematic review of economic evidence for the detection, diagnosis, treatment, and follow-up of colorectal cancer in the United Kingdom
49	2009	Health Technology Assessment	Amantadine, oseltamivir and zanamivir for the prophylaxis of influenza (including a review of existing guidance no. 67): a systematic review and economic evaluation
50	2010	Health Technology Assessment	Systematic reviews of economic evaluations: utility or futility?
51	2010	Expert Review of Pharmacoeconomics & Outcomes Research	Economic evaluation guidelines in Latin America: a current snapshot
52	2010	Health Technology Assessment	Early referral strategies for management of people with markers of renal disease: a systematic review of the evidence of clinical effectiveness, cost-effectiveness and economic analysis
53	2010	Health Technology Assessment	Sugammadex for the reversal of muscle relaxation in general anaesthesia: a systematic review and economic assessment
54	2010	Health Technology Assessment	The safety and effectiveness of different methods of earwax removal: a systematic review and economic evaluation
55	2010	Regulation and Best Practices in Public and Nonprofit Marketing	Systematic reviews: their emerging role in the co-creation of social marketing value
56	2010	Value in Health	How is evidence on test performance synthesized for economic decision models of diagnostic tests? A systematic appraisal of health technology assessments in the UK since 1997
57	2010	Health Technology Assessment	School-linked sexual health services for young people (SSHYP): a survey and systematic review concerning current models, effectiveness, cost-effectiveness and research opportunities introduction
58	2010	Pharmacogenomics	Cost-effectiveness analysis in pharmacogenomics
59	2010	Annals of the Rheumatic Diseases	Economic aspects of treatment options in rheumatoid arthritis: a systematic literature review informing the EULAR recommendations for the management of rheumatoid arthritis
60	2010	Research Synthesis Methods	Evidence synthesis, economics and public policy
61	2010	Plos One	Economic evaluations of adult male circumcision for prevention of heterosexual acquisition of HIV in men in Sub-Saharan Africa: a systematic review

续表

序号	年份	期刊	题目
62	2011	Health Technology Assessment	Lapatinib and trastuzumab in combination with an aromatase inhibitor for the first-line treatment of metastatic hormone receptor-positive breast cancer which over-expresses human epidermal growth factor 2 (HER2): a systematic review and economic analysis
63	2011	European Journal of Cancer	Critical review of economic evaluations in multiple myeloma: an overview of the economic evidence and quality of the methodology
64	2011	Health Technology Assessment	Clinical effectiveness and cost-effectiveness of imatinib dose escalation for the treatment of unresectable and/or metastatic gastrointestinal stromal tumours that have progressed on treatment at a dose of 400 mg/day: a systematic review and economic evaluation
65	2011	Journal of Vascular Surgery	A systematic review of lower extremity arterial revascularization economic analyses
66	2011	Journal of General Internal Medicine	Bariatric surgery: a systematic review of the clinical and economic evidence
67	2011	Statistics in Medicine	Parameterization of treatment effects for meta-analysis in multi-state Markov models
68	2011	Global Public Health	A systematic review of factors influencing the psychological health of conflict-affected populations in low-and middle-income countries
69	2011	Journal of Clinical Pharmacy and Therapeutics	How much is the life of a cancer patient worth? A pharmaco-economic perspective
70	2011	Ostomy Wound Management	Evidence, research, and clinical practice: a patient-centered framework for progress in wound care
71	2011	Current Opinion in Allergy and Clinical Immunology	Reduction of exposure in the management of occupational asthma
72	2011	Archives of Orthopaedic and Trauma Surgery	Economic evaluation of NSAID and radiation to prevent heterotopic ossification after hip surgery
73	2012	Diabetes Obesity & Metabolism	The economic and clinical benefits of adequate insulin initiation and intensification in people with type 2 diabetes mellitus
74	2012	Gesundheitswesen	Does telemonitoring lead to health and economic benefits in patients with chronic heart failure? A systematic review
75	2012	Bmj-British Medical Journal	Decline in mortality from coronary heart disease in Poland after socioeconomic transformation: modelling study

续表

序号	年份	期刊	题目
76	2012	Preventive Medicine	The effectiveness of physical activity interventions in socio-economically disadvantaged communities：a systematic review
77	2012	International Journal of Technology Assessment in Health Care	Can cost-effectiveness analysis integrate concerns for equity? Systematic review
78	2012	Oncologist	Effectiveness of multidimensional cancer survivor rehabilitation and cost-effectiveness of cancer rehabilitation in general：a systematic review
79	2012	Journal of Affective Disorders	Economic aspects of the association between diabetes and depression：a systematic review
80	2012	Rehabilitation	Psychological interventions in the rehabilitation of patients with coronary heart disease：summary of evidence and recommendations from systematic reviews and guidelines
81	2012	Value in Health	Deriving input parameters for cost-effectiveness modeling：taxonomy of data types and approaches to their statistical synthesis
82	2012	Health Technology Assessment	The clinical effectiveness and cost-effectiveness of home-based, nurse-led health promotion for older people：a systematic review
83	2012	Critical Care	Economic analyses of venous thromboembolism prevention strategies in hospitalized patients：a systematic review
84	2012	Pharmacotherapy	Economic analysis of alvimopan for prevention and management of postoperative ileus
85	2012	International Journal of Integrated Care	Economic evidence on integrated care for stroke patients：a systematic review
86	2012	Journal of Wound Ostomy and Continence Nursing	Evidence, research, and clinical practice：a patient-centered framework for progress in wound care
87	2013	Journal of Anaesthesiology Clinical Pharmacology	Anesthesiology research and practice in developing nations：economic and evidence-based patient-centered approach
88	2013	Health Technology Assessment	Clinical effectiveness and cost-effectiveness of minimally invasive techniques to manage varicose veins：a systematic review and economic evaluation
89	2013	Patient Preference and Adherence	Systematic review of the economic aspects of nonadherence to antipsychotic medication in patients with schizophrenia
90	2013	Age and Ageing	Evolution of the evidence on the effectiveness and cost-effectiveness of acetylcholinesterase inhibitors and memantine for Alzheimer's disease：systematic review and economic model

续表

序号	年份	期刊	题目
91	2013	Health Technology Assessment	Economic modelling of diagnostic and treatment pathways in national institute for health and care excellence clinical guidelines: the modelling algorithm pathways in guidelines (MAPGuide) project
92	2013	Health Policy	Do reassessments reduce the uncertainty of decision making? Reviewing reimbursement reports and economic evaluations of three expensive drugs over time
93	2013	Maternal and Child Health Journal	Low income/socio-economic status in early childhood and physical health in later childhood/adolescence: a systematic review
94	2013	Health Technology Assessment	Colistimethate sodium powder and tobramycin powder for inhalation for the treatment of chronic Pseudomonas aeruginosa lung infection in cystic fibrosis: systematic review and economic model
95	2013	Health Technology Assessment	Systematic review and meta-analysis of the growth and rupture rates of small abdominal aortic aneurysms: implications for surveillance intervals and their cost-effectiveness
96	2013	Health Technology Assessment	Gene expression profiling and expanded immunohistochemistry tests to guide the use of adjuvant chemotherapy in breast cancer management: a systematic review and cost-effectiveness analysis
97	2014	Spine	Cervical degenerative disease systematic review of economic analyses
98	2014	Journal of Dentistry	Economic evaluation of diagnostic methods used in dentistry: a systematic review
99	2014	British Medical Bulletin	The economics of medicines optimization: policy developments, remaining challenges and research priorities
100	2014	Health Technology Assessment	Educational interventions for preventing vascular catheter bloodstream infections in critical care: evidence map, systematic review and economic evaluation
101	2014	Current Rheumatology Reports	Economics of stratified medicine in rheumatoid arthritis
102	2014	Journal of Managed Care & Specialty Pharmacy	A systematic literature review assessing the directional impact of managed care formulary restrictions on medication adherence, clinical outcomes, economic outcomes, and health care resource utilization
103	2014	International Journal of Obesity	A systematic review of the effectiveness of individual, community and societal-level interventions at reducing socio-economic inequalities in obesity among adults
104	2014	Accident Analysis and Prevention	Value of a statistical life in road safety: a benefit-transfer function with risk-analysis guidance based on developing country data

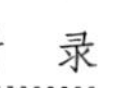

续表

序号	年份	期刊	题目
105	2014	International Journal of Hygiene and Environmental Health	Beyond direct impact: evidence synthesis towards a better understanding of effectiveness of environmental health interventions
106	2014	Health Technology Assessment	Systematic reviews of and integrated report on the quantitative, qualitative and economic evidence base for the management of obesity in men
107	2014	Australian Health Review	An evaluation of the quality of evidence underpinning diabetes management models: a review of the literature
108	2014	Occupational Medicine-Oxford	Evidence-based lifestyle interventions in the workplace—an overview
109	2014	Journal of Economic Surveys	Corruption's direct effects on per-capita income growth: a meta-analysis
110	2014	Journal of Economic Surveys	Clinical and economic impact of non-adherence in COPD: a systematic review
111	2015	Value in Health	Economic evaluations in the diagnosis and management of traumatic brain injury: a systematic review and analysis of quality
112	2015	Health Technology Assessment	Collagenase clostridium histolyticum for the treatment of dupuytren's contracture: systematic review and economic evaluation
113	2015	Journal of Public Health	Weighing up the evidence: a systematic review of the effectiveness of workplace interventions to tackle socio-economic inequalities in obesity
114	2015	Value in Health	Development of a conceptual model of multiple myeloma for use in economic modelling: a systematic literature review to identify the evidence base
115	2015	Health Technology Assessment	Measurement of exhaled nitric oxide concentration in asthma: a systematic review and economic evaluation of NIOX MINO, NIOX VERO and NObreath
116	2015	Digestive and Liver Disease	Systematic review of guidelines for management of intermediate hepatocellular carcinoma using the appraisal of guidelines research and evaluation Ⅱ instrument
117	2015	Public Health	The relationship between socio-economic status and access to eye health services in the UK: a systematic review
118	2015	Nutrition	Healthy food subsidies and unhealthy food taxation: a systematic review of the evidence

续表

序号	年份	期刊	题目
119	2015	Preventing Chronic Disease	Behavioral economics："nudging" underserved populations to be screened for cancer
120	2015	Health Technology Assessment	Screening for psychological and mental health difficulties in young people who offend：a systematic review and decision model
121	2015	Pharmacoeconomics	The economic costs of type 2 diabetes：a global systematic review
122	2015	Drug and Alcohol Review	Economic evaluations of contingency management in illicit drug misuse programmes：a systematic review
123	2015	Evidence & Policy	"Black magic" and "gold dust"：the epistemic and political uses of evidence tools in public health policy making
124	2015	Journal of Dental Research	Systematic review and quality appraisal of economic evaluation publications in dentistry
125	2015	BMC Medicine	A systematic review of cost-effectiveness analyses of complex wound interventions reveals optimal treatments for specific wound types
126	2015	Health Technology Assessment	Graduated compression stockings for the prevention of deep-vein thrombosis in postoperative surgical patients：a systematic review and economic model with a value of information analysis
127	2015	Applied Health Economics and Health Policy	The role of information provision in economic evaluations of newborn bloodspot screening：a systematic review
128	2016	Health Technology Assessment	Infliximab，adalimumab and golimumab for treating moderately to severely active ulcerative colitis after the failure of conventional therapy (including a review of TA140 and TA262)：clinical effectiveness systematic review and economic model
129	2016	BMJ Open	Economic evaluation of manual therapy for musculoskeletal diseases：a protocol for a systematic review and narrative synthesis of evidence
130	2016	Journal of Rural Studies	Labor out-migration and agricultural change in rural China：a systematic review and meta-analysis
131	2016	Health Technology Assessment	Integrated sensor-augmented pump therapy systems [the MiniMed® Paradigm™ Veo system and the Vibe™ and G4® PLATINUM CGM（continuous glucose monitoring）system] for managing blood glucose levels in type 1 diabetes：a systematic review and economic evaluation
132	2016	Health Technology Assessment	Sepsis：the LightCycler SeptiFast Test MGRADE®，SepsiTest™ and IRIDICA BAC BSI assay for rapidly identifying bloodstream bacteria and fungi-a systematic review and economic evaluation

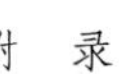

续表

序号	年份	期刊	题目
133	2016	Applied Health Economics and Health Policy	A systematic review of economic evaluation methodologies between resource-limited and resource-rich countries: a case of rotavirus vaccines
134	2016	Expert Review of Pharmacoeconomics & Outcomes Research	How to prepare a systematic review of economic evaluations for clinical practice guidelines: database selection and search strategy development (part 2/3)
135	2016	Plos Medicine	The policy dystopia model: an interpretive analysis of tobacco industry political activity
136	2016	Circulation	Recommended dietary pattern to achieve adherence to the American Heart Association/American College of Cardiology (AHA/ACC) guidelines: a scientific statement from the American Heart Association
137	2016	Expert Review of Pharmacoeconomics & Outcomes Research	How to prepare a systematic review of economic evaluations for informing evidence based healthcare decisions: a five-step approach (part 1/3)
138	2016	Expert Review of Pharmacoeconomics & Outcomes Research	How to prepare a systematic review of economic evaluations for informing evidence-based healthcare decisions: data extraction, risk of bias, and transferability (part 3/3)
139	2017	Nursing Research	Quantity and quality of economic evaluations in U. S. nursing research, 1997—2015: a systematic review
140	2017	Current Medical Research and Opinion	Optimization and stratification of multiple sclerosis treatment in fast developing economic countries: a perspective from Qatar
141	2017	Health Technology Assessment	Adalimumab, etanercept and ustekinumab for treating plaque psoriasis in children and young people: systematic review and economic evaluation
142	2017	Palliative Medicine	What cost components are relevant for economic evaluations of palliative care, and what approaches are used to measure these costs? A systematic review
143	2017	Health Technology Assessment	The assessment and appraisal of regenerative medicines and cell therapy products: an exploration of methods for review, economic evaluation and appraisal
144	2017	Gesundheitswesen	Quality criteria for the conception, implementation and evaluation of interventions for physical activity promotion: a state-of-the-art review
145	2017	Plos One	The value of psychological treatment for borderline personality disorder: systematic review and cost offset analysis of economic evaluations

续表

序号	年份	期刊	题目
146	2017	Health Technology Assessment	Clinical effectiveness and cost-effectiveness of issuing longer versus shorter duration（3-month vs. 28-day）prescriptions in patients with chronic conditions：systematic review and economic modelling
147	2017	Health Technology Assessment	Autologous chondrocyte implantation in the knee：systematic review and economic evaluation
148	2017	Clinical Nutrition	Effectiveness and efficacy of nutritional therapy：a systematic review following cochrane methodology
149	2017	Neuroepidemiology	Strategies to improve stroke care services on low-and middle-income countries：a systematic review
150	2017	Public Health Nutrition	Exploring the influence of local food environments on food behaviours：a systematic review of qualitative literature
151	2017	BMJ Open	Prevention and assessment of infectious diseases among children and adult migrants arriving to the European Union/European Economic Association：a protocol for a suite of systematic reviews for public health and health systems
152	2017	Diabetic Medicine	Economic evaluation of chronic disease self-management for people with diabetes：a systematic review
153	2017	International Journal of Operations & Production Management	Pre-paradigmatic status of industrial sustainability：a systematic review
154	2017	Health Technology Assessment	A systematic review and economic evaluation of adalimumab and dexamethasone for treating non-infectious intermediate uveitis，posterior uveitis or panuveitis in adults
155	2017	International Journal of Mental Health Systems	Common mental disorders in asylum seekers and refugees：umbrella review of prevalence and intervention studies
156	2017	Pharmacoeconomics	Degarelix for treating advanced hormone-dependent prostate cancer：an evidence review group perspective of a NICE single technology appraisal
157	2018	Health Technology Assessment	Bariatric surgery，lifestyle interventions and orlistat for severe obesity：the rebalance mixed-methods systematic review and economic evaluation
158	2018	Applied Health Economics and Health Policy	Economic evaluations of guideline-based care for chronic wounds：a systematic review
159	2018	Review Journal of Autism and Developmental Disorders	A systematic review of applied behavioral economics in assessments and treatments for individuals with developmental disabilities

续表

序号	年份	期刊	题目
160	2018	Proceedings of the Nutrition Society	Grocery store interventions to change food purchasing behaviours: a systematic review of randomised controlled trials
161	2018	Lancet Infectious Diseases	Effectiveness of national and subnational infection prevention and control interventions in high-income and upper-middle-income countries: a systematic review
162	2018	Genetics in Medicine	Are whole-exome and whole-genome sequencing approaches cost-effective? A systematic review of the literature
163	2018	Health Technology Assessment	Multiple-frequency bioimpedance devices for fluid management in people with chronic kidney disease receiving dialysis: a systematic review and economic evaluation
164	2018	BMC Public Health	The effects of public health policies on health inequalities in high-income countries: an umbrella review
165	2018	Implementation Science	A systematic review of trials evaluating success factors of interventions with computerised clinical decision support
166	2018	International Development and Cooperation Review	Analysis on the aid effectiveness discourse trend and the policy implication for the Korean aid
167	2019	Current Opinion in Anesthesiology	Telemedicine in the ICU: clinical outcomes, economic aspects, and trainee education
168	2019	American Journal of Public Health	Impact of political economy on population health: a systematic review of reviews
169	2019	Public Health	Economic evaluations of public health implementation-interventions: a systematic review and guideline for practice
170	2019	Asia-pacific Journal of Multimedia Services Convergent with Art, Humanities, and Sociology	Quantitative analysis about effects of token economy interventions on the change of target behaviors of person with disabilities and person without disabilities

五、中国知网（CNKI）循证经济学相关文献一览表

序号	年份	期刊/作者机构/会议名称	题目
1	2001	Journal of Health Services Research & Policy	Should we demand that social, economic and welfare policies be "evidence-based"?
2	2001	Pediatric Dentistry	Economic implications of evidence-based caries prevention in pediatric dental practice: a model-based approach

续表

序号	年份	期刊/作者机构/会议名称	题目
3	2002	Expert Opinion on Pharmacotherapy	Economic evaluation in evidence-based practice
4	2002	Spine (Philadelphia, 1976)	Economic evaluation of bone morphogenetic protein versus autogenous iliac crest bone graft in single-level anterior lumbar fusion: an evidence-based modeling approach
5	2002	Journal of Mental Health Policy and Economics (Print Edition)	Incorporating economic analysis in evidence-based guidelines for mental health: the profile approach
6	2002	Journal of Nursing Scholarship	Economic evidence for evidence-based practice
7	2003	ANZ Journal of Surgery	An economic perspective on evidence-based patient choice in surgery
8	2003	Clinical Gastroenterology and Hepatology	An evidence-based medicine approach to economic studies: assessing the cost-effectiveness of competing strategies for colorectal cancer screening
9	2004	JAMA: The Journal of the American Medical Association	Economic implications of evidence-based prescribing for hypertension: can better care cost less?
10	2004	Clinical Gastroenterology and Hepatology	An evidence-based medicine approach to economic studies: assessing the cost-effectiveness of competing strategies for colorectal cancer screening
11	2004	复旦大学	药物经济学评价需求、方法与指南研究
12	2004	四川大学	糖尿病治疗效果的药物经济学研究
13	2005	Journal of Allergy and Clinical Immunology	Laboratory diagnostics for hereditary angioedema: an economic, evidence-based standpoint
14	2006	De Economist	Evidence-based illicit drug policy: the potential contribution of economic evaluation techniques
15	2006	Administration and Policy in Mental Health and Mental Health Services Research	Commentary: an economic perspective on implementing evidence-based depression care
16	2006	安徽医科大学	急性脑卒中三级康复的功能结局和临床经济学评价
17	2007	中华医学会第九次全国物理医学与康复学学术会议	急性脑卒中三级康复的功能结局和经济学评价
18	2007	承德医学院学报	医疗费用和经济效益的循证系统评价与对策

续表

序号	年份	期刊/作者机构/会议名称	题目
19	2008	Education, Business and Society: Contemporary Middle Eastern Issues	Spearheading human and economic development in the Arab world through evidence-based and world-class healthcare
20	2008	中国循证医学杂志	卫生经济学分析的系统评价方法与挑战
21	2008	第三届（2008）中国管理学年会——技术与创新管理分会场	一种研究经济学问题的新统计方法——Meta 分析
22	2008	中国医院药学杂志	米氮平与帕罗西汀治疗抑郁症文献的经济学评价
23	2009	中国药房	哌甲酯治疗儿童注意缺陷多动障碍的经济学系统评价
24	2010	International Journal of Diabetes in Developing Countries	Economical and evidence-based procedure to diagnose gestational diabetes mellitus in the community
25	2010	Urologic Oncology: Seminars and Original Investigations	Advanced topics in evidence based urologic oncology: economic analysis
26	2010	中国医疗器械杂志	医用耗材定价中循证评价及经济学评价的作用
27	2010	南京医科大学学报（自然科学版）	加替沙星和左旋氧氟沙星治疗细菌性感染文献的药物经济学评价
28	2011	Urologic Oncology	Advanced topics in evidence-based urologic oncology: economic analysis
29	2011	中国药房	4 种抗抑郁药的经济学评价
30	2011	淮海工学院学报（社会科学版）	基本药物遴选方法的宏观经济效果比较
31	2012	Vaccine	Economic analysis for evidence-based policy-making on a national immunization program: a case of rotavirus vaccine in Thailand
32	2012	Clinical Therapeutics	The need for more evidence-based studies to justify the economic value for the provision of medication therapy management and other clinical pharmacy services
33	2012	中国药房	我国 5-羟色胺 3 受体拮抗药预防化疗后呕吐的药物经济学系统评价
34	2012	医学与哲学（B）	如何经济科学地管理心血管介入治疗中的质量
35	2012	中国医药指南	实施循证医疗决策探索降低癌症经济负荷的有效途径
36	2012	北京中医药大学	引入 Markov 模型对调脂药进行药物经济学评价研究

续表

序号	年份	期刊/作者机构/会议名称	题目
37	2012	中国药物评价	拉米夫定与干扰素治疗中国慢性乙型肝炎的经济学评价的 Meta 分析
38	2012	安徽医药	国产与进口硝苯地平控释片治疗高血压病的循证经济学评价
39	2012	甘肃医药	4 种抗菌素治疗慢性阻塞性肺病并发肺部感染的药物经济学评价
40	2013	Journal of Anaesthesiology Clinical Pharmacology	Anesthesiology research and practice in developing nations：economic and evidence-based patient-centered approach
41	2013	Cambridge Journal of Regions，Economy and Society	Evidence-based regional economic policy analysis：the role of CGE modelling
42	2013	Value in Health	The humanistic and economic impact of following evidence-based asthma controller therapy：a simulation study
43	2013	广西医科大学	腹主动脉瘤的病因学分析、治疗评估、经济学评价
44	2013	中国全科医学	国内膝关节镜手术临床路径的卫生经济学效果的 Meta 分析
45	2013	中国循证医学杂志	化疗与利妥昔单抗联用治疗非霍奇金淋巴瘤的药物经济学系统评价
46	2013	中国循证医学杂志	健康保险费用分担对参保者急诊服务利用影响的系统评价
47	2013	山东工商学院学报	Meta 分析法及其在经济学中的应用
48	2013	中国药物评价	运用 QHES 量表评价我国消化系统疾病经济学研究质量
49	2013	中国药物评价	我国传染病药物经济学研究方法学质量评价
50	2014	2014 年中国药学大会暨中国药师周	GLP-1 受体激动剂对比 DPP-4 抑制剂治疗糖尿病的药物经济学系统评价
51	2014	中国妇幼保健	唐氏综合征筛查策略的经济学系统评价
52	2014	经济学动态	经济学中的 META 回归分析
53	2014	河北北方学院	两种丹参类中药注射剂治疗冠心病心绞痛的系统评价与药物经济学分析
54	2014	中国循证医学杂志	两种丹参类中药注射剂治疗冠心病心绞痛的系统评价及其药物经济学分析
55	2014	复旦大学	基于乳腺癌内分泌服药监控平台的护士主导的电话随访对服药依从性的干预效果及经济学评价

续表

序号	年份	期刊/作者机构/会议名称	题目
56	2014	卫生经济研究	终末期肾病血液透析和腹膜透析的经济学评价
57	2014	中国循证心血管医学杂志	我国循环系统疾病药物经济学研究方法学质量评价
58	2014	中国药物评价	我国呼吸系统疾病药物经济学研究方法学质量评价
59	2014	中国药物评价	我国肿瘤领域经济学研究方法学质量评价
60	2015	实用药物与临床	浅谈药物经济学二次文献研究及其在临床药事决策上的应用方法
61	2015	中国卫生资源	药物经济学领域系统综述发展现状研究
62	2015	中国药房	老年人接种 23 价肺炎球菌多糖疫苗药物经济学研究的系统评价
63	2015	福建医科大学	盐酸羟考酮缓释片与硫酸吗啡缓释片治疗癌痛的 Meta 分析与药物经济学评价
64	2015	国内中药药物经济学评价的系统评价及质量评估	国内中药药物经济学评价的系统评价及质量评估
65	2015	中国药房	布地奈德/福莫特罗对比氟替卡松/沙美特罗治疗哮喘的药物经济学的系统评价
66	2015	药品评价	中国药品综合评价指南参考大纲（第二版）第六章 临床药物经济性评估指南
67	2015	中国实验方剂学杂志	中药注射剂辅助 NP 方案治疗老年非小细胞肺癌的循证药物经济学评价
68	2015	中国药物经济学	倾向值分析在药物经济学评价中的应用
69	2015	中国药房	阿卡波糖对比二甲双胍治疗 2 型糖尿病疗效与安全性的系统评价及药物经济学分析
70	2015	经济学动态	戴维·卡德与艾伦·克鲁格对经验微观经济学的贡献
71	2015	中国药房	泮托拉唑对比奥美拉唑治疗胃溃疡疗效与安全性的系统评价及药物经济学分析
72	2015	中国药学杂志	泮托拉唑与雷尼替丁治疗十二指肠溃疡的系统评价及药物经济学分析
73	2016	The Spine Journal	Magnetic resonance imaging (MRI) in spinal trauma—economic effects of evidence-based practice re-evaluation

续表

序号	年份	期刊/作者机构/会议名称	题目
74	2016	Expert Review of Pharmacoeconomics & Outcomes Research	How to prepare a systematic review of economic evaluations for informing evidence-based healthcare decisions: a five-step approach (part 1/3)
75	2016	F1000Research	The academic, economic and societal impacts of open access: an evidence-based review
76	2016	学习与实践	新型城镇化背景下的“村制”与“村治”——一个苏南农村模式的循证研究
77	2016	Expert Review of Pharmacoeconomics & Outcomes Research	How to prepare a systematic review of economic evaluations for informing evidence-based healthcare decisions: data extraction, risk of bias, and transferability (part 3/3)
78	2016	四川师范大学学报（社会科学版）	循证实践：一种新的精准扶贫机制与方法学探讨
79	2016	药品评价	注射用丹参多酚酸盐治疗不稳定型心绞痛的循证药物经济学研究
80	2016	心肺血管病杂志	基于荟萃分析的丹红注射液药物经济学研究
81	2016	山东大学	DPP-4 抑制剂联合二甲双胍治疗 T2DM 的短期效果及长期药物经济学评价
82	2016	国外医学卫生经济分册	复方夏天无片治疗（类）风湿性关节炎的药物经济学评价
83	2016	中国药物评价	循证药学和药物经济学理论在我国基本药物目录中的应用探讨
84	2016	中国药学杂志	沙格列汀治疗 2 型糖尿病的药物经济学系统评价
85	2016	中国药房	贝叶斯混合处理比较法在药物经济学评价中的应用
86	2016	中国中西医结合外科杂志	单用左氧氟沙星及其联用宁泌泰胶囊治疗慢性前列腺炎的药物经济学评价
87	2016	现代商贸工业	原发性高血压药物经济学研究系统评价
88	2016	中国循证心血管医学杂志	丹参川芎嗪注射液对比丹参多酚酸盐注射液治疗脑梗死的临床疗效及药物经济学评价
89	2016	山西医科大学	应用决策树模型对三种根除 H. pylori 方案进行药物经济学评价
90	2016	中国药物经济学	国产氯吡格雷治疗冠状动脉粥样硬化性心脏病的药物经济学分析
91	2016	药物流行病学杂志	万古霉素治疗药物监测经济学评价的系统评价（英文）

续表

序号	年份	期刊/作者机构/会议名称	题目
92	2017	实用药物与临床	达托霉素治疗皮肤及软组织感染的快速卫生经济技术评估研究
93	2017	中国现代应用药学	培美曲塞对比多西他赛二线治疗非小细胞肺癌的药物经济学研究
94	2017	中国药房	血管活性药物治疗肝硬化致食管胃底静脉曲张破裂出血的循证药物经济学评价
95	2017	浙江大学	脱氢表雄酮用于卵巢低反应患者的 Meta 分析及两种药物的经济学评价
96	2017	中国药物经济学	小牛血清去蛋白注射液治疗缺血性脑卒中的循证药物经济学评价
97	2017	中国医院用药评价与分析	复方苦参注射液联合肝动脉灌注化疗栓塞治疗肝癌的药物经济学评价
98	2017	广州中医药大学	两种中药注射液治疗儿童手足口病的疗效、安全性及经济学评价
99	2017	中国循证心血管医学杂志	基于荟萃分析的参仙升脉口服液治疗缓慢性心律失常药物经济学研究
100	2017	中国药房	基于 Meta 分析的稳心颗粒治疗心血管疾病的药物经济学评价
101	2017	现代实用医学	参麦注射液治疗冠心病心绞痛的药物经济学评价研究
102	2017	中国研究型医院	我国中药药物经济学研究系统评价和质量评估
103	2017	中国医院药学杂志	双膦酸盐预防中国妇女绝经后骨质疏松骨折的系统评价及药物经济学分析
104	2018	Prevention Science：The Official Journal of the Society for Prevention Research	Enhancing capacity for evidence-based policymaking：the role of economic evaluation standards
105	2018	东南大学	狂犬病疫苗免疫策略的卫生经济学评价：系统综述和 Meta 分析
106	2018	中国循证医学杂志	中国肝癌筛查卫生经济学研究的系统评价
107	2018	卫生经济研究	公共卫生监测系统卫生经济学评价的研究
108	2018	药物流行病学杂志	基于 Meta 分析的盐酸川芎嗪注射液治疗冠心病心绞痛的药物经济学评价
109	2018	中国药物经济学	原研与仿制硫酸氢氯吡格雷在经皮冠状动脉介入治疗术后的经济学评价

续表

序号	年份	期刊/作者机构/会议名称	题目
110	2018	药学实践杂志	丹参川芎嗪注射液对比丹参多酚酸盐注射液治疗冠心病心绞痛的药物经济学评价
111	2018	中国现代应用药学	特利加压素与去甲肾上腺素治疗肝肾综合征药物经济学评价
112	2018	临床医药实践	辛伐他汀片和阿托伐他汀钙片治疗高胆固醇血症的系统评价及药物经济学分析
113	2018	中国药房	达格列净联合二甲双胍治疗 2 型糖尿病的药物经济学系统评价
114	2018	临床药物治疗杂志	利伐沙班治疗和预防深静脉血栓栓塞症的药物经济学系统评价
115	2018	药品评价	达比加群酯在心房颤动患者抗凝治疗的药物经济学系统评价
116	2018	中国药业	度洛西汀与文拉法辛治疗抑郁症的荟萃分析及经济学评价
117	2018	中国医院用药评价与分析	基于多属效应理论的艾迪注射液治疗肝癌的药物经济学评价
118	2018	药物流行病学杂志	英夫利西单抗治疗强直性脊柱炎的药物经济学系统评价
119	2018	新疆医科大学	新疆某三甲医院 2 种乳腺增生药物治疗方案的药物经济学研究
120	2018	临床药物治疗杂志	两种止吐药物预防 CINV 的循证药物经济学评价
121	2018	中国肿瘤	超声检查用于亚洲女性乳腺癌筛查卫生经济学研究的系统评价
122	2018	中南药学	脑苷肌肽注射液治疗急性脑梗死的循证药物经济学评价
123	2018	中国药物经济学	脑苷肌肽注射液治疗脑出血的循证药物经济学评价
124	2018	药物评价研究	阿立哌唑与喹硫平治疗老年精神分裂症的循证药物经济学评价
125	2018	图书与情报	循证经济学的逻辑推演、范式变革与发展前景
126	2018	图书与情报	循证社会科学的产生、发展与未来
127	2018	图书与情报	从理论驱动到数据驱动：循证视角下经济学证据的演化与发展
128	2018	中国药业	左旋氨氯地平与氨氯地平的药物经济学系统评价
129	2018	华西医学	吉非替尼治疗晚期非小细胞肺癌的药物经济学系统评价
130	2018	中国现代医生	棕榈酸帕利哌酮药物经济学系统评价
131	2018	中国药物评价	药物经济学研究报告指南分析
132	2018	中国药物评价	药物经济学研究评价指南的现状研究

续表

序号	年份	期刊/作者机构/会议名称	题目
133	2018	中国药物评价	药物经济学研究实施指南比较分析
134	2019	药物流行病学杂志	CYP2C19 基因检测指导急性冠脉综合征患者抗血小板个体化治疗的药物经济学系统评价
135	2019	药物流行病学杂志	吸入制剂治疗慢性阻塞性肺疾病的经济学系统评价
136	2019	中国循证医学杂志	药物经济学系统评价的再评价
137	2019	护理学杂志	PICC 与 CVC、VPA 经济学评价研究的系统评价
138	2019	世界中西医结合杂志	基于系统评价的银杏叶片治疗高血压病、脑梗死、冠心病心绞痛药物经济学分析

结　语

科学作为人类知识与智慧的集合体，其边界往往是模糊和难以明确区分的。纵观科学发展史，在社会变革的重大时期和关键节点，各学科之间以貌似偶然突兀实则规律有序的方式不断相互影响、彼此渗透，逐渐走向融合汇聚和共生共长之路。经过三次“科学化”浪潮，社会科学与自然科学的界限不再泾渭分明，社会科学在理论建构、研究方法等方面不断借鉴自然科学，运用数学工具，形成了较为成熟、规范的理论体系与研究框架。“社会科学皇冠上的宝石”——经济学的科学化进程也是自然科学与社会科学交叉融合的必然要求和基本方向。

Keynes（1963）曾说过：经济学与其说是一种学说，不如说是一种方法、一种思维工具、一种构想技术。科学化发展是当代社会科学变革的一种基本价值走向，最优选择是经济学永恒的追求。各个经济主体如何做出最优选择和决策，在认识和实践上都是一个逐步推进的过程。循证经济学以其特有的跨学科性质和可操作的科学方法为实现经济学的科学化开辟了一条可行之路。现代经济学大量运用数学模型和实证方法，看起来已经逐步迈向“科学化”，但从内涵实质上来看，它与科学的经济选择和决策还有很远的距离，如果不做出深刻的变革，距离可能会成为一个不可逾越的鸿沟。循证经济学理念的出现在填补这一鸿沟方面发挥了不可估量的作用，用其独特的理论框架和操作方法填补经济学的内部空缺，经济学便可成为一种全新的系统科学，在提升理论与实践关联度的同时生产大量的科学证据，融合四方主体全方位协作，促进经济学实践领域的“科学化”。

虽然长期从事经济学的教学与研究，但是我们对循证经济学的探索仅仅三年，深知今生此路漫长且坎坷，仍期盼循证经济学的理论和方法对现代经济学的发展有所贡献，也期盼对中国和其他国家的经济决策和实践有所借鉴和帮助。

“莫问收获，但问耕耘。”感谢养育我们的这片土地，感谢让我们安心教书、静心工作的兰州大学！

图书在版编目(CIP)数据

循证经济学/魏丽莉,斯丽娟著. --北京:中国人民大学出版社,2020.10
ISBN 978-7-300-28507-8

Ⅰ.①循… Ⅱ.①魏… ②斯… Ⅲ.①经济学-证据-研究 Ⅳ.①F0

中国版本图书馆 CIP 数据核字(2020)第 165520 号

循证经济学
魏丽莉　斯丽娟　著
Xunzheng Jingjixue

出版发行	中国人民大学出版社		
社　　址	北京中关村大街 31 号	**邮政编码**	100080
电　　话	010 - 62511242(总编室)		010 - 62511770(质管部)
	010 - 82501766(邮购部)		010 - 62514148(门市部)
	010 - 62515195(发行公司)		010 - 62515275(盗版举报)
网　　址	http://www.crup.com.cn		
经　　销	新华书店		
印　　刷	唐山玺诚印务有限公司		
开　　本	720 mm×1000 mm　1/16	**版　　次**	2020 年 10 月第 1 版
印　　张	16　插页 1	**印　　次**	2024 年 6 月第 2 次印刷
字　　数	300 000	**定　　价**	78.00 元